ELOGIOS A
AS PRÓXIMAS REGRAS DO TRABALHO

"Permita-me deixar isto bem claro: *As Próximas Regras do Trabalho* é o seu roteiro para construir, hoje, um futuro exponencial de trabalho para a sua organização."

—PETER H. DIAMANDIS, MÉDICO, FUNDADOR DO XPRIZE AND SINGULARITY E AUTOR BEST-SELLER DO *NEW YORK TIMES* DE *ABUNDÂNCIA: O FUTURO É MELHOR DO QUE VOCÊ IMAGINA* E *BOLD: OPORTUNIDADES EXPONENCIAIS*

"Como eu previ por anos a fio, as tecnologias exponenciais transformarão profundamente nossas vidas e nossas organizações. Em *As Próximas Regras do Trabalho*, Gary A. Bolles mostrou como essas mesmas tecnologias realmente podem ajudar a criar um futuro de trabalho mais centrado no ser humano."

—RAY KURZWEIL, INVENTOR, FUTURISTA E AUTOR DE *A SINGULARIDADE ESTÁ PRÓXIMA*

"Se você está confuso a respeito do futuro do trabalho, *As Próximas Regras do Trabalho* é o companheiro perfeito para sua jornada, repleto de conselhos práticos e exemplos inspiradores que irão guiá-lo ao longo desses tempos atribulados."

—CHARLENE LI, AUTORA DO BEST-SELLER DO *NEW YORK TIMES MINDSET DA DISRUPÇÃO* E FUNDADORA E MEMBRO SÊNIOR DA ALTIMETER, A PROPHET COMPANY

"O futuro do trabalho está em nossas mãos, no entanto, como em qualquer projeto de design, precisamos entender suas necessidades e restrições. *As Próximas Regras do Trabalho* descreve, de maneira brilhante, o quadro no qual poderemos criar trabalhos significativos e organizações impactantes, adequados para o século XXI."

—TIM BROWN, PRESIDENTE DA IDEO E AUTOR DE *DESIGN THINKING: UMA METODOLOGIA PODEROSA PARA DECRETAR O FIM DAS VELHAS IDEIAS*

"As regras mudam. O trabalho também. Nós nos adaptamos. Ou não? Será que podemos? Tudo isso se encaixou para mim neste livro. Leia-o."

—VINT CERF, PIONEIRO DA INTERNET

"Não consigo pensar em um momento melhor para começar a repensar as dinâmicas do trabalho, ou em um livro melhor para ajudá-lo a fazê-lo. Gary A. Bolles criou um guia provocativo e prático para reimaginar como você projeta trabalhos, constrói equipes, resolve problemas e molda culturas."

—ADAM GRANT, AUTOR DO BEST-SELLER Nº 1 DO *NEW YORK TIMES PENSE DE NOVO* E APRESENTADOR DO PODCAST *WORKLIFE*, DO TED

"*As Próximas Regras do Trabalho* mostra como o Moonshot Thinking pode ajudar os líderes a criar um futuro de trabalho inclusivo, começando agora mesmo."

—ESTHER WOJCICKI, AUTORA DE *MOONSHOTS NA EDUCAÇÃO* E *HOW TO RAISE SUCCESSFUL PEOPLE*

"A sociedade global está enfrentando mudanças sem precedentes nas formas de trabalho, ampliadas pela pandemia de Covid-19, e uma necessidade crescente de automação e digitalização. Mas, como Gary A. Bolles aponta, a questão mais urgente não é uma potencial escassez de trabalho no futuro, mas a necessidade de os indivíduos adquirirem novas habilidades e capacidades para se adaptarem, em um ambiente que se encontra em constante mudança. E nós podemos superar quaisquer obstáculos se empregadores, governos e indivíduos trabalharem juntos para fazer com que o futuro funcione para todos."

—ALAIN DEHAZE, CEO DO GRUPO ADECCO

"*As Próximas Regras do Trabalho* oferece uma visão original e perspicaz sobre como o mundo do trabalho será em um planeta pós-pandemia. Gary A. Bolles realiza um trabalho fantástico articulando esses insights para ajudar a catalisar mudanças positivas em nossas organizações."

—ADILSON BORGES, PHD, CHIEF LEARNING OFFICER DO CARREFOUR

"*As Próximas Regras do Trabalho* é uma leitura obrigatória para quem busca compreender como o mundo não está apenas mudando rapidamente, mas sendo radicalmente remodelado. Gary A. Bolles fornece um manual de liderança que prioriza o propósito organizacional e os valores humanos profundos como os meios que inspiram as pessoas a dar o melhor no trabalho e as instituições a operar com foco nas necessidades da sociedade, o que, por si só, garante que essas entidades sejam construídas para o longo prazo e atendam às necessidades de todos os stakeholders."

—DOV SEIDMAN, FUNDADOR E PRESIDENTE DO LRN E DO THE HOW INSTITUTE FOR SOCIETY, E AUTOR DE *COMO: POR QUE O COMO FAZER ALGO SIGNIFICA TUDO*

"*As Próximas Regras do Trabalho* é um roteiro para um futuro inclusivo de trabalho, e Gary A. Bolles é o guia perspicaz de que todos nós precisamos nessa jornada."
—RAVIN JESUTHASAN, FUTURISTA RECONHECIDO E AUTOR DE *TRABALHO NA ERA DA IA* E *LEAD THE WORK*

"O futuro do trabalho apresenta muitos desafios, mas este livro inspirador e perspicaz oferece passos práticos que todas as organizações podem e devem seguir para aproveitar as oportunidades futuras. Se seguirmos o caminho traçado aqui, faremos uma grande virada do desafio para a oportunidade e criaremos um trabalho muito mais centrado no humano."
—JOHN HAGEL, FUTURISTA, ESTRATEGISTA E CONSULTOR DE CONFIANÇA

"*As Próximas Regras do Trabalho* lança uma luz brilhante para aqueles que estão tateando no caminho para um futuro de trabalho mais gratificante. Gary A. Bolles escreve com clareza e empatia para os leitores que buscam construir locais de trabalho mais inclusivos, produtivos e dinâmicos."
—CHRIS SHIPLEY, AUTOR DE *THE ADAPTATION ADVANTAGE*

"Imagine que você pudesse acenar com uma varinha mágica e obter uma imagem clara do que precisa — a mentalidade, o conjunto de habilidades e de ferramentas para garantir o sucesso no mundo de hoje, em rápida transformação. Esteja você no mundo dos negócios ou preocupado em ajudar a próxima geração de crianças, estudantes ou funcionários a prosperar no século XXI, *As Próximas Regras do Trabalho* é essa varinha mágica!"
—LAURA A. JANA, PEDIATRA, EMPREENDEDORA SOCIAL E AUTORA DE *THE TODDLER BRAIN*

"*As Próximas Regras do Trabalho* guia os líderes para um futuro, não de automação e substituição, mas de autonomia e inclusão — oferecendo estratégias claras para transformar as organizações que operam em um mundo em plena aceleração."
—VIVIENNE MING, FUNDADORA DA SOCOS

"Trata-se, desde o início, de um guia prático para navegar no trabalho, na carreira e na vida, em um mundo que está em constante mudança — ajudando, ao mesmo tempo, a criar um futuro de trabalho melhor para todos nós. Como diz Gary A. Bolles, 'Nenhum ser humano será deixado para trás.'"
—JOHN O'DUINN, AUTOR DE *DISTRIBUTED TEAMS*

GARY A. BOLLES

AS PRÓXIMAS REGRAS DO TRABALHO

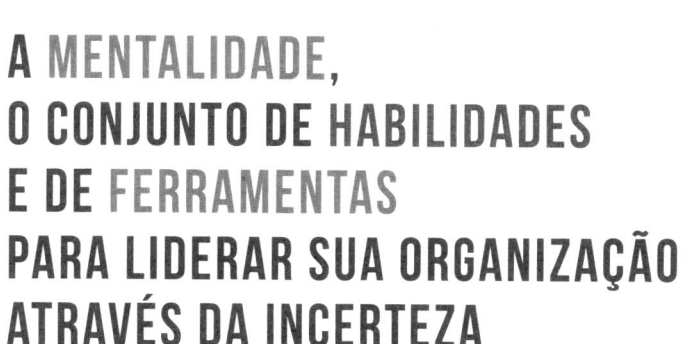

A MENTALIDADE,
O CONJUNTO DE HABILIDADES
E DE FERRAMENTAS
PARA LIDERAR SUA ORGANIZAÇÃO
ATRAVÉS DA INCERTEZA

ALTA BOOKS
GRUPO EDITORIAL
Rio de Janeiro, 2023

As Próximas Regras do Trabalho

Copyright © 2023 da Starlin Alta Editora e Consultoria Eireli.
ISBN: 978-65-5520-976-1

Translated from original The Next Rules of Work. Copyright © 2021 by Gary A. Bolles. ISBN 9781398601665. This translation is published and sold by permission of Kogan Page Books, the owner of all rights to publish and sell the same. PORTUGUESE language edition published by Starlin Alta Editora e Consultoria Eireli, Copyright © 2023 by Starlin Alta Editora e Consultoria Eireli.

Impresso no Brasil — 1ª Edição, 2023 — Edição revisada conforme o Acordo Ortográfico da Língua Portuguesa de 2009.

Dados Internacionais de Catalogação na Publicação (CIP) de acordo com ISBD

B691p   Bolles, Gary A.
As próximas regras do trabalho: a mentalidade, o conjunto de habilidades e de ferramentas para liderar sua organização através da incerteza / Gary A. Bolles ; traduzido por Bernardo Kalina. - Rio de Janeiro : Alta Books, 2023.
280 p. ; 16cm x 23cm.

Tradução de: The Next Rules of Work
Inclui índice e apêndice.
ISBN: 978-65-5520-976-1

1. Administração. 2. Gestão. 3. Liderança. 4. Mudança organizacional. I. Kalina, Bernardo. II. Título.

CDD 658.401
2022-3899   CDU 658.011.2

Elaborado por Odílio Hilario Moreira Junior - CRB-8/9949

Índice para catálogo sistemático:
1. Administração : gestão 658.401
2. Administração : gestão 658.011.2

Todos os direitos estão reservados e protegidos por Lei. Nenhuma parte deste livro, sem autorização prévia por escrito da editora, poderá ser reproduzida ou transmitida. A violação dos Direitos Autorais é crime estabelecido na Lei nº 9.610/98 e com punição de acordo com o artigo 184 do Código Penal.

A editora não se responsabiliza pelo conteúdo da obra, formulada exclusivamente pelo(s) autor(es).

Marcas Registradas: Todos os termos mencionados e reconhecidos como Marca Registrada e/ou Comercial são de responsabilidade de seus proprietários. A editora informa não estar associada a nenhum produto e/ou fornecedor apresentado no livro.

Erratas e arquivos de apoio: No site da editora relatamos, com a devida correção, qualquer erro encontrado em nossos livros, bem como disponibilizamos arquivos de apoio se aplicáveis à obra em questão.

Acesse o site **www.altabooks.com.br** e procure pelo título do livro desejado para ter acesso às erratas, aos arquivos de apoio e/ou a outros conteúdos aplicáveis à obra.

Suporte Técnico: A obra é comercializada na forma em que está, sem direito a suporte técnico ou orientação pessoal/exclusiva ao leitor.

A editora não se responsabiliza pela manutenção, atualização e idioma dos sites referidos pelos autores nesta obra.

Produção Editorial Grupo Editorial Alta Books	**Coordenação Comercial** Thiago Biaggi	**Assistente Editorial** Gabriela Paiva	Betânia Santos Brenda Rodrigues Caroline David
Diretor Editorial Anderson Vieira anderson.vieira@altabooks.com.br	**Coordenação de Eventos** Viviane Paiva comercial@altabooks.com.br	**Produtores Editoriais** Illysabelle Trajano Maria de Lourdes Borges Paulo Gomes Thales Silva Thiê Alves	Erick Brandão Elton Manhães Fernanda Teixeira Gabriela Paiva Henrique Waldez Karolayne Alves
Editor José Ruggeri j.ruggeri@altabooks.com.br	**Coordenação ADM/Finc.** Solange Souza		Kelry Oliveira Lorrahn Candido
Gerência Comercial Claudio Lima claudio@altabooks.com.br	**Coordenação Logística** Waldir Rodrigues	**Equipe Comercial** Adenir Gomes Ana Carolina Marinho Ana Claudia Lima Daiana Costa Everson Sete Kaique Luiz Luana Santos Maira Conceição Natasha Sales	Luana Maura Marcelli Ferreira Mariana Portugal Matheus Mello Milena Soares Patricia Silvestre Viviane Corrêa Yasmin Sayonara
	Gestão de Pessoas Jairo Araújo		
Gerência Marketing Andréa Guatiello andrea@altabooks.com.br	**Direitos Autorais** Raquel Porto rights@altabooks.com.br		
		Equipe Editorial Ana Clara Tambasco Andreza Moraes Arthur Candreva Beatriz de Assis Beatriz Frohe	**Marketing Editorial** Amanda Mucci Guilherme Nunes Livia Carvalho Pedro Guimarães Thiago Brito

Atuaram na edição desta obra:

Tradução
Bernardo Kalina

Copidesque
Rafael Surgek

Revisão Gramatical
Hellen Suzuki
Cátia Soderi

Diagramação
Joyce Matos

Capa
Erick Brandão

Editora afiliada à: ASSOCIADO

ALTA BOOKS
GRUPO EDITORIAL

Rua Viúva Cláudio, 291 – Bairro Industrial do Jacaré
CEP: 20.970-031 – Rio de Janeiro (RJ)
Tels.: (21) 3278-8069 / 3278-8419
www.altabooks.com.br – altabooks@altabooks.com.br
Ouvidoria: ouvidoria@altabooks.com.br

SUMÁRIO

Agradecimentos — xi

Introdução — 1

PARTE UM: Regras

1 As Regras de Trabalho Antigas — 23

    Você Entra em uma Máquina do Tempo — 23

    Como Aprendemos as Regras de Trabalho Antigas — 24

    Uma Breve História do Trabalho Humano — 28

    Trabalho, Conheça a Tecnologia — 30

    Tecnologia em Ascensão — 31

    As Regras Centenárias do Trabalho — 33

    Habilidades > Tarefas > Problemas — 35

    O que É uma Habilidade? — 36

    Onde Você Começa a Aprender as Habilidades? — 40

    O que É um Trabalho? — 40

    O que É uma Carreira? — 43

    O que É uma Equipe? — 44

    O que É um Gerente? — 45

    O que É um Local de Trabalho? — 46

    O que É uma Organização? — 46

    Como as Organizações Gerenciam Mudanças? — 47

    Qual É o *Propósito* de uma Organização? — 48

    É por Isso que Precisamos das Próximas Regras — 50

2 As Próximas Regras do Trabalho — 51

Momento Máquina do Tempo — 51
As Quatro Regras Principais — 52
Eis as Regras do Trabalho Transformadas — 55
O Empregado Vira Colaborador e o
Empregador, Contratante — 59
Miniguia de Trabalho: Um *Quadro Aristotélico* para
Indivíduos e um para Organizações — 72
Olhando Através do Prisma da Mentalidade, do Conjunto
de Habilidades e do Conjunto de Ferramentas — 80
Visualize o seguinte — 81
Eficácia, Crescimento, Envolvimento, Alinhamento — 84

PARTE DOIS: Mentalidade

3 A Cultura Organizacional É Sua Própria Mentalidade — 87

O que É Mentalidade? — 88
Qual É a Mentalidade da Sua Organização? — 90
De que Mentalidade Você Precisa? — 93
Quando Você Precisa de uma Mudança de Mentalidade
em Sua Organização: O Grande Reset — 97
Como Catalisar uma Mudança de Mentalidade? — 98
Quem Deve Catalisar a Mudança de Mentalidade? — 102
Insights para um Alinhamento de Mentalidades Bem-sucedido — 104
Correção: Talvez Alguém Possa Ajudar a Catalisar
uma Transformação de Mentalidade — 110

4 A Mentalidade de Resolução de Problemas de Funcionários e Equipes — 113

Momento Varinha Mágica — 113
Você É um Ecossistema Complexo e Adaptável — 115
Você, um Solucionador de Problemas — 116
Uma Equipe É um Grupo de Solucionadores de Problemas — 128
Por que os Jovens Querem Resolver Problemas
com um Propósito — 131

PARTE TRÊS: Conjunto de Habilidades

5 As Habilidades das Próximas Organizações   139

    Momento Varinha Mágica   139
    Redefinindo o Papel Daqueles que Lideram nas Organizações   140
    Um Conjunto de Habilidades para Capacitar a Eficácia   142
    Um Conjunto de Habilidades para Permitir o Crescimento   144
    Um Conjunto de Habilidades para Garantir o Envolvimento   147
    Um Conjunto de Habilidades para Encorajar o Alinhamento   148
    Maximizando o Conjunto de Habilidades da Organização: *The Inside Gig*   151
    A Contratação é a Chave para o Próximo Conjunto de Habilidades   154
    Além das Habilidades: Prosperidade Humana   158
    Devemos Criar, Juntos, a Nova Gestão   161
    Do Guia ao Indivíduo e à Equipe   162

6 As Habilidades do Amanhã para Funcionários e Equipes: SPACE   163

    O Dia em que Você Nasceu   163
    As Quatro Habilidades Flexíveis do Amanhã: SPACE   164
    A Solução de Problemas (Parte do Conjunto de Habilidades para a Eficácia)   166
    A Adaptabilidade (Parte do Conjunto de Habilidades para o Alinhamento)   166
    A Criatividade (Parte do Conjunto de Habilidades para o Crescimento)   166
    A Empatia (Parte do Conjunto de Habilidades para o Envolvimento)   167
    Elaborando um Manual de Instruções de Você: Quatro Insights Essenciais   169
    O Conjunto de Habilidades como um Esporte em Equipe   175
    O Terceiro Componente do Tripé: O Conjunto de Ferramentas   181

PARTE QUATRO: Conjunto de Ferramentas

7 O Próximo Conjunto de Ferramentas para as Organizações   185

    Momento Varinha Mágica, Novamente   186

	Técnicas e Tecnologias Organizacionais para Agregar Valor aos Stakeholders	188
	Requisitos de Design para o Conjunto de Ferramentas Organizacional para o Trabalho	191
	E a Transformação *Digital*?	196
	Próximo: De Quais Ferramentas os Funcionários e as Equipes Precisam?	198
8	**O Próximo Conjunto de Ferramentas para Funcionários e Equipes**	**199**
	De Volta à Máquina do Tempo	200
	Um Próximo Conjunto de Ferramentas para Indivíduos e Equipes	202
	Ferramentas para Capacitar a *Eficácia* para Funcionários e Equipes	203
	Ferramentas para Permitir o *Crescimento* dos Funcionários e Equipes	205
	Ferramentas para Garantir o *Envolvimento* de Funcionários e Equipes	206
	Ferramentas para Encorajar o *Alinhamento* de Funcionários e Equipes	209
	A Prioridade nº 1 para as Próximas Organizações: Empoderar o Funcionário e a Equipe	214
	Juntando Todas as Peças	215
	Este É o Começo do Futuro que Todos Nós Queremos	219
9	**Conclusão**	**221**
	Hora da Varinha Mágica, de Novo	221
	Os Quatro Domínios de um Futuro Inclusivo do Trabalho	222
	Indivíduos: Equilibrando a Mesa	225
	Organizações: Movidas pelo Propósito desde Seu DNA	229
	Comunidades: Ecossistemas nos quais Todos Podem Prosperar	232
	Países: Mesma Tempestade, Barcos Diferentes	234
	O Sistema Justo e Equitativo que Todos Nós Queremos	235
	Próximo	243
	Apêndice	**245**
	Notas	**251**
	Índice	**261**

AGRADECIMENTOS

Se tivermos sorte, encontraremos um companheiro. Se tivermos muita sorte, encontraremos uma alma gêmea. E se tivermos muita, mas muita sorte, encontraremos um parceiro para a vida toda.

Eu tenho muita, muita sorte.

Heidi Carolyn Kleinmaus é minha esposa, mãe do nosso filho maravilhoso, sócia-gerente da nossa empresa, Charrette LLC, e minha gerente de atividades de conversação. Ela é minha musa, sempre me desafiando e me transformando em uma pessoa melhor. Com ela, aprendi sobre constância e coragem. Espero que você tenha, ou encontre, alguém que possa tornar a sua vida o mais rica possível, como Heidi continua a fazer por mim. "Você já tem este livro pronto na sua cabeça", ela me disse. E estava certa. Como sempre.

Christian Kleinmaus Bolles é nosso filho — um talentoso locutor, editor e pesquisador. Ele é um escritor muito melhor do que eu. Alguém que luta apaixonadamente por aquilo em que acredita e uma fonte constante de inspiração para mim. Com ele, aprendi sobre autenticidade.

Shea Michael Robin Star Shawnson é meu sobrinho. Desde o seu nascimento, eu soube que nossas vidas estariam profundamente conectadas. Com Shea, eu aprendo continuamente a ter paciência e persistência.

Richard Nelson Bolles, meu falecido pai, era pastor episcopal, primeiro membro do grupo Mensa, fabricante implacável de piadas e trocadilhos, e conselheiro de carreira do mundo inteiro. Contarei parte de sua história mais adiante, neste livro. Pai, mentor e colaborador, nós tivemos um relacionamento maravilhoso, complexo e afetuoso. Ele me deu os alicerces para a criatividade e a curiosidade perpétua, além do amor pelas palavras e uma compreensão das mecânicas do trabalho humano. Eu me refiro ao seu legado duradouro com frequência. Ao longo do livro, poderia tê-lo referido como Dick Bolles. Ou RNB. Mas "meu pai" me pareceu o mais correto.

AGRADECIMENTOS

Janet Lorraine Price Bolles, minha mãe, é uma cuidadora incessante e uma santa. Foi ela quem me concedeu os alicerces da empatia e do serviço ao próximo.

Meu irmão Stephen e minha irmã Sharon têm sido meus grandes companheiros, tanto na infância quanto na idade adulta. Sinto falta do nosso irmão, Mark.

E agora, aos meus amigos.

John Hagel é o ex-copresidente do Center for the Edge, da Deloitte, e agora dirige a Beyond Our Edge LLC. John é um antigo amigo e mentor, de cujas descobertas inovadoras — da "separação" às "grandes viradas" — eu dependo profundamente.

Eric Barnett é meu amigo e parceiro de negócios de longa data, além de ser um arquiteto de software reconhecido mundialmente e um dos melhores guitarristas dos Estados Unidos. Vai fundo, Garth!

Kathe Sweeney me ajudou a aprimorar minha voz global ao me convidar, anos atrás, para criar cursos para o LinkedIn Learning, e então ao colaborar como minha editora para este livro. Ela é, por assim dizer, minha líder de torcida.

Charlene Li me deu o ponto de entrada para este livro. "Escreva tudo", disse. "Basta ser breve." Foi esse conselho que me permitiu saber por onde começar.

Megan Lubowski me ofereceu um apoio inestimável.

Agradeço aos amigos que contribuíram para os meus pensamentos a respeito dos seres humanos e do trabalho, incluindo Chaim Guggenheim, Leila Toplic e Cyril Glockner; Vivienne Ming, Al Perlman, Rosalee Hardin e Kevin Jones; Mark Beam, Esther Wojcicki, David Kirkpatrick, Frances Bolles Haynes, Daniel Porot, Ross Martin, Phil Cousineau, James Fallows e Deb Fallows; Dirk Spiers, Valerie Buckingham, Will Weisman, Sean Watson, David Reese, Shel Israel, David Strom, Yossi Vardi, Chinedu Ocheru, Oshoke Pamela Abalu, Nick Smoot, Matt Dunne, Erin Dobson, Susan McPherson, Megan Beck e Alex Hillinger; Nicola Corzine, John Irons, Andrew Dunckelman, Lindsey Kneuven, Vikrum Aiyer, Lorin Platto, Allegra Diggins, David Hornik, Jim Baller, Jeff Lundwall, Chris Shipley, Lisa Licht, Peter Sims, Virginia Hamilton, Dov Seidman, Pat Lencioni, Adam Grant, Markus Hunt, Tom Friedman, Flo Allen e Ulysses. E para Laurie e Joe Rombi, pelo tempo de retiro em Pacific Grove.

Referências

Ao longo do livro, utilizei muito o pronome da terceira pessoa do plural, "eles".* Meu pai começou a fazer isso anos atrás, no livro *Qual a Cor do Seu Para-Quedas?*. Ele sustentava o argumento de que, por séculos, nós estivemos muito bem-dispostos a errar no que se refere à questão dos gêneros; é hora de mudarmos isso, em vez de sermos pouco específicos, como no caso dos números. Como sempre, ele estava muito à frente do seu tempo.

Quando me refiro a alguém pelo primeiro nome, é porque eu conheço essa pessoa.

Como você verá, é muito importante, para mim, dar o respectivo crédito quando este é devido. Se eu utilizei alguma de suas ideias sem atribuição ou com má atribuição, por favor, aceite minhas desculpas, me corrija e me envie a fonte para que eu possa creditar o seu trabalho adequadamente.

---

* *They*, no inglês original. Trata-se de um pronome neutro que não tem tradução literal para o português.

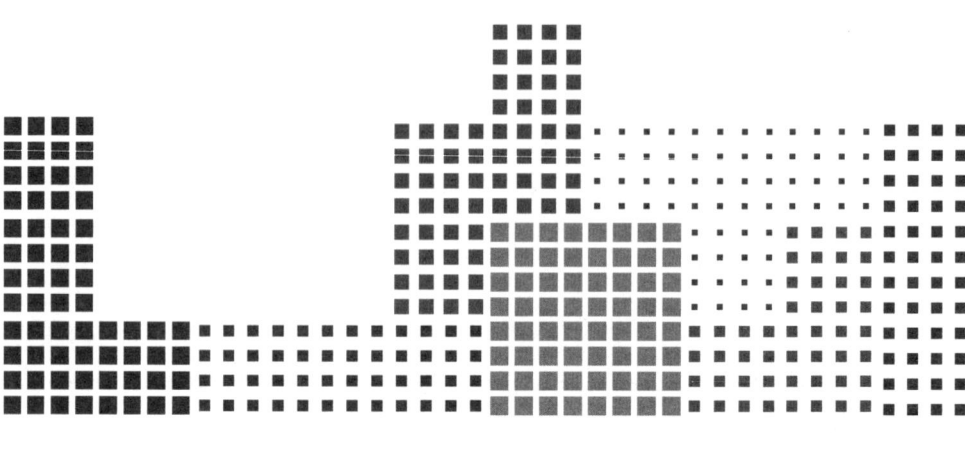

Introdução

Os seres humanos têm se preocupado com o futuro do trabalho desde o surgimento das máquinas. Mas essas preocupações raramente se referem a algum futuro distante, frio e robotizado. Elas geralmente são sobre o agora, e abordam a crença persistente de que há rachaduras no sistema de trabalho que significarão que muitos humanos podem ser deixados para trás amanhã.

Até o início de 2020, é claro, muitos pensavam que qualquer mudança radical no trabalho seria catalisada pela automação e pela globalização. Mas nós sabemos que qualquer impacto verdadeiro no trabalho vem do ritmo e da escala das mudanças. Essas forças concomitantes decerto criam vários futuros possíveis para o trabalho. No entanto, este sempre será um futuro que nós criaremos juntos, antecipando e cocriando as Próximas Regras do Trabalho.

> **Os seres humanos têm se preocupado com o futuro do trabalho desde o surgimento das máquinas.**

É bastante irônico que eu esteja escrevendo sobre regras, já que cresci profissionalmente no Vale do Silício, lugar que se orgulha de agir rápido e quebrar coisas como, bem, as regras.

No entanto, quando se trata de trabalho, existem, sim, regras. (Embora, em muitos casos, parafraseando Paul Newman em *Butch Cassidy*, elas sejam mais como diretrizes do que regras propriamente ditas.) Muitas dessas regras são invisíveis, funcionando menos como restrições esculpidas em pedra e mais como práticas fluidas destinadas a ajudar a otimizar a produção de resultados bem-sucedidos.

Em um mundo ideal, todos nós teríamos aprendido essas práticas desde tenra idade, para estarmos melhor preparados para as constantes mudanças disruptivas na fase adulta. Mas imagino que isso também não tenha acontecido com você.

Em vez disso, a maioria de nós teve que descobrir as regras do trabalho à medida que seguia em frente. E eis que... as regras mudaram. Novamente. E de novo. Sem nenhum roteiro. Sem nenhum manual.

Portanto, aqui vai um manual. Espero que ele lhe forneça uma combinação de ideias e ações que possam capacitar você, sua equipe e sua organização.

Faremos uma breve análise das Regras de Trabalho Antigas, práticas que remontam a um período surpreendentemente longo na curta história dos seres humanos. Veremos como as regras de trabalho sempre mudaram, mas nunca dessa forma, tão rapidamente como hoje. E isso deixará bem claro por que não precisamos apenas de *Novas* Regras, e sim das *Próximas* Regras.

Veremos que existem quatro dessas Próximas Regras que constituem diretrizes essenciais para as maneiras de trabalho de algumas pessoas hoje, que, no entanto, serão as de muitas amanhã.

Descobriremos que o tripé do trabalho de amanhã pode potencializar sua mentalidade, seu conjunto de habilidades e um conjunto de ferramentas em constante mudança. Existem, para cada um desses aspectos, estratégias úteis para nos ajudar a prosperar em um mundo de mudanças disruptivas e de incertezas.

Por fim, exploraremos as maneiras pelas quais cada uma de nossas próprias ações pode ajudar a criar o futuro que todos desejamos. (Darei a você uma prévia bem simples: *nenhum ser humano será deixado para trás*.)

Pense nisso como um livro de receitas para ideias, não apenas sobre o que vem a seguir, mas sobre o que está aí. Alguns livros de culinária têm receitas muito específicas, medições exatas e instruções precisas. Não é o caso aqui. Trabalhamos com um panorama de ideias catalisadoras. Se elas funcionarem, o resultado principal será uma nova mentalidade em relação ao trabalho, para você, sua equipe e sua organização. Você também terá uma série de oportunidades para desenvolver um novo conjunto de habilidades. Além disso, também poderá ler a respeito de uma variedade de opções novas para o seu conjunto de ferramentas. Mas o resultado principal, de fato, será a Próxima Mentalidade.

Diante da limitação de espaço dos átomos organizados no papel, recomendo também que visite meu site, que tem muitos bits e muito menos restrições. Você encontrará, no gbolles.com [conteúdo em inglês], um companheiro dinâmico para o livro.

INTRODUÇÃO

No final de 2019, o tema do futuro do trabalho era, para a maioria das pessoas, apenas uma teoria. Embora muitos de nós já estivéssemos falando há algum tempo sobre estratégias importantes, como uma mudança drástica no uso de tecnologias digitais e o aproveitamento dos conjuntos de habilidades das equipes distribuídas, muitos dos que lideravam as organizações acreditavam que havia pouca urgência em mudar.

Então, no início de 2020, o futuro do trabalho mudou, quase da noite para o dia, da teoria à prática. Em um estudo sobre mudanças organizacionais naquele ano, o Institute for Corporate Performance (i4cp) descobriu que dois terços dos mais de 7 mil executivos entrevistados disseram que sua organização havia passado por uma mudança disruptiva. Não é de surpreender.

Embora muitos futuristas tenham projetado por décadas o impacto disruptivo das tecnologias inovadoras, o patrono da visão de um futuro movido a tecnologia é Ray Kurzweil, autor de livros como *A Singularidade Está Próxima*.[1] Conheci Ray quando ele se juntou a mim para uma série de palestras em toda a Nova Inglaterra, no início de 2000. Os vários dias que passamos juntos dirigindo de um local para o outro foram, em sua conjuntura, uma *master class* em inovação. Em 2008, Ray se tornou o cofundador da Singularity University (SU); alguns anos depois, comecei a trabalhar com a SU como presidente adjunto para o futuro do trabalho. Ray traçou a famosa curva "exponencial" dos microprocessadores e de outras tecnologias inovadoras, mostrando o quão vertiginosamente elas continuaram a melhorar em suas funções à medida que seus custos diminuíam, e como elas ajudaram a desestabilizar rapidamente uma série de indústrias.

Muitos outros autores previram ondas intermináveis de tecnologias disruptivas. Em *Rethinking Humanity*,[2] os autores Tony Seba e James Arbib previram uma série de avanços nos cinco "setores fundamentais": tecnologia da informação e de comunicação, energia, transporte, comida e materiais físicos.

Esses e muitos outros futuristas afirmam que os enormes avanços nesses ramos não são uma questão de "se", mas de "quando". Como prova, eles apontam para as disrupções significativas que já estão em andamento em cada um desses setores. Por exemplo: as energias renováveis, em muitos mercados ao redor do mundo, já são mais econômicas do que combustíveis fósseis, o que prejudica esses mercados para além da fase de lucratividade em longo prazo.

Não há dúvida de que novas tecnologias estão sendo criadas e amplamente utilizadas em uma velocidade crescente. Veja a rapidez com que tecnologias como o telefone celular foram adotadas em comparação com, digamos, o forno de micro-ondas.

FIGURA 0.1 Taxa de adoção de novas tecnologias, 1970-2016

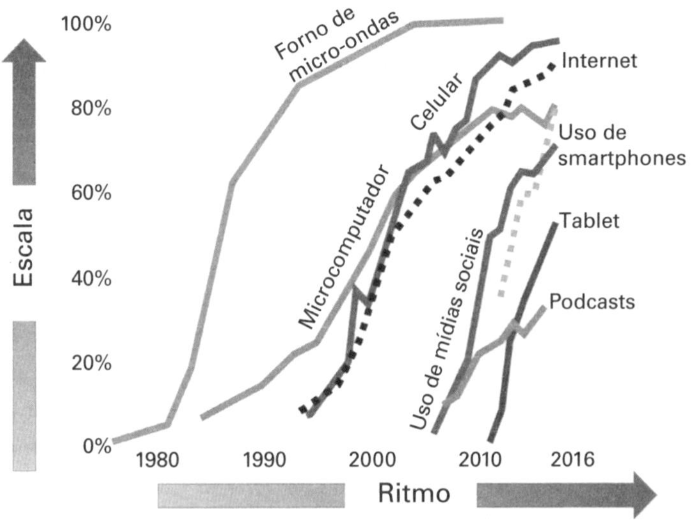

Escala (0% – 100%) / *Ritmo* (1980 – 2016)

Forno de micro-ondas, Microcomputador, Celular, Uso de mídias sociais, Internet, Uso de smartphones, Tablet, Podcasts

FONTE: Visual Capitalist[3]

Mas não levemos a narrativa do Vale do Silício *tão* longe. Tecnologias importam. Todavia, as mudanças no comportamento dos consumidores, o movimento dos mercados globais e as alterações em políticas governamentais também determinam se uma nova tecnologia realmente causará disrupção ou se o mundo simplesmente a descartará como "muito precoce". A pandemia atual catalisou mudanças perturbadoras que pouco tinham a ver com tecnologias e tudo a ver com a forma como reagimos a choques repentinos no sistema.

Nosso verdadeiro desafio não é simplesmente lidar com as ondas tecnológicas consecutivas. Certamente, desde o advento da era da internet, são o *ritmo* e a *escala* das mudanças que estão afetando, em última instância, nossas organizações, nossas indústrias e nossas vidas.

Primeiro, falemos sobre o *ritmo* das mudanças. O influente economista Jeffrey Sachs assinalou, com razão, a conclusão inevitável de que muitos dos nossos maiores desafios advêm do ritmo das mudanças, e que esse ritmo está acelerando. Trata-se, é claro, de uma medida tanto objetiva quanto subjetiva: dependendo de onde você mora e trabalha, pode estar completamente isolado das mudanças ou pode senti-las tão intensamente ao ponto de sobrecarregarem a sua capacidade de gerenciá-las. Entretanto, como as tecnologias mais inovadoras parecem brotar diretamente dos livros de ficção científica, a última observação acaba sendo a mais comum.

O ritmo das mudanças afeta o mundo do trabalho de várias formas. Cascatas de notícias inundam nossos sentidos, muitas vezes tornando difícil filtrar aquilo que é relevante para o nosso trabalho. Milhares de novos aplicativos são lançados todo mês, exigindo que aprendamos novas ferramentas de trabalho constantemente. E, o que talvez seja ainda mais desafiador, a vida útil de informações relevantes em muitos campos está sendo reduzida, exigindo que aprendamos novas técnicas e habilidades continuamente.

Como Shelly Palmer, o guru de publicidade e marketing e CEO da Palmer Group, gosta de dizer: "Hoje é o dia mais lento do resto da sua vida."

Mas a *escala* das mudanças também constitui uma força tremenda. O número de pessoas que são afetadas e a quantidade de mudanças que qualquer indústria ou sociedade atravessa são cada vez maiores do que no passado. Hoje, um serviço de mídia social para startups pode atingir 1 bilhão de usuários, ou mais, em questão de meses. Na virada do século XIX, não havia nem mesmo 1 bilhão de pessoas no planeta inteiro.

Claro, nós fomos avisados. Em 1970, o assustadoramente presciente *O Choque do Futuro*,[4] de Alvin Toffler e Adelaide Farrell, capturou a imaginação do público ao redor do mundo. Os autores falaram sobre mudanças — mudanças rápidas, disruptivas, muitas vezes impulsionadas pelas tecnologias, que afetavam as sociedades em todo o planeta. Eles alertaram sobre "a morte da permanência", a ascensão da economia do conhecimento, a fragmentação das famílias e de outros tipos de relacionamentos humanos, o estresse de se adaptar às mudanças e o aspecto cognitivo da "sobrecarga de informações". Eles sabiam que o ritmo e a escala das mudanças criariam fendas sísmicas em nossas sociedades.

Felizmente, Toffler e Farrell ofereceram uma variedade de sugestões, como escolas que ensinassem a "aprender a aprender", a necessidade de restabelecer confiança nos relacionamentos, bem como um "grau adequado de futuridade" — recomendando antecipármos o suficiente sobre o futuro para não nos surpreendermos com ele, mas não a ponto de cair no pensamento positivo ou em fantasias escapistas (daí as Próximas Regras.) Infelizmente, no entanto, nós claramente não soubemos escutá-los. Nossas instituições educacionais obviamente não nos ensinam estratégias para viver em um mundo em constante mudança, e outras instituições, como as organizações e os governos, não abraçaram as Próximas Regras de forma a permitir mudanças mais centradas no ser humano.

O ritmo e a escala desse tipo de mudança afetam profundamente o mercado de trabalho. As diferenças entre o conjunto de habilidades necessário hoje para aquele que será necessário amanhã e o número de pessoas que são afetadas por isso estão aumentando em um ritmo muito veloz. Um ex-funcionário de minas de carvão que pretende conseguir um trabalho mais lucrativo — programação de aprendizado de máquina, por exemplo — tem uma distância maior a percorrer do que, digamos, alguém que consertava motores mecânicos e que agora precisa aprender sobre sistemas de ignição eletrônica.

Foi esse impacto das mudanças frequentemente impulsionadas pela tecnologia que conduziu a boa parte do diálogo sobre o futuro do trabalho e as formas pelas quais o nosso conjunto de ferramentas modernas contribui para o ritmo e a escala dessas mudanças.

Rememorando o Futuro do Trabalho

Desde a época dos gregos antigos, as pessoas presumiam que a automação substituiria o trabalho humano. Aristóteles preocupava-se com o fato de que, "[se] a lançadeira do tear tecesse sozinha e a palheta tocasse a lira, os manufatureiros não precisariam de trabalhos, nem os senhores precisariam de escravos."[5] Para um homem que viveu há cerca de 2.300 anos, essa é uma descrição bastante precisa de um robô.

Para uma previsão diametralmente oposta sobre o impacto da tecnologia, avancemos para o início dos anos 1900, quando o influente economista John Maynard Keynes escreveu sobre as *Possibilidades Econômicas para os Nossos Netos*[6] para falar, é claro, sobre você e eu. Keynes sustentou que, dentro de cem anos, "o problema econômico"[7] da humanidade teria sido resolvido:

> Assim, pela primeira vez desde sua criação, o homem estará frente a frente com seu real e permanente problema — como usar sua libertação dos cuidados econômicos prementes, como ocupar o lazer, que a ciência e os juros compostos terão ganho para ele, para viver sabiamente, agradavelmente e bem.[8]

INTRODUÇÃO

Em outras palavras, neste momento, você e eu teríamos tanto dinheiro que não precisaríamos trabalhar e ficaríamos entediados. Permita-me perguntar: é isso que está acontecendo com você?

Nas décadas seguintes a Keynes, muitos outros inovadores, economistas, e até cartunistas, opinaram a respeito, oscilando entre a distopia e a utopia tecnológicas. Norbert Wiener, professor de matemática do MIT e autor do livro *Cibernética*, de 1949,[9] percebeu, depois de ajudar a projetar o que hoje chamaríamos de robôs para uma fábrica de montagem de automóveis, que "o desemprego produzido por esses planos será nada menos do que desastroso".

Os meios de comunicação populares, por outro lado, muitas vezes adotaram o viés utópico. O artista Arthur Radebaugh, de Detroit, começou a assinar, em 1958, o cartum *Closer Than You Think* no jornal de domingo, prevendo tecnologias incríveis, como carros elétricos e automáticos, hovercrafts, TVs em relógios de pulso, aprendizagem remota, bibliotecas domésticas e mesas de computador eletrônicas, TVs dimensionadas, robôs domésticos e até cartões-postais (enviados por micro-ondas até a Lua, é claro). Logo depois, o popular desenho animado *Jetsons*, que passava no horário nobre, deu aos espectadores uma visão que muitos teriam apreciado hoje em dia — a jornada de trabalho de duas horas semanais do pai e o deslocamento para casa em um carro voador. Quando criança, isso me deixava grudado na tela da TV.

Por volta dessa época, porém, os temores sobre a automação começaram a aumentar novamente. No início dos anos 1960, um comitê de cientistas preocupados alertou o então presidente Johnson que "a revolução cibernética [criaria] uma nação apartada de pessoas pobres, sem qualificação e desempregadas".[10] Em seus discursos, o Dr. Martin Luther King criticou a "automação monstruosa" como um dos principais obstáculos da nação para os afro-americanos poderem alcançar a igualdade de oportunidades econômicas.[11]

Esses temores foram certamente confirmados em vários setores da força de trabalho do século XX. De acordo com o Bureau of Labor Statistics, nos Estados Unidos, em 1950, mais de 1 milhão de pessoas trabalhava em fábricas de roupas,[12] fabricando fios e tecidos, e produzindo de tudo, desde calçados até suéteres de tricô. Quase 1,5 milhão de pessoas trabalhava no sistema ferroviário. Mais de meio milhão trabalhava nas minas de carvão.

Já em 2020, embora a população ativa dos EUA tivesse mais do que dobrado, cada uma dessas indústrias empregou menos de um décimo do número anterior de trabalhadores.

Já não restam dúvidas de que uma quantidade significativa de tecnologias na era moderna tenha inevitavelmente feito uma transição para a automação de tarefas outrora humanas. Um número crescente de empresas inovadoras saídas diretamente do Vale do Silício e de outros polos focou o trabalho humano em uma variedade de setores, de mídias a serviços financeiros. Esses inovadores normalmente olham para as *tarefas* que os humanos realizam e procuram por maneiras de utilizar softwares e robôs para poder replicá-las.

Mas por quê? Ora, esta é a razão pela qual os capitalistas de risco (CRs) investem nessas empresas. CRs querem que uma startup encontre algo pelo qual um cliente já está pagando para aplicar a estratégia "10x". Ou seja, a abordagem automatizada deve, pelo menos, oferecer um décimo do custo, ou ser dez vezes mais eficiente, em relação ao humano que estava realizando aquela tarefa. Somente ao obter um ganho tão significativo na redução de custos, na eficiência, ou em ambos, é que um cliente provavelmente virá a utilizar uma nova tecnologia.

Além disso, os humanos costumam custar caro. Cerca de dois terços das economias norte-americana e europeia são impulsionados por serviços. E isso significa pessoas. A folha de pagamento pode custar de 30% a 70% de um negócio. Portanto, é uma decisão racional (embora muito pouco centrada no ser humano), por parte dos líderes, tentar reduzir esses custos. As startups ficam muito satisfeitas em agradar os investidores, que por sua vez ficam mais do que satisfeitos em apoiá-las. E, uma vez que boa parte do foco se encontra na automação de tarefas, elas podem se inspirar em pessoas como Henry Ford, que uma vez disse: "Nada é difícil se for dividido em pequenas partes".[13]

Pense no crescimento daquilo que é conhecido como software de automação de processos robóticos, ou RPA, que "aprende" rapidamente como uma tarefa repetitiva é executada por um ser humano para, em seguida, repeti-la automaticamente. Assim sendo, quanto mais tarefas forem automatizadas, mais trabalhadores serão "libertos" de ter que realizá-las.

Na maioria das economias, há uma palavra bem específica para alguém que se encontra 100% "liberto" do trabalho: "desempregado". Não era bem isso que o Sr. Keynes tinha em mente quando proferiu aquelas palavras.

Embora a automação tenha claramente alterado o trabalho ao longo dos tempos, toda a conversa sobre robôs e softwares gerou profundas preocupações em relação àquilo que muitas vezes é chamado de desemprego tecnológico. Como já vimos essa cartilha antes, ao lermos as manchetes sobre robôs e softwares assumindo empregos, imediatamente supomos o pior impacto possível sobre o trabalho humano. No entanto, como o político dinamarquês Karl Kristian Steincke escreveu em 1948, "é difícil fazer previsões, especialmente sobre o futuro".[14]

Os Três Futuros do Trabalho

Embora eu tenha sido acusado com frequência de ser um futurista, na verdade me considero mais como um "presentista", que prefere desconstruir as tendências de hoje e ajudar as pessoas a verem o amanhã como um cenário hipotético. Quais são, então, os fios vermelhos brilhantes que nos conectam ao futuro próximo, e como devemos responder a isso? Aqui estão três cenários possíveis.

Futuro 1: Muitos Robôs, Muito Desemprego (Placar: Robôs 10, Humanos 0)

Oscar Wilde não foi o primeiro a prever que as máquinas realizariam boa parte do trabalho humano, mas certamente foi um dos mais articulados. Em 1891, no seu livro *A Alma do Homem sob o Socialismo*[15], ele afirmou que:

> todo trabalho monótono e desinteressante [...] deve ser realizado por máquinas [...] Assim como as árvores crescem enquanto o senhor rural dorme, enquanto a Humanidade estiver se distraindo, ou desfrutando do lazer cultivado — pois que a ele o homem se destina e não ao trabalho —, ou criando obras belas, lendo belas páginas, ou simplesmente contemplando o mundo com admiração e prazer.

Assim como Keynes, no entanto, Wilde não abordou como todos nós pagaríamos o aluguel enquanto os robôs labutassem.

Em 2014, minha esposa e parceira de negócios Heidi Kleinmaus e eu conhecemos o autor Martin Ford em um almoço no Vale do Silício. Ele nos presenteou com uma cópia adiantada de seu novo livro, *Os Robôs e o Futuro do Emprego*,[16] e pintou sua própria perspectiva do desemprego impulsionado pela tecnologia. No livro, subtitulado *Tecnologia e a Ameaça de um Futuro sem Empregos*, Martin caminhou pela ampla gama de pontos de dados que mostra a rapidez com que as tecnologias estavam alterando o cenário do trabalho. Desde então, o trabalho de Martin foi frequentemente associado à previsão daquilo que se tornou o cenário do "apocalipse do trabalho".

Martin encontrou muitas pessoas que concordaram com ele. No mesmo ano, Bill Gates, o cofundador da Microsoft, foi citado pelo *Business Insider*[17] em uma palestra proferida no American Enterprise Institute:

> Com o tempo, a tecnologia reduzirá a demanda por trabalhos, especialmente na extremidade inferior do conjunto de habilidades. Daqui a vinte anos, a demanda por trabalhos em muitas qualificações será substancialmente menor. E não me parece que as pessoas levam isso em conta em seus modelos mentais.

Em "This is the most dangerous time for our planet" [Este é o momento mais perigoso para o nosso planeta, em tradução livre],[18] uma coluna escrita para o *The Guardian* no final de 2016, o físico Stephen Hawking afirmou que softwares de inteligência artificial caracterizavam uma potencial ameaça existencial para o trabalho humano. Um estudo de 2017 realizado pela empresa de consultoria Gartner projetou que cerca de 30% das habilidades listadas nas descrições normais de vagas de emprego de 2017 não seriam relevantes em 2021.[19]

A preocupação se alastrou. Em fevereiro de 2016, Moshe Vardi, professor da Universidade Rice, foi citado no *Financial Times*[20]:

> Estamos chegando ao momento em que as máquinas serão capazes de superar seres humanos em praticamente qualquer tarefa. A sociedade precisa enfrentar esta questão antes que se abata sobre nós completamente: se as máquinas serão capazes de realizar quase qualquer trabalho que nós, seres humanos, podemos fazer, o que, então, nós faremos?[21]

Em um debate com o fundador do Grupo Alibaba, Jack Ma, realizado em uma conferência em Xangai, na China, em 2019, Elon Musk, CEO da Tesla, foi citado pela Bloomberg[22] dizendo que a IA tornará os empregos irrelevantes.

No entanto, muitos dos dados que alimentam as preocupações modernas referentes a um apocalipse do trabalho se originaram de um relatório de 2013, *The Future of Employment* ["O Futuro do Emprego", em tradução livre][23], escrito por Carl Benedikt Frey e Michael Osborne, do Oxford Martin Programme on Technology and Employment. Sua equipe analisou tarefas que poderiam ser "automatizadas" através das tecnologias existentes; ao somar todas essas tarefas, eles estimaram que até 47 milhões de empregos *poderiam* ser perdidos para a tecnologia até 2050.

INTRODUÇÃO

Se você quiser ver o estudo de Oxford em ação, acesse WillRobotsTakeMyJob.com [conteúdo em inglês], insira um cargo e saia de lá deprimido.

Pode esquecer as teorias. O apocalipse do trabalho movido a tecnologias já ocorreu. Chama-se "a indústria de mídia". Começando com a ascensão da internet em 1995, mais de 200 mil empregos evaporaram nos EUA durante os 25 anos subsequentes. (É por isso que eu me denomino um "jornalista em recuperação". A revista que ajudei a fundar em 1994, a *Inter@ctive Week*, que posicionamos como o primeiro jornal da internet, documentou, literal e ironicamente, o fim de seu próprio setor.)

Obviamente, o Futuro 1 é o cenário da escassez. A disponibilidade de trabalhos diminui, porque nossas tecnologias passam a disponibilizar cada vez menos trabalhos para seres humanos.

Futuro 2: Muitos Empregos, Assistidos por Robôs (Placar: Robôs 1, Humanos 10)

O segundo cenário futuro é exatamente o oposto. Você poderia chamá-lo de cenário da abundância. Neste possível amanhã, as tecnologias ajudariam a criar tantos trabalhos que simplesmente não haveria humanos o suficiente para realizá-los. Outra possibilidade seria a de que, ainda que muitos trabalhos desaparecessem, nós descobriríamos que isso não importa tanto, visto que teríamos economias inclusivas.

John Markoff, ex-repórter do *New York Times* e autor de *Machines of Loving Grace* ["Máquinas Adoráveis", em tradução livre][24], escreveu que não está tão preocupado com robôs ocupando nossos cargos, já que a nossa força de trabalho, que envelhece rapidamente, de fato precisa de robôs para realizar muitas das tarefas que os humanos não serão mais capazes. E como Oscar Wilde escreveu em *A Alma do Homem Sob o Socialismo*, "Atualmente, a máquina compete contra o homem. Sob condições propícias, a máquina poderá servir o homem". (Oxalá ele não tenha dito isso como Damon Knight em seu conto de ficção científica de 1950, *To Serve Man* ["Como Servir os Humanos", em tradução livre][25], mais tarde transformado em um episódio de *Além da Imaginação*, em 1962.)

Em uma postagem de blog de 2014, "This is probably a good time to say that I don't believe robots will eat all the jobs..." [Este é provavelmente um bom momento para dizer que eu não acredito que os robôs irão devorar todos os empregos..., em tradução livre][26], o capitalista de risco Marc Andreessen, que uma vez entrevistei quando ele era o cofundador da inovadora empresa de internet Netscape, afirmou que, com ferramentas amplamente disponíveis para produção, as coisas se tornariam mais baratas de fazer do que comprar. O custo geral de um estilo de vida padrão cairia vertiginosamente — embora cada um de nós ganhasse menos dinheiro, viver seria menos custoso.

Como Andreessen postulou, suponha o seguinte cenário:

> robôs roubando empregos na área X. O que se segue é que os produtos ficam mais baratos na área X, e o padrão de vida do consumidor — necessariamente — aumenta. Com base nessa lógica, argumentar contra robôs que roubam empregos equivale argumentar que nós punimos os consumidores com preços desnecessariamente mais elevados. Na verdade, se os robôs/as máquinas não roubassem tantos empregos na agricultura e na indústria, teríamos um padrão de vida muito inferior hoje.

Um relatório de 2018 da ZipRecruiter[27] determinou que os softwares de aprendizado de máquina haviam criado, recentemente, até três vezes mais empregos em relação àqueles que foram automatizados. No início de 2019, Byron Reese, CEO e editor de tecnologia na empresa de pesquisa Gigaom, publicou um artigo no Singularity Hub intitulado "AI will create millions more jobs than it will destroy. Here's how" [A IA criará milhões de empregos a mais do que irá destruir. Eis o porquê, em tradução livre].[28] Reese defendeu que os inovadores começarão a criar tecnologias que ajudarão a capacitar as habilidades humanas para resolver uma série de novos problemas.

Mas ninguém pode garantir, é claro, que os empregos do futuro serão *bem-remunerados*. Uma verificação dos doze principais "empregos do futuro" de maior crescimento entre 2019 e 2029 do Departamento de Trabalho dos EUA[29] oferece um reflexo bastante distópico da situação. De um lado, estão os empregos bem-remunerados, como desenvolvimento e teste de softwares, gerentes de operações e gestores de serviços de saúde, que pagam uma média de mais de 100 mil dólares por ano. A maioria dos empregos, no entanto, se encontra do outro lado da moeda: trabalhadores da área da saúde, de fast-food, cozinheiros de restaurantes, médicos assistentes, funcionários de armazém, trabalhadores rurais — nenhum dos quais paga mais de 30 mil dólares por ano, ou cerca de 15 dólares a hora. E até mesmo alguns dos empregos mais bem-remunerados estão sendo "gigificados"*, ou seja, transformados em serviços temporários, baseados em projetos ou pagos por hora, e que são muito mais suscetíveis a salários decrescentes.

Isso, por sua vez, nos leva ao...

Futuro 3: Muito trabalho, Muito Subemprego e Muito Desemprego (Placar: Robôs 10, Alguns Humanos 10, a Maioria 0 ou 0.1)

Neste cenário futuro, há tanto abundância quanto escassez. Mas *como* isso vem a ocorrer?

Em seu livro influente e presciente *In the Age of the Smart Machine* ["Na Era das Máquinas Inteligentes", em tradução livre][30], de 1988, a autora Shoshana Zuboff apontou para a probabilidade de as tecnologias disruptivas levarem *tanto* a uma utopia do trabalho *quanto* à sua distopia. Prosperariam aqueles que conseguissem navegar pelas mudanças rápidas no trabalho. Por outro lado, aqueles que não conseguissem se adaptar com rapidez suficiente seriam deixados para trás.

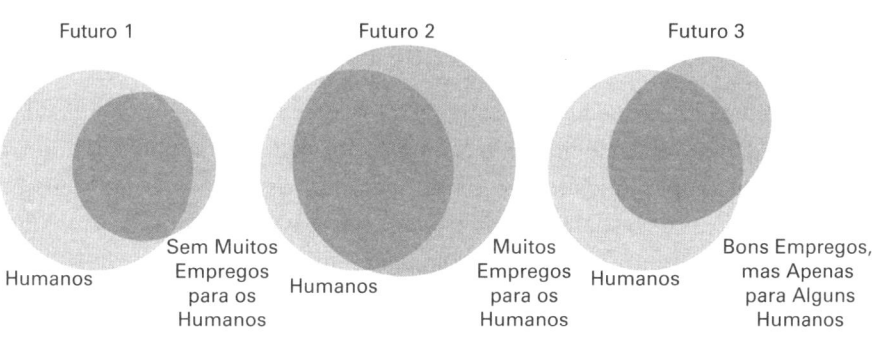

FIGURA 0.2   Os Três Futuros do Trabalho

FONTE © 2021 Charrette LLC. Usado com permissão.

O setor editorial perdeu 200 mil empregos em 25 anos, mas muito mais empregos foram gerados em novas mídias durante esse período. Coube a você, todavia, ser capaz de dar esse salto.

---

* O conceito de *gig economy*, que também pode ser chamado de "economia compartilhada", é quando empresas ou empregadores optam por contratar funcionários independentes — freelancers — em vez de contratar funcionários em período integral (N. da T.).

No Futuro 3, muitos empregadores ainda reclamam não poderem contratar pessoas o suficiente com habilidades demandadas, como programação de IA. Multiplique essa incompatibilidade de forças de trabalho por milhões, e você tem um grande problema para todos — trabalhadores, empregadores, sociedades e economias. A Korn Ferry, empresa de consultoria de gestão, estimou que a falta de trabalhadores qualificados em todo o mundo pode significar que, até 2030, haverá um déficit de 85 milhões de trabalhadores e de 8,5 trilhões de dólares em atividades econômicas[31].

Temos muitos exemplos ao redor do mundo deste Cenário 3 de futuro. Áreas rurais com fábricas fechadas e empresas realocadas já oferecem uma incompatibilidade de trabalho. Se trabalhadores rurais desempregados simplesmente se mudassem para onde os empregos estão, eles até poderiam encontrar trabalho. As cidades, no entanto, têm custo de vida alto, e se o trabalho a ser realizado exigir algum tipo de requalificação profissional, os trabalhadores estarão muito menos propensos a se mudar, ou a voltar para a sala de aula em busca dessa requalificação.

Como, então, essa incompatibilidade acontece, em primeiro lugar?

Robôs e Softwares Não Roubam Empregos — São os Humanos que os Oferecem

Continuaremos a ver manchetes como essa, referentes às incompatibilidades das forças de trabalho movidas a tecnologia, por décadas, já que, em muitos casos, essa incompatibilidade não é um "bug" do sistema — é um recurso. Muitas economias de trabalho foram erigidas com base nas Regras de Trabalho Antigas, quando muito menos tecnologias digitais estavam disponíveis, e os sistemas de educação e contratação não eram tão tensionados. Mas, afinal, esses sistemas não foram projetados para os tipos de mudança disruptiva que estamos vendo no século XXI.

Resultado: você continuará a ver manchetes sobre as incompatibilidades das forças de trabalho movidas a tecnologia por décadas. Aqui está, então, uma maneira pela qual você pode desenvolver sua própria opinião bem-informada sobre o potencial impacto da automação no trabalho. Quando os pesquisadores tentam prever esses cenários futuros, eles procuram descobrir quatro coisas:

- **As tarefas serão automatizadas ou apenas poderão ser "automatizáveis"?** Só porque, digamos, 40% das tarefas em um determinado ser-

viço ou área podem ser automatizadas, não significa que o serão, *de fato*, ou *quando* o serão por meio das tecnologias existentes.
- **Se o resultado pode vir a ser uma perda de empregos ou uma incompatibilidade de habilidades.** Trata-se de duas coisas muito distintas. Um contratante pode determinar que sua empresa *não* precisa de um conjunto de habilidades mais antigo, e *sim* de habilidades mais iminentes, e ainda assim sustentar que não consegue encontrar um número suficiente de trabalhadores qualificados. No entanto, o fato de ela não achar que precisa do conjunto de habilidades corrente não significa, necessariamente, que precise descartar um trabalho, quando o trabalhador pode ser retreinado. (Esqueça o péssimo rótulo de "aprimorado".)
- **Se for uma incompatibilidade de habilidades, qual é o impacto líquido da automação no trabalho — e quando ocorre?** Um futuro sem empregos depende muito de não haver oportunidades de trabalho de fácil acesso, o que pode ocorrer simplesmente devido à falta de imaginação e planejamento da nossa parte. No outono de 2016, o Fórum Econômico Mundial previu uma perda líquida de 5 milhões de empregos em 15 economias ao redor do globo até 2020[32], e em 2017 a Forrester Research projetou que haveria uma perda líquida de 6% dos empregos nos EUA, em 2021.[33] Isso estava dentro dos limites de uma recessão leve à moderada, mas não de um futuro próximo sem empregos. E essas projeções passaram longe do impacto real sobre os empregos em muitos países, decorrente da pandemia de 2020.
- **O que sai de cena, as tarefas ou os empregos?** Mesmo que 40% de todas as tarefas em uma indústria *sejam* automatizadas, isso não significa que 40% dos empregos desaparecerão.

Este último ponto é o mais crucial, porque o fato é que *robôs e softwares não roubam empregos. São os humanos que os oferecem.* A tecnologia simplesmente automatiza as tarefas. É uma decisão completamente humana o fato de um emprego desaparecer. E nós podemos tomar decisões diferentes.

Em *Um Mundo sem Trabalho*[34], o economista Daniel Susskind sugere que muitos trabalhos serão, de fato, automatizados, e que todos nós simplesmente precisaremos descobrir como cuidar das pessoas que serão mais afetadas — abordando questões como uma renda básica universal ou talvez algo mais que precise ser ajustado. Quiçá todas essas pessoas que trabalham possam trabalhar menos, de forma que o pouco trabalho restante possa ser realizado por outras pessoas além delas.

Exploraremos algumas dessas estratégias sociais e econômicas na Conclusão deste livro. Mas, por ora, vou enfatizar que *a perda de empregos para a automação não é um bug do sistema*. Essa perda não acontece porque todos nós deixamos passar algo terrivelmente óbvio. Pelo contrário: trata-se de uma *característica de projeto* de economias e sociedades que ainda não migraram para um modelo de trabalho inclusivo. Não importa o quanto você seja fã do modelo de destruição criativa do economista austríaco Joseph Schumpeter[35], e não importa o quão criativamente um trabalho seja destruído, ele continuará sendo um emprego perdido enquanto o trabalhador não puder encontrar imediatamente outro trabalho que ofereça uma remuneração semelhante.

Para ilustrar isso, façamos um experimento mental. Eu aceno uma varinha mágica e, de repente, você se torna o CEO de uma grande empresa. (Talvez você já seja, e eu apenas desperdicei um pouco de magia). Sob pressão de seus acionistas para reduzir os custos de todos aqueles seres humanos confusos e custosos na sua folha de pagamento, você decide investir em tecnologias que permitam à sua organização automatizar 20% de todas as tarefas atualmente realizadas por humanos. Quais seriam suas escolhas racionais?

- Você poderia demitir 20% do seu pessoal. É isso que muitas empresas norte-americanas fazem frequentemente.
- Você poderia pedir a todos na empresa para que recebessem um corte salarial temporário de 20%, até que a empresa se recuperasse. Isso é muito comum na Alemanha e nos países nórdicos. Em alguns países, é exigido por lei.
- Você poderia oferecer para cada funcionário a oportunidade de passar um dia da semana elaborando ideias para novos produtos e recursos, de forma a poder criar novas ofertas para seus clientes e a expandir o portfólio de inovação da sua organização. O Google, historicamente, chamou isso de política dos 20%, e é por isso que temos serviços como o Gmail e o Google Apps atualmente, que foram concebidos durante esses "20%" de tempo da empresa — um dia da semana.
- Você também poderia se unir a outras organizações e criar softwares para ajudar os funcionários a migrarem de uma empresa para outra. Foi o que fez o país de Luxemburgo, em parceria com a consultoria

PwC e a empresa de softwares australiana Faethm, em uma iniciativa que foi chamada de SkillsBridge.

- Você poderia transformar sua organização em uma cooperativa a ser administrada por meio de tomadas de decisão coletivas que determinariam as estratégias inclusivas a serem seguidas para evitar demissões.
- Ou você poderia ser o tipo de pessoa que lidera uma organização de acordo com as Próximas Regras do Trabalho, antecipando uma grande mudança de mercado antes que esta ocorra, treinando seus funcionários continuamente para desenvolver novas habilidades e resolver novos problemas, sem jamais precisar lidar com uma incompatibilidade de forças de trabalho, para começo de conversa.

Sociedades diversas tomaram decisões diferentes em relação a quais desses resultados são preferíveis. A lição mais importante, todavia, é que estas *são* decisões que organizações, comunidades e países podem tomar em face de mudanças disruptivas.

Embora a automação e a globalização sejam, inegável e inexoravelmente, forças de mudança poderosas, é uma falsa narrativa querer colocar o impacto do ritmo e da escala das mudanças sobre esses ombros, apenas. No início de 2021, a Organização Internacional do Trabalho estimou que quase 9% do tempo de trabalho total foi perdido na pandemia atual, o equivalente a 225 milhões de empregos perdidos em todo o mundo.[36] No mesmo período, a Oxfam estimou que a riqueza dos dez homens mais ricos do mundo cresceu em mais de meio trilhão de dólares norte-americanos.[37] Tantas pessoas caíram ou permaneceram na pobreza neste ano que a economia global foi projetada para demorar pelo menos uma década para compensar a perda; parte alguma desse impacto líquido ocorreu por causa de robôs ou guerras comerciais.

Incompatibilidades das forças de trabalho também ocorrem em vários setores com alguma regularidade. De acordo com o Departamento do Trabalho norte-americano, cerca de 5% dos trabalhadores dos EUA estão na indústria da construção. No início de 2020, ainda durante o período pré-pandemia, houve uma incompatibilidade significativa das forças de trabalho — entre 223 mil e 332 mil vagas abertas —, apesar de 85% das empresas de construção afirmarem que a disponibilidade e o custo da mão de obra constituíam sua prioridade número um.[38] A necessidade de trabalhadores qualificados com habilidades técnicas, somada ao fato de a maioria dos trabalhos de construção ser presencial, acabava exigindo que os trabalhadores se transferissem para onde quer que houvesse trabalho — algo que muitos norte-americanos modernos estão cada vez menos dispostos a fazer.

Se você se preocupa em monitorar a saúde de qualquer economia de trabalho, no entanto, aqui vai um conselho: não confie nas estatísticas de desemprego do governo, pois elas geralmente estão atoladas nas Regras de Trabalho Antigas.

Se sua frequência cardíaca está boa, mas seus outros órgãos principais estão falhando, você julgaria sua saúde apenas pelo seu pulso? É exatamente isso que muitos países fazem com suas estatísticas de desemprego. Só porque um trabalhador marca ponto, o que quer dizer que ele está trabalhando um pouco, não significa que ele esteja "funcionalmente empregado", segundo a terminologia do Ludwig Institute for Shared Economic Prosperity (LISEP). Estatísticas de desemprego não incluem os milhões que só conseguem encontrar trabalhos de meio período, mas que querem trabalhar em tempo integral, ou que estão ganhando muito pouco para pagar as contas (subempregados), nem todos os desempregados de longa duração que estão desanimados em procurar trabalho.

No final de 2020, o LISEP calculou que, em vez da taxa de desemprego publicada pelos EUA — de 6,7% —, a verdadeira taxa (TRU) estava acima dos 25%[39] — ligeiramente mais alta do que o auge da taxa de desemprego durante a Grande Depressão.

Os Desafios Fundamentais São Motivados pelo Ritmo e pela Escala das Mudanças — E as Oportunidades Também

Enquanto tentamos prejudicar os três possíveis futuros do trabalho, o foco implacável em um futuro apocalipse do trabalho impulsionado por tecnologias constitui uma distração de uma compreensão verdadeira das mecânicas dos mercados de trabalho hoje. Como o autor e comentarista vencedor do Prêmio Pulitzer Thomas Friedman escreveu para mim uma vez: "Quem pode prever quantos empregos desaparecerão e quantos novos empregos surgirão até 2050?".

No final de 2017, Susan Lund e James Manyika, do McKinsey Global Institute, publicaram um estudo[40] que apontou corretamente para os verdadeiros culpados pela incompatibilidade das forças de trabalho do século XXI: o ritmo e a escala das mudanças tecnológicas. Devido à combinação de salários vigentes, ao crescimento ou à retração econômica, a mudanças demográficas e aos tipos de indústrias locais, um trabalhador de uma determinada região nem mesmo precisa ser deslocado. Em outras regiões, no entanto, um trabalhador que foi demitido pode ter poucas alternativas de trabalho, tornando-se um desempregado de longa duração ou um subempregado em um trabalho com baixa remuneração.

> **Como Thomas Friedman me perguntou, retoricamente: "Quem pode prever quantos empregos desaparecerão e quantos novos empregos surgirão até 2050?"**

Vamos, então, parar de nos preocupar com a quantidade de empregos que podem ou não existir daqui a décadas. Os três futuros do trabalho não são previsões. Eles são cenários. Possibilidades. Probabilidades, até. Mas um ou outro caso só ocorrerá, de fato, como consequência das decisões que tomarmos hoje.

No momento, o Futuro 3 me parece o mais provável. Mas eu quero convencer você de que *todos nós* precisamos trabalhar juntos para ajudar a transformar o Futuro 2 em uma realidade.

Honestamente, estou longe de ser o guia perfeito para esse processo. Admito: sou um viciado em mudanças. Estou infinitamente fascinado por uma gama aparentemente ilimitada de tópicos. As pessoas me fascinam. O mundo me fascina. Adoro fazer malabarismos com uma grande variedade de projetos — afinidade que, suspeito, caracterize um caso avançado de déficit de atenção em um adulto.

Mas o fato é que há um custo humano inegável e extremamente significativo devido ao ritmo e à escala das mudanças. O tsunami dessas mudanças, afinal, não se limita a varrer tecnologias e empregos antigos. Nossas tradições humanas e nossos valores também podem ser profundamente impactados.

Não estou sugerindo que você e eu conspiremos juntos para explodir o mundo do trabalho tradicional por completo. Apenas estou dizendo que muitas dessas mudanças já estão acontecendo, e que nós precisamos colaborar em quatro coisas:

1. Precisamos ajudar cada ser humano a prosperar em um mundo de mudanças disruptivas, e isso deve começar pelo trabalho, já que a maioria de nós, neste planeta, precisa trabalhar para obter dinhei-

ro o suficiente para sobreviver, e provavelmente faremos isso por muito tempo.

2 Precisamos *descartar* as questões referentes ao trabalho tradicional que não são positivas para a maioria dos seres humanos, tais como empregos desumanizantes e instáveis, chefes tóxicos e salários em queda.

3 Precisamos *manter* as questões referentes ao trabalho tradicional que são realmente positivas para os seres humanos, como garantir uma renda estável, proporcionar significado para as nossas vidas, reforçar a nossa autoestima e gerar riquezas para o futuro.

4 Precisamos compreender e mudar o ecossistema de trabalho que, em diversos países, reforça, efetivamente, muitas das questões que são prejudiciais para as pessoas, para a sociedade e para o planeta. Precisamos criar, juntos, as mudanças nesses sistemas financeiros e sociais, de tal forma que um número cada vez maior de pessoas possa se beneficiar neste mundo de incertezas tão implacáveis.

Quão difícil pode ser isso?

Eu não posso garantir para você que o ritmo e a escala das mudanças, de fato, desacelerarão um dia. Afinal, já é difícil imaginar o nosso mundo mudando mais rapidamente do que sob os efeitos da pandemia global. Mas eu suspeito que, um dia, iremos olhar para trás e dizer que tudo isso, na verdade, foi apenas um alarme de incêndio para as próximas ondas nas mudanças econômicas e sociais do mundo.

Acredito que, nos anos vindouros, olharemos para trás — para esta época —, e perceberemos que hoje, aqui e agora, foi quando o mundo do trabalho passou por uma mudança radical. E as regras para o sucesso, nessa mudança, estão sendo moldadas enquanto você lê estas palavras.

PARTE UM

Regras

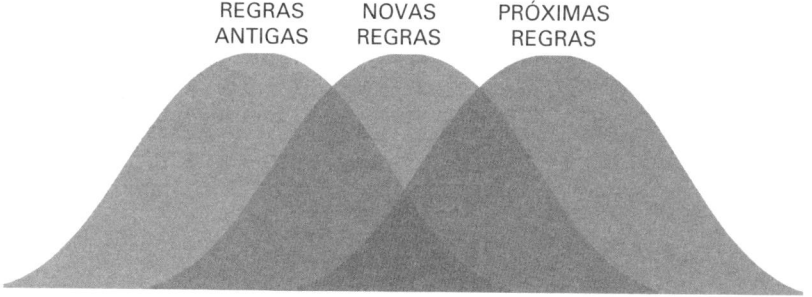

FIGURA P1   Regras do Trabalho
FONTE © 2021 Charrette LLC. Usado com permissão

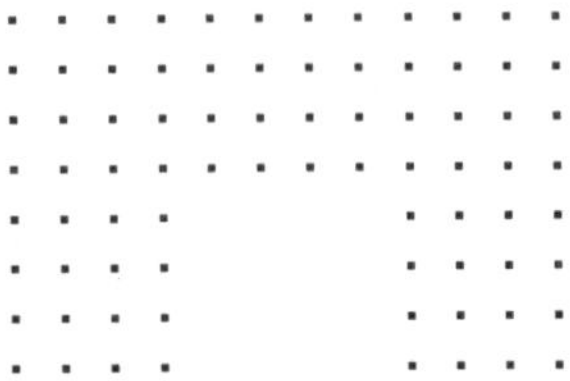

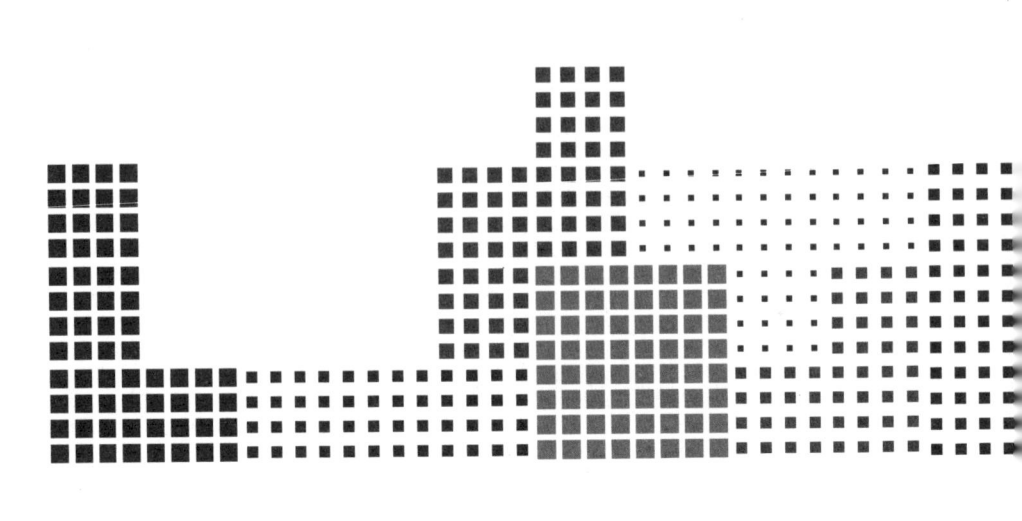

1

As Regras de Trabalho Antigas

Nós sempre trabalhamos. Só que simplesmente não pensávamos a respeito disso, até recentemente.

Sempre houve regras de trabalho, e elas mudaram ao longo do tempo. Mas muitas das regras que seguimos nos dias de hoje estiveram conosco por muitos séculos. Tínhamos definições tradicionais de trabalho, habilidades, empregos, carreiras, equipes, gerentes, locais de trabalho e organizações que ainda orientam muito da nossa visão do trabalho.

A tecnologia, por sua vez, sempre moldou o trabalho humano, em uma série de padrões um tanto familiares. Ao compreender o passado do trabalho, então, poderemos nos preparar melhor para cocriar um futuro mais positivo.

Você Entra em uma Máquina do Tempo

De repente, você está em uma biblioteca com paredes de mármore na Grécia Antiga, por volta do ano de 340 a.C. O lugar é conhecido como Liceu. Sentado diante de você está Aristóteles, o filósofo que ocasionalmente se preocupava com a questão dos robôs.

Vendo a maneira incomum como você está vestido, ele claramente fica curioso. Eis que ele lhe pede para falar sobre si.

Você começa, então, contando sobre o seu trabalho. (Esqueça, por enquanto, que ele não está realmente familiarizado com o conceito moderno de trabalho. Ou que você não fala grego arcaico. Apenas entre no espírito da coisa.)

Você fala sobre o seu trabalho, um conceito que é estranho para ele. Fala sobre sua organização — novamente, uma palavra estranha, sem significado para o tempo dele.

Mas ele tem algumas perguntas para você:

- "*Qual é* o seu trabalho? Parece que você resolve problemas com suas habilidades. Correto?"
- "*Com quem* você trabalha? Fale-me sobre eles, sobre o tipo de pessoas que são."
- "*Onde* você trabalha? Descreva esse 'local de trabalho' para mim. Onde ele fica?"
- "*Quando* você trabalha? Você faz isso o dia todo, todos os dias? Quando você realizou diferentes tipos de trabalho, ao longo do seu tempo neste planeta?"
- "Como você trabalha? Você utiliza ferramentas específicas?"
- "E, talvez o mais importante... *Por que* você trabalha? O que o motiva a fazer isso que chama de trabalho?"

Depois de você responder a cada uma dessas perguntas, ele continua curioso:

- "E sobre essa 'organização' que você menciona? Conte-me também o que, quem, onde, quando, como e por quê ela existe."

Você continua falando por horas a fio, conforme o ajuda a entender o propósito e as práticas da organização em nosso tempo.

Há uma razão muito importante pela qual Aristóteles está perguntando a você sobre esses seis fatores: são as perguntas que ele usa para decidir se um ato é moral ou não.

Como Aprendemos as Regras de Trabalho Antigas

Pense no seu primeiro emprego. Não me refiro à primeira coisa que você fez para ganhar dinheiro, como quando eu assumi a entrega de jornais depois do meu irmão mais velho, aos quinze anos. Nem ao trabalho voluntário que você realizou na escola ou na comunidade. Lembre-se do seu primeiro trabalho remunerado, durante a escola ou depois de graduado. (Espero que você não se sinta envergonhado por esse trabalho. O megainvestidor Warren Buffett também fez entrega de jornais. Jeff Bezos, fundador da Amazon, era cozinheiro no McDonald's. E o CEO da Netflix, Reed Hastings, vendeu aspiradores de pó de porta em porta.)

E por que você trabalhava naquela época? A resposta, provavelmente, é bem simples: você precisava do dinheiro.

Para muitos de nós, o primeiro emprego foi um pouco assustador. Você estava sendo solicitado a fazer algo novo. Provavelmente, você entendeu que havia regras a serem seguidas. Mas não havia nenhum manual para ser usado como referência.

Como, então, você aprendeu essas regras?

Talvez seus pais tenham lhe ensinado algumas coisas para prepará-lo. Com sorte, você teve um mentor que lhe mostrou o básico. Chegue na hora. Trabalhe duro. Siga as instruções. Termine o que começou.

Mas havia também muitas outras regras não escritas relacionadas ao trabalho, em geral. Regras como o trabalho geralmente acontecer em um escritório, ou restaurante, ou em um projeto de construção. Esse local de trabalho opera, presencialmente, das 8h ou 9h às 17h, 18h ou 19h. As pessoas vão a esse local de trabalho cinco dias por semana; muitas delas também trabalham em casa nos finais de semana, para recuperar o atraso ou não ficarem para trás. Cada trabalho tem uma descrição que delineia as tarefas a serem executadas regularmente. Sua organização tem uma hierarquia. A maioria dos funcionários tem um patrão, que por sua vez também tem um patrão. Você recebe um salário a cada poucas semanas.

Mas *por quê*? Por que essas eram as regras do trabalho? É bem provável que ninguém tenha explicado isso.

Algumas regras de trabalho são claras e explícitas, enquanto outras podem ser opacas ou ambíguas. Algumas fazem certo sentido, mas muitas parecem não fazer sentido algum. Na verdade, muitas das regras que você foi incentivado a seguir pareciam resquícios de outros tempos. Para um funcionário jovem, algumas regras simplesmente parecem ter sido criadas por pessoas mais velhas para garantir que o trabalho seja mais desafiador para os mais inexperientes, de forma que eles pudessem "cumprir suas obrigações", o que quer que isso signifique. (Muitas vezes, significa "hora de acertar as contas".)

Com o passar do tempo, porém, você aprendeu as regras. E então, quando alguém novo apareceu no trabalho, você fez o mesmo que seus mentores, ajudando essa pessoa a entender as regras da sua função e da cultura organizacional.

Talvez o termo "regras" soe um tanto estrito para o seu gosto. Talvez você prefira "diretrizes" ou "práticas". A rigidez das regras em, digamos, um ramo das forças armadas, é uma situação muito diferente das regras de uma agência criativa. Todavia, não importa o quanto você sinta que é um inovador que continuamente desafia as normas: nossas ações no trabalho são continuamente estruturadas por conjuntos de regras.

Em todas as épocas, existem regras que definem o que, quando, onde, por que, como e com quem trabalhamos — e essas regras atravessaram uma série de mudanças evolutivas. Pense nessa constante alteração do conjunto de práticas como as Regras Antigas de ontem a serem sempre substituídas pelas Novas Regras que estão sendo adotadas hoje.

Mas e o que acontece a seguir? Neste mundo moderno, no qual o amanhã vem na nossa direção a uma velocidade ofuscante, como podemos nos preparar? Softwares de inteligência artificial, robôs adaptáveis e carros autônomos já estão entre nós. Uma pandemia global já transformou as relações de trabalho para metade das pessoas no planeta. Como podemos antecipar as maneiras pelas quais o trabalho mudará nos próximos anos e estar à frente dessa curva exponencial?

Em um mundo de mudanças radicais, as regras do trabalho podem mudar tão rapidamente que, infelizmente, se concentrar em aprender as novas regras pode não ser o suficiente.

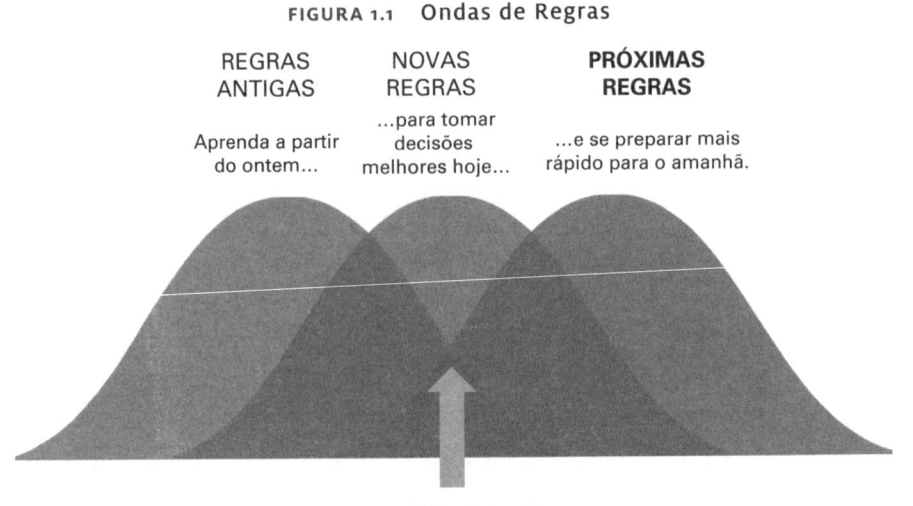

FIGURA 1.1 Ondas de Regras

REGRAS ANTIGAS
Aprenda a partir do ontem...

NOVAS REGRAS
...para tomar decisões melhores hoje...

PRÓXIMAS REGRAS
...e se preparar mais rápido para o amanhã.

Você Está Aqui

FONTE © 2021 Charrette LLC. Usado com permissão.

AS REGRAS DE TRABALHO ANTIGAS

Os eventos do início do século XXI tornaram bastante claro que mudanças podem acontecer da noite para o dia. Precisamos estar preparados, hoje, para as maneiras pelas quais o trabalho funcionará em um amanhã que se aproxima depressa.

Estas são as Próximas Regras. É assim que aprendemos com o passado, para podermos tomar decisões melhores hoje e nos preparar para o amanhã — de forma mais rápida e mais eficaz.

Mediante todos esses conjuntos mutáveis de regras de trabalho no decorrer da história, três coisas a respeito do trabalho se mostraram verdadeiras:

- Sempre houve uma *mentalidade* predominante na forma como abordamos nosso trabalho. Sua mentalidade é definida pelo seu modelo mental do mundo do trabalho e também pela sua motivação, pelos incentivos que encorajam você e os desincentivos que o dissuadem. Além disso, sua mentalidade é um produto da sua *cognição*, ou seja, dos maravilhosos mecanismos da sua mente.

- Sempre houve um *conjunto de habilidades* necessário para se executar os trabalhos do dia. Você e todos os outros seres humanos do planeta têm uma mistura única de competências, habilidades, experiências, interesses e motivações. Tudo isso se soma a um conjunto de habilidades para o qual você encontrará alguém que (espero eu) esteja disposto a compensá-lo, seja em seu trabalho ou em algum outro tipo de função organizacional.

- E sempre houve um *conjunto de ferramentas* a ser utilizado para habilitar um determinado trabalho. Às vezes, esse conjunto é criado para dar suporte ao trabalho; em certos casos, ele cria tipos de trabalho completamente novos; e em outros casos, ainda, pode vir a substituir completamente o trabalho humano. Algumas dessas ferramentas consistem de técnicas e práticas, enquanto outras são tecnologias e serviços.

Ao aprenderem a mentalidade, o conjunto de habilidades e o conjunto de ferramentas das Próximas Regras do Trabalho, os trabalhadores e líderes das organizações estarão mais bem preparados para prosperar em um mundo de mudanças disruptivas e de incertezas perpétuas. E, se há algo que aprendemos nessas décadas recentes, é que a ruptura e a incerteza são fatores incontornáveis.

No entanto, mesmo que pensemos em nós mesmos como solucionadores de problemas do século XXI capacitados por tecnologias extraídas diretamente da ficção científica, um número surpreendente de regras de trabalho que seguimos até hoje permanece profundamente enraizado em práticas que remontam ao século XX e além, indo a fundo na história do trabalho.

> **Se há algo que aprendemos nessas décadas recentes é que a ruptura e a incerteza são fatores incontornáveis.**

Você até pode achar que é um trabalhador completamente moderno, e que nenhuma das Regras Antigas se aplica ao que você faz no novo milênio. Mas a verdade é que muitas das grades invisíveis dessas regras continuam a direcionar e moldar uma quantidade surpreendente das nossas ações. Se realmente queremos nos libertar das Regras Antigas que nos impedem de ser eficazes tanto hoje quanto amanhã, primeiro precisamos entender de onde elas vieram e por que ainda são tão influentes hoje, para que possamos, assim, desaprendê-las para amanhã.

Uma Breve História do Trabalho Humano

Nós, obviamente, trabalhamos ao longo dos primeiros milênios do mundo ocidental. Só que não pensávamos a respeito disso da mesma forma que pensamos sobre os empregos de hoje. Nossa mentalidade envolvia realizar as tarefas que eram necessárias, e não muito mais do que isso. Certamente, não pensávamos se tratar de uma busca nobre. Em seu livro de 1930, *Work: What it has meant to men through the ages* ["Trabalho: Seu significado para a humanidade ao longo do tempo", em tradução livre][1], o autor Adriano Tilgher escreveu: "os filósofos gregos afirmavam que o trabalho manual, e até mesmo a maioria das formas de trabalho mental, 'brutalizavam a mente até que se tornasse imprópria para a busca da verdade'". Vicki Smith afirmou, em sua antologia *Sociology of Work: An encyclopedia* ["Sociologia do Trabalho: Uma enciclopédia", em tradução livre], de 2013[2], que tanto os gregos quanto os hebreus pensavam no trabalho literalmente como uma maldição decorrente das divindades ou de uma divindade.

Tilgher, de fato, ressaltou que a palavra grega para trabalho era *ponos*, oriunda da palavra latina *poena*, que significa dor, punição ou tristeza.

AS REGRAS DE TRABALHO ANTIGAS

Provavelmente foi assim que você, como eu, se sentiu em relação àquele primeiro emprego fora da escola. E foi por isso que Aristóteles ficou tão curioso sobre o seu "trabalho", já que ele não tinha certeza do porquê de você ter sido tão desfavorecido pelos deuses a ponto de eles o amaldiçoarem com trabalho.

Esse desdém pelo trabalho continuou a permear a cultura ocidental até a Idade Média. Como os deuses gregos e romanos foram substituídos pelo Deus cristão, a mentalidade em relação ao trabalho passou de uma maldição panteísta à punição de Deus frente ao pecado original. O trabalho apenas seria aceitável se você pudesse ganhar dinheiro por meio dele e se esse dinheiro pudesse torná-lo independente dos outros. O salto de uma maldição para uma punição, no entanto, não foi exatamente uma melhoria.

Então, de repente, há cerca de quinhentos anos, a visão ocidental em relação ao trabalho deu uma guinada dramática, preparando o terreno para uma mentalidade que persiste em muitas culturas e famílias até hoje. Como Vicki Smith descreve: "Uma nova perspectiva de trabalho surgiu com a Reforma Protestante. Martinho Lutero acreditava que as pessoas poderiam servir a Deus por meio de seu trabalho, e que elas deveriam trabalhar diligentemente em suas próprias ocupações." E, como o autor Roger Hill escreveu em *Historical Context of the Work Ethic* ["Contextos Históricos da Ética Trabalhista", em tradução livre][3], Lutero também desprezou aquilo que hoje chamaríamos de mudança de carreira, sustentando que, já que você nasceu para um certo tipo de trabalho, Deus queria que você continuasse na profissão para a qual foi treinado.

No que se refere ao propósito do trabalho, o reformista contemporâneo João Calvino superou Lutero. Calvino acreditava que realmente era a vontade de Deus que *todos* nós trabalhássemos. A mentalidade calvinista era de que as pessoas laboriosas eram muito mais propensas a entrar no reino dos céus, enquanto as pessoas preguiçosas poderiam nunca ser admitidas.

Hoje em dia, nós chamamos essa doutrina de ética protestante do trabalho.

Você já elogiou alguém por ser um trabalhador esforçado? Você já reprimiu um adolescente relaxado por ser preguiçoso? A partir dessa mentalidade de hoje, você pode traçar uma linha reta que atravessa quinhentos anos até chegar a uma das Regras de Trabalho Antigas.

A ética protestante do trabalho acabou incorporando um ajuste fundamental que lançou as bases para as economias futuras. Muitos passaram a acreditar que Deus não queria apenas que você trabalhasse duro, mas também que adquirisse riquezas. Foi por meio dessa mentalidade que as sementes do capitalismo moderno foram plantadas. E o que ajudou a construir seus alicerces foi o conjunto de ferramentas que nós chamamos de tecnologia.

Trabalho, Conheça a Tecnologia

Do fogo e da roda, passando pela foice e pelo arado, até o computador pessoal e o telefone celular, nosso conjunto de ferramentas tecnológicas sempre transformou o trabalho. No entanto, tecnologias que de fato podem realizar tarefas humanas, e que o fazem de forma independente e em larga escala, são uma inovação relativamente recente na nossa história.

A imprensa de Gutenberg, em meados dos anos 1400, impactou quase que imediatamente a profissão de duplicação manual de livros; no início dos anos 1500, já havia centenas de impressoras em dezenas de cidades, tanto na Europa quanto no exterior. As tecnologias de produção em escala lentamente começaram a transformar o trabalho em uma série de outras indústrias. Em 1589, William Lee, um ministro e inventor amador que vivia em Calverton, na Inglaterra, usou sua mente mecanicista para inventar um dispositivo que podia tecer muito mais rapidamente do que mãos humanas. Ele construiu o que ficou conhecido como tear, um rack com diversas agulhas que costuravam várias linhas simultaneamente.

Mas a Rainha Elizabeth I, cujo patrocínio era necessário para sua adoção, não quis saber daquilo. "Tenho muito amor pela minha gente pobre que obtém seu pão por meio da tecelagem", disse ela, "para doar uma importância que possibilitará uma invenção que lhes trará a ruína, privando-os de seus empregos e transformando-os em mendigos".[4]

Imagine essas palavras saindo da boca de um capitalista de risco moderno.

A tecnologia tecelã de Lee foi amplamente adotada no século XVII, mas, no início do século XVIII, as máquinas tinham se tornado tão caras que apenas os ricos podiam pagar por elas, e eles passariam a empregar tecelões para administrá-las, muitas vezes com baixos salários. Os tecelões e costureiros que se rebelaram contra esse arranjo se autodenominaram ludistas e passaram a queimar máquinas em todo o país. No entanto, apesar de usarmos o termo ludista para descrever, hoje, uma visão cética a respeito da tecnologia, não era contra a tecnologia que eles lutavam; era contra a queda de rendimentos arquitetada pelos proprietários das máquinas, o que significava que as pessoas que faziam o trabalho real ganhavam muito menos do que aqueles que possuíam a tecnologia.

Se você pensou imediatamente na necessidade de taxação de impostos sobre os proprietários dos robôs que substituem trabalhadores humanos nos dias de hoje, você não está sozinho.

Também no início do século XVIII, Jethro Tull[5], o filho de um fazendeiro inglês cuja saúde debilitada o impediu de terminar a faculdade, voltou para a fazenda da família e começou a perceber o quão ineficiente eram os trabalhadores do campo na plantação de sementes. Tull por fim projetou e aperfeiçoou uma semeadora, a primeira máquina agrícola com componentes móveis que podiam depositar as sementes a uma profundidade exata. Logo, um campo inteiro poderia ser semeado por um único trabalhador e uma semeadeira puxada a cavalo.

A invenção de Tull ajudou, em parte, a catalisar a Segunda Revolução Agrícola, aumentando drasticamente a capacidade de cultivo de alimentos de fazendas em todo o país e, posteriormente, em todo o mundo. Mas essa revolução também caracterizou um estudo sobre como as mudanças em nossos conjuntos de ferramentas tecnológicas podem alterar as dinâmicas de poder do trabalho. Os britânicos aprovaram as chamadas "Leis de Cercamento de Terras"[6], permitindo que os ricos comprassem áreas comuns situadas entre as fazendas, o que gerou uma era de grandes negócios, além do deslocamento de inúmeros pequenos agricultores. Sem nenhum tipo de lei antitruste para desacelerar o processo, é claro.

Privados da oportunidade de usar seus conjuntos de habilidades nas fazendas, os trabalhadores deslocados deixaram suas áreas rurais para cidades como Londres e Dublin, tornando-se trabalhadores itinerantes prontos para virar a força de trabalho em ascensão a povoar as fábricas. Mas as máquinas da época ainda operavam por mãos humanas ineficientes; por si só, uma grande força de trabalho desempregada não poderia desencadear uma revolução produtiva. Seria necessário algum tipo novo de tecnologia, que pudesse transformar, efetivamente, o trabalho humano.

Tecnologia em Ascensão

A Segunda Revolução Agrícola significava mais comida. Mais comida significava mais pessoas. Mais pessoas significavam mais clientes em potencial para os produtos das fábricas. Mais produtos significavam um aumento dramático na necessidade de matérias-primas como ferro, cobre e carvão. Um tal acréscimo na demanda significava ter que cavar mais fundo e em mais lugares para se obter mais matérias-primas. Por sua vez, mais minas cada vez mais profundas significavam muitas inundações subterrâneas. Assim, no início do século XVIII, o siderúrgico britânico Thomas Newcomen inventou uma bomba a vapor que ficou conhecida como máquina atmosférica, a qual trabalhava incansavelmente, era feita a partir do ferro e do cobre que ajudava a escavar e se alimentava do carvão e da água que ajudava a extrair.

Essa máquina atmosférica viria a se transformar na máquina a vapor. De repente, então, as máquinas não eram mais limitadas pelo poder de um humano, de um cavalo ou de um riacho. Agora, a Primeira Revolução Industrial poderia começar e, com ela, uma nova mentalidade em relação ao trabalho humano.

Até o século XVIII, a maior parte do trabalho era artesanal. Um marceneiro geralmente construía um armário inteiro. Um sapateiro cortava e montava todas as partes de um sapato. Os aprendizes podiam realizar muitas das tarefas mais monótonas, como preparar madeira ou couro. Mas, uma vez que o processo era dominado, o artesão passava a conhecer e a executar cada uma das etapas.

Quando a Primeira Revolução Industrial começou a varrer o mundo ocidental, a produção foi sendo exponencialmente transferida das mãos humanas para as grandes máquinas das fábricas. Adam Smith, o influente economista do século XVIII, foi um dos primeiros a apontar que o modelo do artesão era muito ineficiente. Ao ter pessoas especializadas em apenas uma ou duas etapas de um determinado processo de produção, as primeiras fábricas poderiam aumentar drasticamente o nível dessa produção. E tal abordagem exigia uma mentalidade fundamentalmente nova do trabalhador: você já não era o artesão que iria manufaturar todo o produto. Você executaria apenas parte do processo ou simplesmente cuidaria da máquina.

Essa repetição entorpecente tornava o trabalho muito menos interessante. Além do mais, essas primeiras fábricas não eram exatamente exemplos icônicos de gestão, sendo muitas vezes administrada como um feudo. O gerente da fábrica daria ordens autocráticas peremptoriamente; as condições de trabalho eram, muitas vezes, brutais, sendo comuns jornadas semanais de oitenta a cem horas. Tratava-se de um modelo de trabalho como *labuta*, com pouca consideração — ou mesmo procura — por qualquer tipo de satisfação. As pessoas trabalhavam principalmente por comida, que poderia custar até metade de seus salários.[7] Em comparação, a moradia era muito barata — apenas cerca de um décimo da renda. (Para os trabalhadores que vivem nas cidades hoje, essas porcentagens geralmente são invertidas.) No entanto, muitos trabalhadores da cidade ainda conseguiam ganhar mais do que nas fazendas que haviam deixado para trás, e, na primeira metade do século XIX, a maioria dos salários acabou dobrando.

Após uma breve pausa na inovação global, o final do século XIX viu a ascensão da Segunda Revolução Industrial. A padronização das máquinas e das práticas de produção deu o empurrão final, e a migração das fazendas para as fábricas por fim se consolidou.

As Regras Centenárias do Trabalho

Com tantas pessoas trabalhando nas fábricas, começando no início século XX, diversos engenheiros e economistas começaram a oferecer uma variedade de princípios científicos e mecanicistas que definiam as funções do gerente e do trabalhador. Primeiro veio Frederick Winslow Taylor, o engenheiro mecânico norte-americano que é considerado o pai da engenharia industrial — a gestão científica de uma organização. Como Adam Smith, Taylor defendia a divisão do trabalho, para que as pessoas realizassem as mesmas tarefas indefinidamente. Mas Taylor decidiu que era responsabilidade do líder da fábrica dizer aos trabalhadores o que fazer e como fazer, para garantir maior consistência no desempenho das tarefas e aumentar a qualidade da produção.

Com a publicação de Taylor, em 1909, de *Princípios de Administração Científica*[8], nasceu a teoria moderna de gestão. Se você fosse mergulhar nos algoritmos de aprendizado de máquina que ajudam a automatizar o trabalho humano nos softwares de planejamento de recursos empresariais de hoje, veria que boa parte disso é infundido pela mentalidade do taylorismo em torno da ciência do trabalho baseada em dados.

Nas décadas subsequentes, muitos outros teóricos forneceram conjuntos de princípios de gestão. Um dos mais influentes foi Henri Fayol, um executivo de mineração francês que, em 1916, sugeriu seu próprio modelo para a gestão de pessoas, cujas diretrizes eram:

- **Divisão do trabalho**, ou seja, separar o trabalho em tarefas que cada pessoa executaria com base em suas habilidades.
- **Autonomia e responsabilidade**, dando aos chefes controle sobre os subordinados, dentro de uma "cadeia de comando" (a famosa hierarquia).
- **Disciplina** (termo que, para Fayol, queria dizer "obediência").

- **Unidade de comando e de direção**, com apenas um chefe dizendo a qualquer trabalhador o que fazer.
- **Ordem**, o que significava um lugar para cada coisa e cada coisa em seu lugar — máquinas, materiais, humanos.
- **Subordinação do interesse individual**, o que significava que o coletivo era mais importante.

Se muitas dessas práticas centenárias o remetem à organização clássica de comando e controle dos dias de hoje, não é à toa. Fayol lançou as bases de uma parte considerável da mentalidade do "trabalho humano otimizado" atual. No entanto, seus princípios compensatórios, que estabeleciam os preceitos para um trabalho mais centrado no ser humano, são muitas vezes esquecidos. Estes incluíam:

- **Salários justos, com equivalência entre pagamento e trabalho** — como sua empresa tem lidado com a questão da equidade salarial de gênero? E a proporção entre as remunerações do trabalhador e do executivo?
- **Respeito igual para todos os trabalhadores, incluindo justiça e gentileza** — o *seu* departamento de RH ajuda a assegurar a gentileza?
- **Iniciativa, incentivando os trabalhadores a resolver problemas, somada a "tomadas de decisão equilibradas", permitindo iniciativas mais descentralizadas** — quão "mandão" é você?
- **Espírito de equipe, incentivando uma cultura de comunidade dentro da organização** — Qual é a pontuação do envolvimento dos funcionários na organização?

Depois de Fayol, muitas outras ondas influentes de teoria da gestão inundaram as organizações modernas, especialmente a partir do final dos anos 1940, com a Terceira Revolução Industrial, que introduziu uma série de novas tecnologias que ajudaram a impulsionar o crescimento de trabalhos baseados em escritórios.

Ao mesmo tempo em que esse novo conjunto de ferramentas surgiu, o advogado e economista Peter Drucker escreveu seu livro referência, *Concept of the Corporation* ["O Conceito da Corporação", em tradução livre][9], lançando as bases para a mentalidade e o conjunto de habilidades do trabalhador e do gerente na organização moderna — e também para muitas das definições de trabalho e gestão que ainda temos hoje.

Como diz James Suzman em seu excelente livro *Work: A deep history, from the stone age to the age of robots* ["Trabalho: Uma história a fundo da idade da pedra à era robótica", em tradução livre][10]: "O trabalho que realizamos... define quem somos; determina nossas perspectivas futuras; dita onde e com quem passamos a maior parte do nosso tempo; medeia nosso senso de autoestima; molda muitos dos nossos valores; e orienta nossas lealdades políticas."

Frequentemente, utilizamos a palavra "trabalho" sem pensar muito. Mecanicamente, no entanto, o trabalho humano se resume a três fatores:

1. É um **problema** a ser resolvido. Não importa se o problema é um chão sujo, uma estratégia complexa de entrada no mercado ou um desafio social espinhoso.

2. Como resolvemos problemas? Realizamos **tarefas**. Se for um chão sujo, vamos até o armário, pegamos a vassoura e varremos, e assim por diante.

3. Como realizamos as tarefas? Utilizamos as nossas **habilidades** humanas.

Habilidades > Tarefas > Problemas

É isso. Nossas *habilidades* humanas, para realizar *tarefas*, para resolver *problemas*. É por isso que as pessoas nos pagam, e é por isso que pagamos outras pessoas: para resolver problemas. (Claro, em qualquer organização, sempre há uma ou duas pessoas que pensam que seu trabalho é *criar* problemas — e você sempre sabe quem são elas. Mas, na maioria das vezes, nós somos *solucionadores* de problemas.) As tarefas, por sua vez, são frequentemente habilitadas por ferramentas, indo dos lápis até os computadores mais poderosos.

Cada organização tem uma variedade de problemas, e aqueles cuja solução caracteriza o seu objeto de foco normalmente envolvem seus clientes. Por exemplo:

- Uma empresa de fast-food tem de encarar *problemas* como clientes apressados que querem que a comida chegue a suas mãos rapidamente. Atrás do balcão de fórmica, um trabalhador em um uniforme colorido realiza *tarefas* como anotar pedidos e separar o troco, usando *habilidades* como ouvir, pressionar botões em um teclado, fazendo alterações e assim por diante. Estes são, majoritariamente, problemas repetitivos para se resolver, exceto quando um cliente mais exigente deseja algo menos comum, como um hambúrguer bem passado.

- Uma empresa de consultoria tem *problemas* com clientes que precisam de estratégias sofisticadas de entrada no mercado. Um membro da equipe, vestindo um terno, executa *tarefas* como conduzir um cliente por um processo de concepção, usando *habilidades* como entrevistar, analisar, sintetizar e escrever.

- Uma organização sem fins lucrativos, ou ONG, que atende a uma população sem-teto, tem *problemas* como a necessidade de um alojamento temporário para os desabrigados. Um voluntário ou membro da equipe realiza, então, *tarefas* como fazer ligações, visitas a locais e paradas em abrigos para os sem-teto, usando *habilidades* como pesquisa, comunicação e empatia.

Em muitas organizações, as tarefas são agrupadas em processos — sequências de atividades destinadas a serem realizadas da mesma maneira repetidas vezes. Então, como trabalhadores, muitas vezes nos apaixonamos por nossos processos, perdendo de vista os problemas que originalmente estávamos tentando resolver.

Quando um trabalhador (normalmente jovem) vem desafiar esses processos, sugerindo uma nova abordagem, não é incomum vê-lo sendo puxado para o lado após uma reunião para receber a advertência: "Não é assim que trabalhamos por aqui." Este é um alerta de comportamento para quando alguém resolve violar uma regra de trabalho antiga não escrita naquela organização.

Em muitas organizações, há uma pressão enorme para aprimorar tarefas e processos continuamente, tornando-os tão eficientes e produtivos quanto possível. Como resultado, uma grande quantidade de trabalho continua sendo, atualmente, centrada em tarefas e processos.

O que É uma Habilidade?

Se o trabalho consiste em nossas habilidades humanas realizando tarefas para resolver problemas, o que vem a ser, então, uma habilidade? O fato é que existem poucas palavras que têm tantas definições, em tantas línguas diferentes, e que são tão mal interpretadas, como "habilidade".

A boa notícia é que há pesquisas extremamente valiosas em andamento, remontando até à Segunda Guerra Mundial, que nos ajudam a obter uma compreensão clara dos diferentes tipos de habilidades humanas. Infelizmente, não apenas não ensinamos aos trabalhadores sobre esses diferentes tipos de habilidades que eles possuem, como a maioria de nós nem sequer entende nossas próprias habilidades.

A HISTÓRIA MODERNA DAS HABILIDADES

No final dos anos 1940, enquanto os Estados Unidos migravam de uma situação de guerra para aquilo que viria a se tornar uma economia mais voltada para o consumidor, o Departamento de Trabalho dos EUA teve a tarefa nada invejável de tentar incorporar os tipos de trabalho e empregos que viriam a ser necessários.

O Dr. Sidney Fine obteve um PhD em Psicologia Industrial e de Aconselhamento pela Universidade George Washington. Na época, o domínio geral que buscava compreender a questão do trabalho acabou caindo no campo da psicologia industrial, que era tão dependente de uma perspectiva industrial quanto o nome indica. Os pesquisadores desenvolveriam hierarquias de classificação profissional completamente enrijecidas, trancando os trabalhadores em caixas metafóricas que limitavam severamente sua mobilidade de carreira. As corporações, agências governamentais e organizações militares da época, por sua vez, se valiam dessas classificações para estruturar responsabilidades de empregos e salários, como se os seres humanos fossem tão facilmente classificáveis quanto os produtos que produziam nas fábricas.

Mas o Dr. Fine teve outra abordagem. Por quase dez anos, ele orientou pesquisas que encaravam os padrões de trabalho e os empregos de maneira diferente. Em vez de continuar classificando as pessoas com base nas tarefas, ele se concentrou em compreender os tipos de habilidades que as pessoas estavam utilizando. Imagine analisar dezenas de milhares de descrições de cargos e procurar pelos seus elementos comuns, mas sem nenhuma das tecnologias flexíveis que temos hoje.

Conheci Sid no final da minha adolescência. Como meu pai estava realizando a pesquisa que o levou a escrever *De que Cor É o Seu Paraquedas?*, ele entrevistou Sid e, mais tarde, o convidou para se juntar a ele como colaborador nos nossos workshops de duas semanas em Overland Park, no Kansas. Sid era uma pessoa extremamente honesta, calorosa e atenciosa, que via no seu trabalho uma forma de ajudar a viabilizar a carreira de milhões de pessoas em todo o país.

Conforme o Departamento de Trabalho dos EUA no pós-guerra analisava os dados sobre atividades humanas no trabalho, eles viram uma série de padrões emergir. Entre estes, um dos mais importantes foi perceber que os humanos possuem três tipos de habilidades muito diferentes: habilidades *de conhecimento*, habilidades *flexíveis* e habilidades *pessoais*.

(Estes rótulos são meus; a equipe do Departamento de Trabalho tinha vários para cada categoria.)

- **Habilidades de conhecimento** (também chamadas de conhecimentos especiais, habilidades enraizadas e habilidades de conteúdo do trabalho) são as que classicamente se considerava, naquela época, como habilidades, de fato. Pelo fato de os conhecimentos serem corpos de informações ancorados em um campo ou área, essas habilidades, muitas vezes, podiam ser testadas (aquilo que nós, lamentavelmente, chamamos de "avaliações"), e algum nível de compreensão ou proficiência seria atribuído. As habilidades de conhecimento não são facilmente transferíveis entre diferentes ramos de atividade sem algum tipo de adaptação. Por exemplo: seu conhecimento de uma linguagem de programação provavelmente não o ajudará a cozinhar uma omelete, ou vice-versa.

- **Habilidades flexíveis** (habilidades transferíveis, funcionais ou reutilizáveis) são aquelas que podem ser usadas em várias situações. Essas habilidades não estão ancoradas em um determinado campo ou arena. As mesmas habilidades motoras que você aprendeu enquanto desmontava um aspirador de pó lhe garantem, com alguma flexibilidade, a habilidade de reunir os ingredientes em uma receita. Habilidades flexíveis importantes incluem pensamento crítico, resolução criativa de problemas, habilidades interpessoais básicas e colaboração. Habilidades flexíveis possuem um *objeto*. Sid Fine e sua equipe agruparam esses objetos em três categorias: pessoas, coisas e dados ou informações. Dessa forma, se você for bom em realizar análises, precisamos ser um pouco mais específicos: você poderia analisar pessoas, ou máquinas, ou as informações em uma planilha. Em cada um desses casos, a análise poderia ser combinada com uma habilidade de conhecimento — como a psicologia, no caso das pessoas; a engenharia, no caso das máquinas; e a ciência de dados, no caso das informações.

- **Habilidades pessoais** (habilidades de autogestão, muitas vezes chamadas de traços) são aquelas focadas em nós mesmos. Chegar na hora, completar tarefas e controlar a raiva são todas características que utilizamos em nossas vidas diárias para poder executar tarefas e resolver problemas. Cada um de nós começa com um kit básico de ferramentas de habilidades pessoais, algumas de natureza, com as quais nascemos, e algumas que somos ensinados a cultivar e desenvolver. Estas são as habilidades fundamentais que vamos aprimorando ao longo de nossas vidas e que nos dão os alicerces básicos para realizar trabalhos e resolver problemas.

Como você já deve ter adivinhado, muitos hoje chamam as habilidades de conhecimento de *hard skills* (algo como "habilidades rígidas") e agrupam as habilidades flexíveis e pessoais sob o nome *soft skills* ("habilidades suaves", em tradução livre). Mas não há nada de suave nas habilidades flexíveis ou pessoais. Na verdade, são elas que constituem os tipos de habilidades que nos permitem resolver problemas em uma ampla variedade de situações. São elas, também, que possibilitam administrar nossas interações com outros seres humanos e gerir nosso próprio tempo e energia. Além disso, elas formam a base de praticamente todas as listas de habilidades fundamentais para o século XXI.

FIGURA 1.2 As Três Categorias de Habilidades

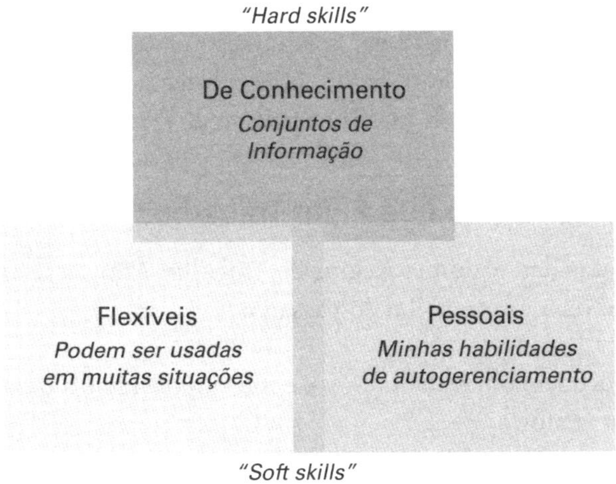

"Hard skills"

De Conhecimento
Conjuntos de Informação

Flexíveis
Podem ser usadas em muitas situações

Pessoais
Minhas habilidades de autogerenciamento

"Soft skills"

FONTE © 2021 Charrette LLC. Usado com permissão.

Onde Você Começa a Aprender as Habilidades?

O modelo de aprendizagem da era industrial, que nós chamamos de escola, oferecia um processo de produção estruturado, retirado diretamente das fábricas cujos trabalhadores essas escolas tinham por objetivo preparar. O professor era "o sábio no palco", como Esther Wojcicki afirmou em seu livro icônico, *Moonshots na Educação*[11], "aquele com todas as respostas". Assim, o ensino da produção em massa, logicamente, proporcionou o aprendizado da produção em massa.

Nas Regras Antigas, você fazia um investimento significativo na aprendizagem ainda cedo. Ao migrar para a área do trabalho, então, você era capaz de amortizar esse investimento ao longo da sua carreira. Depois de passar todo aquele tempo aprendendo a ser um eletricista, um médico ou um advogado, você podia estar razoavelmente seguro de nunca ter que mergulhar em uma experiência de aprendizado profunda novamente. Claro, talvez fosse preciso investir em algum desenvolvimento profissional de vez em quando, mas o ritmo das mudanças, em muitas áreas, não era tão acelerado. E talvez você nem gostasse tanto assim da escola. Por que, então, se sujeitar a isso novamente? Apenas se gradue, vá trabalhar e não olhe para trás.

Como resultado disso, os sistemas escolares tradicionais geralmente se concentravam rotineiramente na aquisição das habilidades de conhecimento e raramente ensinavam a respeito das habilidades flexíveis e pessoais. Talvez fosse possível que alguns alunos viessem a aprender essas habilidades na faculdade, e certamente um aluno mais sortudo, que tivesse contato com professores dedicados ao pensamento crítico e à colaboração em equipe, estaria mais bem preparado para o mundo do trabalho. Mas o sistema universitário tradicional tampouco foi projetado para garantir esse tipo de resultado.

O que É um Trabalho?

Observe quantas das seguintes Regras de Trabalho Antigas se aplicam ao seu trabalho atual ou a um trabalho do passado:

- Se você tem um trabalho, você é um empregado e a organização é seu empregador.
- Todo trabalho tem um título, o qual pode não ser muito descritivo. Alguém com o mesmo título que o seu pode, por exemplo, ter um conjunto completamente diferente de responsabilidades. (Meu pai costumava chamar os títulos de trabalho de "metáforas poéticas".)

- Um trabalho tem um salário e pode ter benefícios.
- Um trabalho possui um local específico, que está geograficamente localizado em algum lugar.
- Um trabalho conta com um determinado número de horas durante as quais você deve trabalhar, seja em um determinado dia ou em uma determinada semana. Pode ter também um número definido de turnos.
- Um trabalho possui um conjunto de funções, responsabilidades e tarefas. Às vezes, estas são vagamente determinadas; em outras, são muito específicas e rigorosas.
- Um trabalho quase sempre tem um supervisor, um gerente ou um chefe.
- Um trabalho também pode ter membros da equipe, colegas de trabalho, e até mesmo outros trabalhadores subordinados a ele.

Nem todos os trabalhos compartilham dessas mesmas características, é claro. Aqueles que compartilham são chamados de "empregos".

DE QUE COR É O SEU PARAQUEDAS?

Em meados da década de 1960, Richard Nelson Bolles era um ministro episcopal em São Francisco, na Grace Cathedral, em Nob Hill. Ele tinha sido padre de uma pequena cidade a leste da cidade de Nova York na década de 1960 e coordenou a fusão de uma congregação de negros e brancos em Passaic, Nova Jersey. Seu bispo local recomendou-o para uma vaga na Grace. O carismático bispo Jim Pike, então, recrutou meu pai para se tornar cônego na catedral, e nossa família rumou para o oeste no início de 1966, no carro familiar, quando eu tinha nove anos.

No entanto, depois de alguns anos, Pike deixou o cargo e, no orçamento seguinte, em meio a turbulências políticas na catedral, o emprego do meu pai foi descartado. De repente, aos quarenta anos, ele se viu desempregado, com esposa e quatro filhos, e sem nenhuma paróquia próxima onde pudesse trabalhar. Depois de uma procura angustiante, ele acabou encontrando emprego ajudando outros pastores em campi de universidades no oeste dos EUA, financiados por uma associação de igrejas protestantes originalmente conhecida como United Ministries in Higher Education.

Os primeiros desafios enfrentados por esses pastores no final dos anos 1960 foram as drogas recreativas; meu pai escreveu um panfleto de orientações a eles, para que ajudassem os estudantes a lidarem com o vício. O segundo problema com o qual os pastores tiveram que lidar foi a possibilidade de serem demitidos, à medida que as igrejas que os apoiavam reduziam suas verbas.

Meu pai acabou recebendo uma bolsa da Eli Lilly Foundation, o que permitiu que ele viajasse pelo país e encontrasse as melhores técnicas para a procura de empregos e a mudança de carreira, que eram escassas. Sidney Fine, conhecido como o Pai do Dicionário de Títulos Ocupacionais, era o maior especialista no tema habilidades humanas. John Holland, um ex-orientador profissional federal, desenvolveu aquilo que ainda é considerado o modelo principal para ambientes profissionais. E John Crystal, um ex-espião da Segunda Guerra Mundial, desenvolveu as técnicas de pesquisa que hoje chamamos de entrevista informacional.

Embora meu pai originalmente pretendesse lançar um panfleto para procura de emprego, ele acabou escrevendo um livro, publicado por conta própria. Ele digitou-o em uma máquina de escrever IBM Selectric, as ilustrações eram imagens cortadas de outros livros, e meu irmão Stephen fez a caligrafia para os títulos dos capítulos. O livro abordava questões como vocação e missão, dando insights e técnicas para pastores encontrarem trabalho fora da Igreja.

Na adolescência, depois que meus pais se separaram, eu costumava visitar meu pai em seu pequeno apartamento abaixo de Nob Hill, sempre ajudando a enviar livros para seus leitores. (A impressão e o envio custavam cinco dólares, e ele os vendia por esse mesmo valor. Claramente um pastor, e não um empresário.) Eu lhe perguntava por que alguns volumes iam para executivos de empresas, professores e até mesmo para o Departamento de Trabalho. Meu pai escrevia para eles indagando a mesma coisa, e a resposta deles era: é o melhor compêndio de técnicas de busca de empregos que conseguimos encontrar.

Percebendo uma oportunidade de mercado, meu pai foi apresentado a Phil Wood, um editor local da Ten Speed Press, que naquele momento tinha lançado apenas um livro. E foi assim que *De que Cor É o Seu Paraquedas?*[12] veio a se tornar o manual de carreira referência no mundo todo. Mais de 10 milhões de cópias impressas, em 17 línguas diferentes. A razão pela qual manteve sua relevância ao longo das décadas é que meu pai atualizava o livro quase todos os anos. Na verdade, uma de suas piadas favoritas era que ele havia escrito 42 livros, mas que todos tinham o mesmo título. Ele faleceu em 2017, logo após completar noventa anos, deixando um legado incrível.

O que É uma Carreira?

Quando você nasceu, ninguém lhe disse que haveria três fases para o arco da vida. Você começaria por uma fase de aprendizado. Uma vez que aprendesse por cerca de doze anos ou doze anos e meio, você pularia para uma fase de trabalho. Então, em algum momento, depois de trabalhar por décadas a fio, você poderia parar e simplesmente viver.

Nas Regras Antigas, essa terceira fase é o que eu chamo de "O Período Anteriormente Conhecido como Aposentadoria".

Em *The 100 Year Life*[13] ["A Vida de 100 Anos", em tradução livre], Lynda Gratton e Andrew Scott chamam esse arco de "a vida em três estágios". Meu pai o chamou de "As Três Caixinhas da Vida"[14] em seu livro de 1976 com esse mesmo nome [*The Three Boxes of Life*, no original em inglês]. Durante a transição ocidental para as economias industriais, essa abordagem constituiu um grande salto. Ao subsidiarem escolas, muitos governos garantiram que todos — e não apenas a elite — pudessem obter uma educação básica. Em muitos países, todavia, isso ajudou a incutir na cultura e na economia um modelo de três estágios, e encorajou a criação do sistema educacional de produção em massa que muitos desses países têm até hoje.

Depois de nascer, você precisou aprender muitas coisas antes de se tornar um adulto funcional. Isso significa que você adentrou um longo processo de aprendizagem. E acabaria atingindo a idade em que poderia aprender uma profissão ou obter um diploma, quem sabe ensinando-lhe as habilidades de conhecimento necessárias para um trabalho futuro.

FIGURA 1.3   As Regras de Carreira Antigas

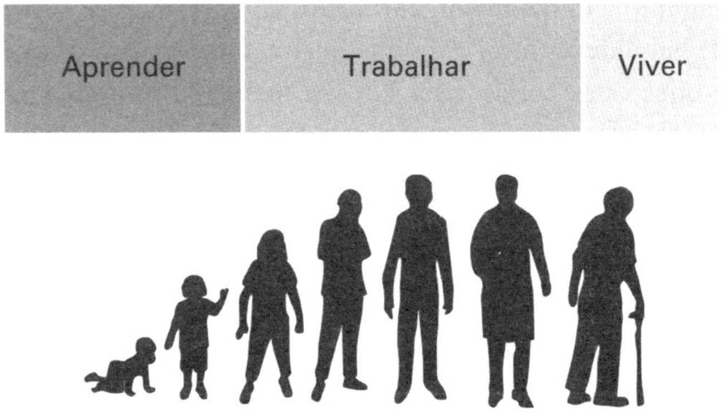

| Aprender | Trabalhar | Viver |

FONTE © 2021 Charrette LLC. Usado com permissão.

Com pouca ou nenhuma preparação, você mudaria para a fase do trabalho da sua vida. Em uma carreira tradicional, você provavelmente realizaria o mesmo tipo de trabalho por um longo período de tempo. Você seria um advogado, ou um médico, ou um mecânico, ou um operário de linha de montagem etc. Isso significava que conseguir o tipo certo de preparação educacional para essa etapa de trabalho fazia muito sentido, porque uma educação melhor, muitas vezes, significava pagamentos e oportunidades melhores. Uma vez, então, que você ou seus pais tivessem gasto muito dinheiro para que você pudesse frequentar uma faculdade, contanto que trabalhasse na área para a qual estudou, poderia pagar esses empréstimos estudantis ao longo das décadas.

Então, quando sua relação com o trabalho estivesse praticamente encerrada, você entraria na fase *viva*, por assim dizer — "O Período Anteriormente Conhecido como Aposentadoria". Agora, você finalmente poderia descansar, viajar, gastar tempo com os netos — isso, é claro, se tiver saúde, economias e energia para tal.

O que É uma Equipe?

Ao longo da carreira, você trabalharia como parte de uma ou mais equipes.

Nas Regras de Trabalho Antigas, uma equipe implica um grupo de trabalhadores focado em um conjunto de tarefas interligadas. Os membros de uma equipe podem ser responsáveis por tarefas tais como criar planos, pensar em soluções e tomar decisões. Supõe-se que uma equipe saiba compreender os pontos fortes que cada um de seus membros tem a oferecer, além de colaborar com eficiência, comunicar-se de forma eficaz e alcançar um objetivo comum.

Se isso define bem as equipes com as quais você já trabalhou antes, parabéns. No entanto, em muitas organizações, embora tudo isso caracterize um conjunto de habilidades ideal para qualquer equipe, poucas delas podem afirmar fazer todas essas coisas bem. Em vez disso, a cultura das organizações tradicionais, muitas vezes, recompensa os membros de uma equipe por seguirem um conjunto de tarefas prescritas, que são agrupadas em processos. E novamente, voltando ao taylorismo, uma vez que muitos gerentes definem suas funções como simplesmente dizer aos membros da equipe o que fazer, esses trabalhadores podem ter tido pouca liberdade para experimentar e inovar.

O que É um Gerente?

Eu não sei se alguém realmente contabilizou todos os livros de gestão escritos nos últimos cem anos, desde que Taylor promoveu suas teorias científicas. Talvez a pilha desses livros não chegasse até a Lua, mas estou quase certo de que se trataria de algo no mínimo estratosférico.

Por que tantas tentativas de ensinar a arte da gestão? Bem, como pudemos ver, desde os dias do taylorismo, ajudar a coordenar o trabalho dos outros pode ser uma tarefa árdua. Auxiliar uma equipe de seres humanos na resolução efetiva de problemas dos stakeholders da organização pode exigir uma gama de habilidades impressionante. No entanto, a despeito dessa cascata infindável de livros sobre gestão, vemos a todo tempo as organizações mais tradicionais optando por ensinar e reforçar as práticas de gestão das Regras de Trabalho Antigas. Por quê?

A resposta é simples: trata-se de um sistema que se autoperpetua.

Stephen Denning, autor de livros como *The Leader's Guide to Radical Management*[15] ["O Guia do Líder para uma Gestão Radical", em tradução livre], critica a abordagem da gestão tradicional, que simplesmente garante que suas práticas sejam reforçadas perpetuamente. As culturas corporativas encorajam a conformidade. Entre as estruturas de compensação, incluem-se recompensas por manter as coisas iguais. Líderes de organizações, muitas vezes, não querem realmente ter que mudar o próprio comportamento, para que outros sigam sua liderança e também evitem fazê-lo. E a nova geração, que supostamente deveria incluir os agentes de mudança, basicamente aprende as mesmas técnicas de antes nas faculdades de administração. Resultado: muitas organizações caem na armadilha de encorajar seus gerentes a seguirem as Regras de Trabalho Antigas, dentro das quais se espera que eles tenham todas as respostas.

As Regras Antigas encorajam aquilo que eu chamo de "gestão por vigilância". Se um gerente não viu um funcionário em um determinado dia, como ele poderia saber se ele estava lá, fazendo o trabalho? Perceba como poucas organizações confiavam nos funcionários o suficiente para ter práticas de trabalho em casa antes da pandemia. Essa falta de confiança era um sinal claro de uma mentalidade transacional entre gerentes e funcionários. E se um gerente confiasse em um ou dois funcionários o suficiente para deixá-los trabalhar desde outro lugar, estes acabavam, muitas vezes, sendo os trabalhadores "remotos", membros de segunda classe dissociados da equipe principal.

O que É um Local de Trabalho?

À medida que os gerentes praticavam cada vez mais a gestão por vigilância, o modelo industrial do escritório como ambiente de produção foi tomando conta. Essa abordagem de alta densidade para o espaço físico do grupo de trabalho encontrou sua tecnologia definitiva com a invenção do cubículo. Robert Probst, diretor de pesquisa da empresa de móveis Herman Miller, originalmente concebeu o sistema chamado de "Action Office",[16] em 1968, como um local de trabalho flexível e criativo. A combinação de leis de depreciação fiscal para equipamentos de escritório e o subsequente impulso em direção à produtividade corporativa, que demoraram para pegar, impulsionaram a criação de "fazendas de cubículos" cada vez maiores, feitas para colocar pessoas em grandes galpões de trabalho. O ambiente urbano de trabalho, por sua vez, com sua alta densidade, também implicava um tempo maior gasto em transportes para chegar a esse mesmo local de trabalho. Em 2016, o norte-americano médio gastava cerca de nove dias inteiros de trabalho por ano apenas indo e voltando do trabalho.[17]

Você pode pensar que, invariavelmente, as empresas de tecnologia contratam nativos digitais que supostamente poderiam trabalhar em qualquer lugar, e que ainda assim conseguem coordenar seus esforços. No entanto, empresas como IBM e Yahoo, que, a certa altura, tinham normas generalizadas de trabalho remoto, no final da década de 2010 revogaram essas políticas. Na verdade, antes da pandemia, muitas empresas de tecnologia abraçaram a tendência para a densidade humana. Por exemplo, a sede em formato de "nave espacial" da Apple, inaugurada no início de 2017, pode abrigar até 12 mil trabalhadores em um prédio com cerca de 260 mil metros quadrados. Isso é cerca de três quartos do tamanho do Pentágono, em Washington, D.C. — o maior prédio de escritórios do mundo.

O que É uma Organização?

Sob o manto das Regras de Trabalho Antigas, o modelo da organização tradicional constitui aquilo que eu gosto de chamar de "A Caixinha". Há abundância do lado de fora da Caixinha, com muitas pessoas que gostariam de estar empregadas. Por outro lado, existe uma escassez dentro da Caixinha, com apenas alguns poucos empregos disponíveis. Como as organizações tradicionalmente administraram essa escassez? Resposta: com uma hierarquia. Os trabalhadores têm patrões, e esses patrões também têm patrões. Patrões e mais patrões, até o fim.

Os modelos de Caixinha levaram à solidificação de uma ampla gama de práticas de gestão. Dentre estas, uma das mais difundidas é aquela que eu chamo de pensamento de conjunto binário. Os funcionários normalmente se encaixam em uma das duas categorias: ou você é um funcionário, ou não. (Os matemáticos chamam isso de teoria dos conjuntos.) A resposta à pergunta "Essa pessoa é um funcionário?" ou é afirmativa ou negativa.

Se você estivesse na Caixinha, era considerado um funcionário. As Regras Antigas posicionavam os funcionários como pessoal ou recursos humanos. Só que, na verdade, eles eram mais considerados como *ativos* humanos. E já que os principais stakeholders das organizações eram acionistas, estas eram avaliadas pela capacidade de maximizar a produtividade dos seus ativos humanos.

Obviamente, eu estou simplificando a situação, para fins de efeito dramático. Mas reflita sobre algumas das organizações nas quais você trabalhou. Isso é realmente um exagero? Muitas organizações não funcionam, de fato, como se fossem caixinhas?

Como as Organizações Gerenciam Mudanças?

Muitos líderes de organizações tradicionalmente tentam catalisar mudanças em toda a organização por meio de iniciativas de gestão de mudanças.

A gestão de mudanças é simples. Um grupo daqueles que lideram uma determinada organização — normalmente um buraco negro de tomadas de decisão chamado "equipe de liderança" — vai para um retiro de fim de semana. Eles olham para o que a organização está fazendo atualmente: (A) desenvolvem um plano de cinco anos; (B) subtraem o que está sendo feito e *voilà*: nasce um plano de gestão de mudanças.

Não está claro se trata-se de uma metodologia consistente e eficaz. Entretanto, quando o ritmo das mudanças era mais lento e sua escala era menor, poderia até ter sido possível imaginar um futuro estado estático, a ponto de uma mudança significativa realmente ser catalisada.

FIGURA 1.4   As Regras Antigas da Gestão de Mudanças

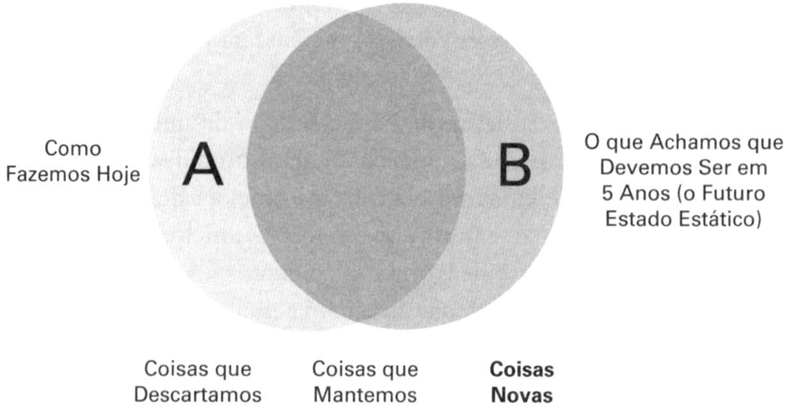

Como Fazemos Hoje — A

O que Achamos que Devemos Ser em 5 Anos (o Futuro Estado Estático) — B

Coisas que Descartamos | Coisas que Mantemos | **Coisas Novas**

FONTE © 2021 Charrette LLC. Usado com permissão.

Qual É o *Propósito* de uma Organização?

A maioria das pessoas não questiona por que temos organizações. Se pensassem a respeito, poderiam achar que é para as pessoas poderem ter empregos e serem membros produtivos da sociedade. Outras podem pensar que o objetivo das organizações com fins lucrativos é satisfazer os clientes.

Mas a organização, tal como a conhecemos, é uma invenção bem recente. As primeiras organizações na Europa e nos Estados Unidos foram frequentemente incorporadas somente para projetos públicos, como hidrovias e barragens. Mas mudanças nas legislações de investimentos e do direito tributário após a Grande Depressão começaram a conduzir o dinheiro ocidental para os mercados de ações. Mais ou menos nesse mesmo período, um economista britânico chamado Ronald Coase propôs um conjunto de argumentos que apenas os economistas poderiam achar empolgante. (Não à toa, ela foi cunhada como "ciência sombria".) Coase especulou que havia custos de mercado e sociais que tiveram que ser gerenciados para o benefício das economias e sociedades, e que uma empresa era o veículo mais bem projetado para equilibrar esses custos.

Então, apareceu um sujeito chamado Milton Friedman.

Nas décadas de 1960 e 1970, Friedman e outros economistas da Universidade de Chicago apresentaram o convincente argumento de que fazer muito dinheiro caracterizava um contrapeso ao socialismo, que por sua vez carregava uma gravidade política durante a Guerra Fria. Friedman ganhou o Prêmio Nobel de

Economia em 1976 e tornou-se um influente conselheiro do então presidente dos Estados Unidos, Ronald Reagan, e da primeira-ministra do Reino Unido, Margaret Thatcher.

Lembre-se de que as sementes do capitalismo foram plantadas lá atrás, na ética protestante do trabalho, que encorajava não apenas o trabalho, propriamente, mas também a acumulação de riquezas. Já na segunda metade do século XX, acumular riquezas muitas vezes se tornou sinônimo de investir no mercado de ações, fornecendo capital de giro para organizações grandes e pequenas, conforme estas disputavam o domínio do mercado. Felizmente, para esse mercado de ações, Friedman também defendia que a maior responsabilidade de uma empresa era satisfazer as necessidades de seus acionistas.

Claro, existem outros stakeholders em uma organização — clientes, parceiros, fornecedores, as comunidades em que essa organização opera, e até mesmo o planeta. No entanto, assim como em *Revolução dos Bichos*, de George Orwell[18], todos os stakeholders de uma organização são iguais, mas alguns são mais iguais que outros. E na forma peculiar de capitalismo que praticamos aqui nos EUA, os acionistas se tornaram *muito* mais iguais que outros.

Você pode estar pensando que toda essa discussão sobre economia não tem nada a ver com as regras do trabalho. Mas essas dinâmicas realmente definem *tudo* sobre o trabalho nas empresas, até mesmo nas empresas de alta tecnologia privadas de rápido crescimento. Por exemplo, se um funcionário de uma organização é considerado de "alta performance" e um outro, menos produtivo, é de "baixa performance", não é preciso nenhum cálculo complexo para saber que os acionistas ganham se a empresa simplesmente demitir o funcionário de "baixa performance", abrindo espaço para contratar mais trabalhadores de alta performance. Por que você pagaria para treinar ou habilitar um funcionário de baixo desempenho? Descarte-o e siga em frente.

O mesmo raciocínio vale para os altos salários de executivos. Quanto mais você paga para os executivos de "alto escalão" da organização, mais terá que compensar para se manterem "competitivos" no "mercado de trabalho". É por isso que os salários desses executivos — geralmente pagos por meio de ações — dispararam. De acordo com o think tank Economic Policy Institute, de 1978 a 2020, a remuneração média dos funcionários não executivos em empresas públicas dos EUA aumentou em 12%, levando em conta a inflação. No entanto, no mesmo período, a remuneração dos executivos aumentou em 940%.[19]

Corrija-me se eu estiver errado, mas não acho que a importância efetiva de um executivo tenha aumentado 78 vezes mais rápido do que a dos funcionários.

Como veremos, as Próximas Regras são quase impossíveis de seguir, a menos que você e eu possamos cocriar uma visão de um novo propósito para a organização.

Além disso, para ganhar pontos extras, vamos aprofundar uma remodelação dos negócios e do capitalismo na Conclusão do livro.

É por Isso que Precisamos das Próximas Regras

Obviamente, eu simplifiquei muitas das Regras Antigas — mas não tanto.

Não há nada inerentemente errado nas Regras Antigas. Na verdade, no alvorecer da Terceira Era Industrial, *elas* eram as Próximas Regras.

Hoje, porém, muitas das Regras do Trabalho Antigas são cada vez mais uma tributação sobre os quesitos agilidade e inovação. Quanto mais as organizações e os líderes seguirem essas Regras Antigas, mais devagar reagirão, e menor será a probabilidade de conseguirem se adaptar.

Ainda que o nosso mundo tenha passado recentemente por uma série de mudanças radicais, desde a rápida introdução de tecnologias disruptivas até o "grande reinício" da pandemia moderna, as Regras do Trabalho Antigas ainda orientam muitas das formas como as organizações funcionam hoje.

É por isso que precisamos compreender as Próximas Regras para o século XXI.

2

As Próximas Regras do Trabalho

As Próximas Regras ilustram como o trabalho está mudando rapidamente e no que ele está se transformando. Nas Próximas Regras:

- O trabalho se torna um processo de criação de valores para os clientes e outros stakeholders.
- O trabalhador se torna um solucionador de problemas adaptativo, criativo e empático.
- A carreira se transforma em um portfólio de trabalho.
- O emprego se torna apenas um dos muitos casos de aplicação do trabalho.
- O empregado vira um colaborador e o empregador, um contratante.
- O gerente se transforma em um guia de equipes.
- A equipe se transforma em um grupo bem distribuído de solucionadores de problemas.
- A força de trabalho se transforma em uma rede de trabalho.
- O local de trabalho se torna um espaço de colaboração flexível e cooperativo.
- A gestão de mudanças torna-se um "gerir mudanças".
- O objetivo da organização é ser uma plataforma para canalizar a energia humana.

Momento Máquina do Tempo

Agora, você e eu vamos configurar nossa máquina do tempo para daqui a vinte anos. Ao sairmos dela, estamos dentro do escritório principal de uma organização típica e, subitamente, percebemos que as pessoas estão trabalhando de uma forma muito diferente da de antes.

A entidade que antes pensávamos ser uma organização mudou drasticamente. Não há delimitações perceptíveis. Pessoas circulam para dentro e fora da organização em um processo fluido de identificação de problemas, criação de valores e transição para o problema seguinte, que ocorre sem maiores entraves. Essa "rede de trabalho" é ao mesmo tempo local, regional e mundial. As pessoas colaboram entre si remotamente, com frequência e sem esforço.

Os grupos de trabalho parecem operar fora do modelo tradicional dos gerentes. Cada funcionário é dotado de autonomia para solucionar problemas. O trabalho da equipe é continuamente sincronizado, como uma espécie de dança global criada em conjunto.

O local de trabalho como nós conhecemos acabou. Em seu lugar, encontramos um ambiente de trabalho flexível e continuamente adaptado às necessidades dos que estão nele. E quem está trabalhando em locais distantes se encontra perfeitamente interconectado.

E eis que... percebemos que a máquina do tempo não nos levou a uma época *diferente*. Estamos no presente. O que estamos testemunhando, juntos, é a maneira pela qual um número cada vez maior de pessoas vem trabalhando atualmente. Mas não há uma organização que siga todas essas práticas. O que ocorre é que elas vão sendo continuamente adaptadas e aprimoradas em uma série de organizações de várias formas diferentes, à medida que cada vez mais grupos de trabalhadores se aglutinam continuamente em direção àquilo que funciona.

Como o autor de ficção científica William Gibson disse: "O futuro já chegou. Só não está uniformemente distribuído."[1]

As Quatro Regras Principais

As tecnologias disruptivas, o aumento da concorrência e as tendências globais continuarão a exercer pressão crescente sobre as organizações e seus respectivos líderes. Os clientes exigirão novos valores cada vez mais rapidamente. Conjuntos de habilidades humanas antigos se tornarão obsoletos, e novos serão constantemente exigidos.

Como resultado, os trabalhadores e os líderes de organizações devem se tornar mais ágeis e adaptáveis. Precisarão seguir um novo conjunto de regras que pode definir as maneiras como eles continuarão a agregar valor.

AS PRÓXIMAS REGRAS DO TRABALHO

Eu gostaria de encorajá-lo a adotar uma linguagem e uma perspectiva completamente diferentes, não apenas sobre o trabalho, mas também sobre empregos, carreiras, equipes, gerentes, líderes e organizações. Sei que isso é muito para digerir. Mas peço para que você abra o seu diafragma, inspire fundo, expire e me acompanhe neste percurso.

Apesar da complexidade entorpecente do mundo do trabalho, as Próximas Regras fornecem uma estrutura simples para aqueles que lideram organizações, a fim de que desenvolvam então a mentalidade, o conjunto de habilidades e o conjunto de ferramentas, tanto para o trabalho de hoje quanto de amanhã. Existem apenas quatro regras principais:

- Capacitar a Eficiência.
- Habilitar o Crescimento.
- Assegurar o Envolvimento.
- Incentivar o Alinhamento.

(ECEA. Eu sei. Não é uma sigla muito cativante.)

FIGURA 2.1   As Próximas Regras do Trabalho

Capacitar a Eficiência

Incentivar o Alinhamento

Habilitar o Crescimento

Assegurar o Envolvimento

FONTE © 2021 Charrette LLC. Usado com permissão.

Cada regra implica alguns problemas significativos a serem resolvidos.

Capacitar a Eficiência

Como os trabalhadores podem, continuamente, realizar o seu melhor trabalho? Como podem solucionar problemas da maneira mais eficaz?

Como as pessoas podem inovar continuamente para solucionar problemas e criar valor para os clientes e outros stakeholders importantes?

Que recompensas irão encorajar e compensar, apropriadamente, esses trabalhadores por suas contribuições?

Habilitar o Crescimento

Como as pessoas podem vir a compreender as próprias habilidades, desenvolver uma mentalidade de crescimento, aprender rapidamente novas habilidades e se tornarem aprendizes para a vida toda?

Como cada trabalhador pode maximizar continuamente seu potencial humano?

Como cada ser humano pode prosperar continuamente como uma pessoa em plenitude?

Como o crescimento humano pode se tornar uma espécie de esporte coletivo?

Assegurar o Envolvimento

Como a organização pode contratar, desenvolver e promover de forma inclusiva, garantindo que a diversidade e a equidade sejam apoiadas em todas as suas formas?

Como a organização pode incentivar o crescimento individual e em equipe, a eficácia e o alinhamento ao longo de todo o seu ecossistema de trabalho?

Como o envolvimento pode permanecer ancorado nas necessidades dos principais stakeholders, especialmente as comunidades e as sociedades?

Incentivar o Alinhamento

Como os trabalhadores podem entender os problemas que precisam ser solucionados para os principais stakeholders e o valor que precisa ser criado para estes — além de alinhar, contínua e perpetuamente, o seu trabalho com esse valor estratégico?

Como as equipes de trabalhadores podem coordenar seus esforços de forma mais efetiva?

Como muitos seres humanos que inovam de forma independente e que se encontram amplamente distribuídos podem seguir alinhados com os trabalhos uns dos outros e com os objetivos estratégicos da organização?

Como esses trabalhadores podem garantir que seus próprios sensos de significado e de propósito estejam alinhados com o propósito da organização?

Focar as Próximas Regras não é tentar surfar na onda do momento nem tentar emular a *estratégia mais recente do dia* no Vale do Silício. As Próximas Regras apontam o caminho para uma nova mentalidade, um novo conjunto de habilidades e de ferramentas, visando solucionar problemas e criar valor para os stakeholders, tanto hoje quanto amanhã.

Eis as Regras do Trabalho Transformadas

Vamos explorar, ao longo do livro, as múltiplas faces do diamante dessas quatro Próximas Regras principais. Daremos início a esse processo revisitando as Regras do Trabalho Antigas, para ver como elas vêm sendo transformadas hoje.

O Trabalho Se Torna um Processo de Criação de Valores para os Clientes e Outros Stakeholders

Como eu disse anteriormente, o trabalho é constituído, essencialmente, de três fatores: nossas *habilidades* humanas, para realizar *tarefas*, para resolver *problemas*. Mas há um quarto elemento: o *valor* que é criado para os stakeholders devido a essa cadeia causal. Esse valor pode ser uma solução, um produto, um serviço ou um resultado. Essa cadeia se assemelha a este esquema:

A Cadeia de Valores das Próximas Regras

Habilidades > Tarefas > Problemas > Valor para Stakeholders

Esse modelo simples tem várias ramificações importantes para o trabalho da sua organização.

STAKEHOLDERS

Cada organização tem um ou mais stakeholders principais. Se você trabalha em uma empresa com fins lucrativos, uma organização sem fins lucrativos/não governamental (ONG) ou uma agência governamental, o stakeholder principal é geralmente um cliente, um cidadão ou um eleitor, tal como uma população impactada. Mas, além desse stakeholder primário, existem outros stakeholders principais, como trabalhadores, contratantes, parceiros, fornecedores, as comunidades nas quais você opera e vive, o planeta — e, em alguns casos, os acionistas.

VALOR

O valor é criado para um stakeholder. Para um cliente, por exemplo, ele geralmente provém do *resultado* do produto ou serviço que você oferece. Ou seja, o valor para um usuário de aplicativos de transporte geralmente não é a corrida em si: é sair do ponto A para chegar ao ponto B. A corrida simplesmente é a maneira pela qual o seu problema é resolvido, a menos que se trate de uma ótima experiência, e nesse caso cria-se um valor adicional para esse stakeholder.

Sua organização pode ter um único tipo de stakeholder — um cliente com necessidade constante de valores a serem criados, por exemplo —, ou pode ter muitos, com necessidades variáveis. O valor para um determinado parceiro pode ser obter negócios regularmente com você, enquanto para uma comunidade pode ser a obtenção de renda para alguns de seus cidadãos.

PROBLEMAS

O problema de um stakeholder pode ser bem especificado, como a fome ou o tédio, ou pouco especificado, como quando um cliente simplesmente para de usar um aplicativo, e um designer de produto não tem dados sobre o porquê disso.

Os problemas também podem ser repetitivos, como a necessidade de varrer o mesmo andar todos os dias, ou singulares, algo que o trabalhador nunca tenha visto antes, como uma falha no chip do computador de bordo de um carro, e o mecânico que se depara com esse problema apenas consertou motores convencionais até então.

Os problemas precisam ser vistos a partir da perspectiva de um ou mais stakeholders, já que o problema de um pode não ser um problema para o outro. Além disso, alguns stakeholders, como os clientes e os cidadãos, estão fora da organização, enquanto outros são internos, como os colegas de trabalho de outros setores ou o seu chefe.

TAREFAS

As tarefas descrevem as etapas a serem seguidas para solucionar os problemas. Mas aperfeiçoar, melhorar e até mesmo descartá-las continuamente são parte importante do processo de definir a melhor forma de solucioná-los.

Alguns problemas requerem apenas uma ou duas tarefas, como empacotar alguns mantimentos. Outros são terrivelmente complicados. Um único automóvel pode ter 30 mil peças, cada uma das quais deve ser produzida exatamente de acordo com as especificações. Imagine cada uma dentre esses milhares de peças como uma série de tarefas a serem executadas, virtualmente, por centenas de organizações fornecedoras. Agora imagine uma rede global de suprimentos para que todas essas partes eventualmente se aglutinem em uma localização geográfica para que um automóvel possa, então, ser montado. Isso envolve uma quantidade considerável de tarefas.

As tarefas são realizadas de forma mais eficaz com o *conjunto de ferramentas* certo, que geralmente é uma combinação de técnicas e tecnologias. Em vez de ficar envoltas em tarefas que são simplesmente agrupadas em processos, as Próximas Organizações precisam se concentrar em técnicas e tecnologias flexíveis, que possam ser rapidamente adaptadas ou substituídas para garantir que os stakeholders seguirão recebendo o valor pretendido.

HABILIDADES

Já desconstruímos o modelo que caracteriza as habilidades humanas em três partes: habilidades de conhecimento, flexíveis e pessoais. Cada habilidade humana pode ser considerada como tendo um *nível*, que vai do neófito à maestria. As habilidades, por sua vez, podem ser agrupadas em *famílias*, e várias famílias agrupadas em um *conjunto de habilidades*. Penso no agregado total de habilidades que qualquer pessoa ou organização possui, como um *portfólio de habilidades*.

Note-se que estamos falando especificamente sobre habilidades *humanas*. Você pode pensar que eu não precisaria fazer essa distinção. No entanto, como os especialistas em tecnologia se referem cada vez mais às tarefas realizadas por softwares e robôs como 'habilidades' — as "habilidades da Alexa" da Amazon, por exemplo —, penso ser melhor reforçar, a todo tempo, que as Próximas Regras tratam especificamente do trabalho centrado no ser humano. Os robôs e softwares ficarão bem. Vamos nos certificar de que estamos projetando sistemas centrados no ser humano, para que as pessoas possam continuar utilizando suas habilidades.

Portanto, nós temos toda a cadeia de valores para o trabalho, no contexto das organizações: nossas habilidades humanas, para realizar tarefas, para resolver problemas e criar valor para um ou mais stakeholders.

> **Os robôs e softwares ficarão bem. Vamos nos certificar de que estamos projetando sistemas centrados no ser humano, para que as pessoas possam continuar utilizando suas habilidades.**

Se o valor a ser criado for uma necessidade potencialmente simples, como solucionar uma consulta de suporte do cliente, ou a fabricação de um produto complexo, como um automóvel, pense em todo o conjunto integrado de funções para os stakeholders — habilidades, tarefas, problemas e valor — não apenas como uma cadeia, mas como uma *teia de valores*, um ecossistema de criação de valor otimizado para um grupo de stakeholders.

Visualizar a teia de valores da sua organização é essencial, não apenas para você conseguir entender melhor o ecossistema atual, mas também para antecipar futuras demandas. Como a analista empresarial, consultora, catalisadora e coach CXO Charlene Li descreve em seu livro *Mindset da Disrupção*[2], organizações que querem ser inovadoras ágeis devem ter parte do seu portfólio de criação de valor focado nos próximos clientes. Para utilizar essa abordagem na previsão de serviços e produtos futuros, basta inserir o futuro cliente como stakeholder e usar um processo de design para visualizar os problemas que você irá solucionar para eles, além do valor que será criado.

O Emprego Se Torna Apenas um dos Muitos Casos de Aplicação do Trabalho

Lembre-se que, nas Regras Antigas do Trabalho, um emprego geralmente significava um conjunto de tarefas. Nas Próximas Regras, um emprego é apenas *um tipo de função organizacional*. Você pode ter um dia de trabalho, ou pode trabalhar meio período, em um estágio, como voluntário, com base em projetos, como um empreiteiro, como autônomo, por meio de uma agência temporária, como membro não remunerado na equipe de uma startup — ou todas as opções acima, simultaneamente. Cada um deles constitui uma *aplicação* diferente para o trabalho, um contexto diferente de como você pode trabalhar.

"O Fim do Trabalho" foi previsto há décadas. A revista *Fortune* publicou uma reportagem de capa[3] em 1994 com esse título. De autoria de William Bridges, um historiador que se tornou especialista em transições de vida, a reportagem ostentava o seguinte subtítulo: "Como forma de organizar o trabalho, [o emprego] é um artefato social que perdeu sua utilidade. Sua extinção confronta a todos com riscos desconhecidos — e ricas oportunidades." Amigo de longa data do meu pai, Bill era um pensador afetuoso e brilhante, e parecia tão confortável em ajudar alguém a explorar seu desenvolvimento espiritual quanto em treinar CEOs nas transições da vida. Em seu livro subsequente, *Mudanças nas Relações de Trabalho*[4], ele escreveu:

> Todos nós teremos que aprender novas formas de trabalhar [...] E embora, em alguns casos, essas novas formas exijam novas habilidades tecnológicas, na maioria dos casos, elas exigem algo mais fundamental: a "habilidade" de encontrar e realizar trabalhos em um mundo sem empregos definidos e estáveis [...] Os trabalhadores de hoje precisam esquecer completamente os empregos e, em vez disso, procurar pelo trabalho que precisa ser realizado e, então, se organizar para realizá-lo da melhor maneira.

Essa é a lógica mais clara que eu conheço no que se refere às Próximas Regras.

O Empregado Vira Colaborador e o Empregador, Contratante

A relação de confiança proveniente das Regras Antigas entre a organização e aqueles que trabalham nela se desgastou completamente. Com a gama de novos casos de uso existentes para o trabalho, os termos "empregado" e "empregador" não mais definem com precisão o contexto moderno. Não importa se você tem um trabalho em tempo integral ou é autônomo — você é um operador. E não importa se você precisa de alguém que lhe resolva problemas temporariamente ou por um longo tempo — você é um contratante. Eu sei que "colaborador" soa bastante corporativo, e "contratante" bastante transacional; ainda assim, eu acho que são termos que definem com mais precisão o verdadeiro estado atual das coisas.

O Trabalho Se Torna Centrado em Problemas e Projetos

Pense nos tipos de problemas que você mais gosta de solucionar. Talvez você aprecie desmontar algo que não está funcionando para então remontá-lo; talvez você goste de descobrir como ajudar as pessoas a tratar de questões sociais complexas; ou pode ser que você se divirta tentando processar grandes quantidades de informação, ou se digladiar com ideias complexas.

Agora pense nos tipos de *habilidade* que você mais gosta de utilizar; elas normalmente correspondem aos tipos de problema que você gosta de resolver. Isso ocorre porque, à medida que vamos descobrindo, ao longo das nossas vidas, os tipos de problemas que somos bons em solucionar, também vamos aprimorando nossas habilidades para poder melhorar continuamente a nossa capacidade de resolvê-los. Com as Próximas Regras, o trabalho será cada vez mais centrado nos problemas, e o contexto para resolver esses problemas se tornará cada vez mais centrado nos projetos, com uma solução de problemas que possui começo, meio e fim. Esses projetos, muitas vezes, irão se sobrepor, criando um fluxo potencialmente interminável de trabalho.

Pense na solução de problemas como uma mentalidade *e* um conjunto de habilidades que são, por sua vez, habilitados por um conjunto de ferramentas que se encontra em constante mutação.

Às vezes, sofro resistência quando digo às pessoas que o trabalho trata fundamentalmente da resolução de problemas, geralmente devido a questões culturais em países diferentes. Por exemplo, quando eu organizei um grupo de agências de trabalho e desemprego da Alemanha, eles me disseram: "Nós não falamos sobre problemas, nos concentramos em soluções." Portanto, se "solucionadores de soluções" for mais adequado à sua cultura, por favor, fique à vontade para substituir "centrado em problemas" por "centrado em soluções".

Como iremos explorar nos próximos capítulos, ancorar o trabalho em problemas e projetos constitui uma mentalidade, um conjunto de habilidades e um conjunto de ferramentas cruciais para as Próximas Organizações.

Com a transição para um trabalho mais centrado nos problemas e projetos, quem lidera organizações deve ser muito mais atento em relação à quantidade efetiva de trabalho que alguém realiza em uma determinada semana. As narrativas de labuta obsessiva e de horas ilimitadas de trabalho, tão comuns no Vale do Silício e em Wall Street, podem levar a uma série de desafios relacionados à síndrome de burnout. A centralização em projetos que estamos propondo aqui deve ser sempre contrabalançada com índices de qualidade de vida e certas proteções em torno da quantidade de trabalho que os seres humanos são encorajados a fazer.

A Carreira Se Transforma em um Portfólio de Trabalho

Lembre-se de que, nas Regras Antigas do Trabalho, uma carreira tinha três etapas: educação, trabalho e aposentadoria. Muitos trabalhadores ao redor do mundo, é claro, continuarão a seguir essa abordagem de três estágios.

Mas um novo modelo está surgindo.

Imagine jovens saindo do colégio, da faculdade ou da escola técnica. Eles podem conseguir um emprego. Mas também podem estar fazendo cursos online, podem tirar um mês sabático para viajar com os amigos, poderiam conseguir um emprego, mas trabalhar como motoristas autônomos à noite para uma empresa da gig economy, e nos fins de semana trabalhariam em uma startup com os amigos.

Pense nisso como um *portfólio de trabalho* — um cenário de trabalhos, aprendizagens, hobbies, diversão e atividades cotidianas que se encontra sempre em constante mudança. É a mesma mentalidade que seu consultor financeiro sugere que você deve ter a respeito dos riscos nos seus investimentos financeiros. Uma parte considerável do seu portfólio deve ser razoavelmente segura (seu emprego), enquanto outra pode ser um pouco mais arriscada, para se fazer mais dinheiro (ser motorista autônomo), e uma pequena parte, ainda, pode correr os maiores riscos (a startup).

Pais ao redor do mundo me perguntam o tempo todo: "Por que meu filho adulto não consegue um emprego de verdade?" Por isso. Um portfólio de trabalho é uma estratégia de hedge* contra um mundo de mudanças exponenciais. E, conforme o contrato tradicional entre empregadores e empregados vai se desgastando, os trabalhadores jovens expandem cada vez mais suas opções de trabalho, lançando as bases para um futuro incerto. Como eles não sabem qual opção pode vir a gerar frutos, lançam as sementes que podem levar a alguma oportunidade futura, ajudando a mitigar eventuais riscos futuros.

---

* Em linhas gerais, hedge é uma estratégia de investimentos que tem o objetivo de proteger o valor de um ativo contra a possibilidade de variações futuras. É uma espécie de "seguro" para o preço que ajuda a limitar os riscos, visando, sobretudo, evitar perdas (N. da T.).

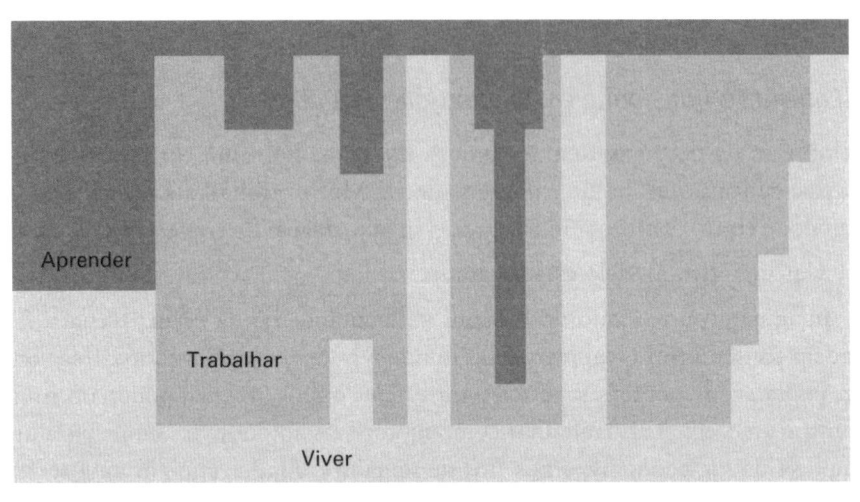

FIGURA 2.2 Portfólio de Trabalho

Aprender

Trabalhar

Viver

FONTE © 2021 Charrette LLC. Usado com permissão.

> **Um portfólio de trabalho é uma estratégia de hedge contra um mundo de mudanças exponenciais.**

Pessoas inteligentes vêm falando sobre essa "atomização" do trabalho tradicional por décadas. Em 1979, Jay Conrad Levinson era um executivo da Madison Avenue que ajudou a criar campanhas de marketing icônicas, incluindo as mascotes Pillsbury Doughboy, o Tigre Tony e Jolly Green Giant. Acreditando que a abordagem centrada em projetos da indústria de publicidade iria se espalhar pelas outras indústrias, ele escreveu *Earning Money Without a Job*[5] ["Ganhando Dinheiro sem um Trabalho", em tradução livre], oferecendo estratégias para lidar com vários projetos sem uma função organizacional formal específica. O foco de Jay em projetos — um modelo que aprendeu com a indústria de publicidade — foi um primeiro vislumbre do modelo centrado em projetos que é frequentemente praticado no Vale do Silício e em outros lugares.

Para muitos jovens hoje em dia, as categorias de aprendizagem, trabalho e vida provenientes das Regras Antigas podem ficar nebulosas. Trabalhadores motivados por mudanças e variedade, que têm muita autonomia e acesso, irão prosperar neste modelo. Mas aqueles que são menos favorecidos acabam sendo também mais propensos a se sentirem desafiados, necessitando, portanto, de novas maneiras para se capacitar em seus esforços para encontrar ou criar um trabalho que confira realização profissional, seja bem-remunerado e estável.

Você Também Possui um Portfólio de Aprendizagem ao Longo da Vida

Em um mundo de incertezas, no qual a vida útil das informações tende a evaporar rapidamente, o modelo de aprendizagem inicial das Regras Antigas já não é suficiente. Você precisa ser um eterno aprendiz, por assim dizer — alguém que detém um portfólio de aprendizagem e uma gama de experiências, desde interesses comuns e passatempos a aprendizagens de longo prazo que levam à maestria em uma determinada área. Esse tipo de aprendizado seguirá duas linhas paralelas e interligadas: desenvolver suas habilidades de conhecimento, conforme você reúne corpos de conhecimento, e um segmento separado de suas habilidades flexíveis e pessoais.

Esse portfólio de aprendizagem e habilidades, às vezes, é referido como "habilidades em T". A especialização requer que você se aprofunde em um determinado assunto ou profissão. Um mundo em constante mudança, por outro lado, exige que você tenha uma gama de habilidades que possa abranger vários setores tradicionais. Desta forma, você ainda precisa do *aprofundamento* de aprendizagem de uma profissão ou área (a barra vertical do T), mas também da *amplitude* das habilidades flexíveis e pessoais (a barra transversal do T). Uma das primeiras referências públicas às "habilidades em T" vem de uma edição de 1978[6] da *IEEE Engineering Management Review*. Na década de 1980, a empresa de consultoria empresarial McKinsey começou a usar essa abordagem para capacitar seus profissionais; Tim Brown, presidente da icônica empresa de design IDEO, há muito defende a amplitude e a profundidade das "habilidades em T"; e a IBM é frequentemente associada à mentalidade e qualificação destas. Para mais informações, leia *T-Shaped Professionals*[7], de coautoria do Diretor de Tecnologia Cognitiva Aberta da IBM, Jim Spohrer.

Habilidades de Aprendizagem Geralmente Se Tornam Instantâneas e Contextuais

A abordagem das Regras Antigas ao investimento na educação com anos de antecedência do seu uso efetivo pode ter feito sentido na era industrial. No entanto, a redução da vida útil das informações, combinada à nossa crescente compreensão da aprendizagem humana, deixou bem claro que nós aprendemos melhor quando podemos aprender *quando precisamos* e *quando podemos aplicar*. Eu chamo isso de aprendizagem *instantânea* e *contextual*. Instantânea, porque você precisa dela agora para resolver o problema que está à sua frente. E contextual, porque você aprende à medida que resolve um problema específico.

Isso, é claro, não significa que eu quero que o meu neurocirurgião assista a um vídeo no YouTube e depois entre na sala de cirurgia. Uma quantidade significativa de aprendizagem é um vinho que não deve ser comercializado antes do tempo. Mas nem todo mundo requer as muito divulgadas — e bastante questionáveis — 10 mil horas de treinamento de Malcolm Gladwell (Ver, no Capítulo 8, quão rapidamente o Catalisador da Próxima Organização pode treinar um programador.) Uma grande quantidade de aprendizagem humana pode ser reduzida em pedaços menores e infundida em situações de aprendizagem onde ela pode ser aplicada imediatamente, para que você possa desenvolver continuamente seu portfólio de aprendizagem e habilidades.

Seu Portfólio de Aprendizagem e Habilidades Se Torna um Conjunto de Interseções

Um portfólio de trabalho e aprendizagem possibilita uma resolução de problemas multidimensional. Suponha que você seja o fundador de uma startup e que o problema no qual você se concentra é que algumas pessoas neurodiversas aprendem mais lentamente do que elas mesmas gostariam. Sua tese é que músicas personalizadas para cada aprendiz podem ajudá-los a aprender mais rápido. Para desenvolver um software, então, você pode tentar contratar um psicólogo cognitivo, um programador de softwares de aprendizado de máquina e inteligência artificial, e um especialista em teoria musical, na esperança de que os três possam colaborar de forma eficaz para criar um produto viável.

Ou você pode contratar uma pessoa que tenha um portfólio de habilidades situado na intersecção entre esses três campos.

No Capítulo 6, vamos cobrir alguns outros exemplos desse tipo de interseção. Entretanto, mesmo que já tenham se passado 45 anos desde que fui treinado para realizar aconselhamentos profissionais, ainda sigo surpreso com a quantidade de pessoas realizando um trabalho fascinante em interseções de interesses que eu jamais poderia ter imaginado.

ESTUDO DE CASO

Um Portfólio Sobreposto de Habilidades

John Venn foi um ministro da era vitoriana nascido em Yorkshire, Inglaterra, em 1834. Ele veio de uma linhagem de ministros e praticantes evangélicos, o que talvez tenha tornado inevitável que assumisse o sacerdócio. A despeito disso, no entanto, ele tinha muitos outros interesses além da Igreja.

Venn era um matemático treinado, cuja obra, *The Logic of Chance* ["A Lógica do Acaso", em tradução livre], antecipou a teoria das probabilidades como uma forma de deixar para trás as suposições e atribuir riscos numéricos para resultados possíveis. Ele se tornou reitor da faculdade onde trabalhava. Era também um inventor amador que adorava projetar e construir máquinas que pudessem realizar funções humanas, além de um aficionado por críquete. A interseção entre essas duas paixões resultou na invenção de uma máquina de lançamento para críquete que chegou a derrotar um time local. (Como norte-americano, eu não faço a menor ideia do que isso possa significar.)

Um problema recorrente para os matemáticos da época era a dificuldade de imaginar interações entre conjuntos de números. Observando os dados de um Conjunto A e os dados de um Conjunto B, poderia haver alguma sobreposição entre eles.

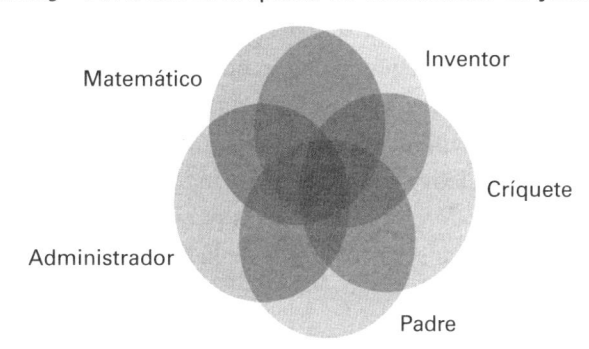

FIGURA 2.3   Portfólio Sobreposto de Habilidades de John Venn

FONTE © 2021 Charrette LLC. Usado com permissão.

Essa parte era fácil o suficiente para se descrever matematicamente. Mas como isso poderia ser visualizado?

Acontece que as habilidades flexíveis inventivas de Venn, como a análise, a definição de problemas e a ideação, foram extremamente úteis também na visualização de problemas matemáticos. Ele percebeu que essas sobreposições de conjuntos poderiam ser ilustradas com um conjunto simples de imagens. Cada conjunto de dados seria representado como um círculo, e as sobreposições entre eles apareceriam em tons ou cores diferentes. Assim, múltiplos conjuntos de dados poderiam se revelar através das propriedades aditivas de vários círculos sobrepostos.

Hoje em dia, chamamos essas figuras de diagramas de Venn. Eu os utilizo ao longo do livro para resumir conceitos complexos relacionados a trabalho e à aprendizagem, para podermos compreender melhor as sobreposições inevitáveis e fascinantes entre certas áreas e ideias.

Você já ouviu falar das funções de neuroeconomista, astroquímico ou astrobotânico? Elas parecem saídas diretamente de alguma ficção científica. Mas a verdade é que todas elas existem na interseção de várias disciplinas.

A Equipe Se Transforma em um Grupo Bem Distribuído de Solucionadores de Problemas

Lembre-se de que, nas Regras Antigas, uma equipe era um grupo muitas vezes dedicado à realização de tarefas complementares. Nas Próximas Regras, por outro lado, as equipes devem ser centradas em problemas e projetos, assim como cada funcionário, individualmente.

Uma equipe deve ser adepta a se *vincular de maneira dinâmica em torno desses problemas*: primeiramente, colaborando para entender os problemas a serem resolvidos e, em seguida, colaborando nas soluções, chegando a um acordo em relação às responsabilidades e à transparência, solucionando problemas de forma individual e coletiva e alinhando esforços continuamente. Eles precisam entender os *superpoderes* uns dos outros para poderem dividir o trabalho a ser realizado e utilizarem seus conjuntos de habilidades complementares, de forma a alcançar os melhores resultados.

Uma vez que várias equipes aprenderam, durante a pandemia, que de fato podiam confiar umas nas outras, muitas permaneceram distribuídas. Como veremos no caso de empresas como a Procter & Gamble, os membros das equipes coordenam seu trabalho de forma intencional para poder determinar quando cada um precisa estar no ambiente de trabalho e quando podem trabalhar remotamente. As Próximas Organizações contratarão cada vez mais pessoas talentosas, onde quer que estejam, e as deixarão atuar.

A Força de Trabalho Se Transforma em uma Rede de Trabalho

Lembre-se de que, nas Regras Antigas, a organização era uma caixinha. Havia abundância fora d'A Caixinha (muita gente caçando empregos) e escassez dentro dela (poucos empregos). A administração dessa escassez se dava mediante uma hierarquia empresarial. E a força de trabalho da organização era um conjunto binário, dividido entre funcionários e não funcionários.

Lembre-se, também, de que um emprego tradicional caracteriza uma aplicação do trabalho. Mas pense em todas as outras aplicações. Quem mais ajuda a criar valor para sua organização? Trabalhadores de meio período, trabalhadores distribuídos, temporários, contratados, subcontratados, autônomos, aprendizes, pupilos, consultores, parceiros e fornecedores. Seus clientes também podem ajudar a criar valor *para si próprios*, participando de sessões de *design thinking* e por meio de crowdsourcing e crowdfunding. Até mesmo seus ex-funcionários podem ajudar a criar valor, continuando a promover a marca da empresa e direcionando novos talentos para a organização.

O antigo modelo de Caixinha não é mais suficiente para gerenciar esse ecossistema humano dotado de sofisticação e complexidade. Necessitamos de uma Próxima Mentalidade que nos permita abranger todos esses diferentes casos de uso. Como consequência, sua força de trabalho é agora uma *rede de trabalho* — uma rede de seres humanos que podem ajudar a criar valor para os stakeholders da organização. De repente, sua organização passa a ter *muros permeáveis*, operando como uma parte interconectada de um ecossistema maior de talentos e organizações, todos os quais compreendem uma cadeia de valor compartilhada.

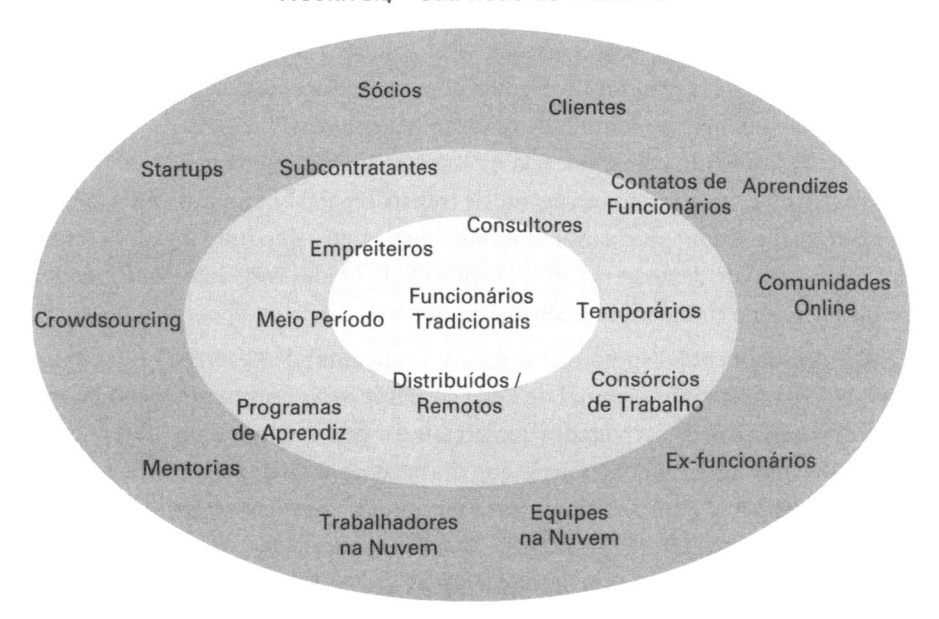

FIGURA 2.4 Sua Rede de Trabalho

FONTE © 2021 Charrette LLC. Usado com permissão.

Ao pensar em todos esses seres humanos diferentes como parte da sua rede de trabalho, você se tornará muito mais apto a encontrar e envolver trabalhadores talentosos, além de ajudá-los a alinhar suas habilidades para resolver problemas e criar valor para os stakeholders.

O Gerente Se Transforma em um Guia de Equipes

Nas Regras Antigas, o gerente estava no comando, na esperança de ter todas as respostas. Nas Próximas Regras, o gerente é o guia das equipes, aquele que trabalha duro para oferecer as melhores indagações.

A inspiração para o termo "gestão de guias" vem do insight de Esther Wojcicki, presente em seu *Moonshots na Educação*[8], de que um professor precisa deixar de ser "o sábio no palco" para se tornar "o guia à parte." E o mesmo deve ser verdadeiro para a "pessoa que costumava ser conhecida como o gerente".

A gestão de guias é a Próxima Mentalidade para capacitar o trabalho alheio. O guia de equipes não é um treinador ou coach nem um mentor, embora eles devam ter alguns desses conjuntos de habilidades. Em vez disso, esse guia está profundamente empenhado em entender as capacidades de cada membro da equipe, ajudando-os a compreender e a concordar com os problemas a serem resolvidos e orientando-os, tanto individual quanto coletivamente — e *apenas quando necessário* —, para essa resolução. O guia de equipes é um comunicador claro e direto, que traz perguntas que visam ajudar cada membro da equipe a obter percepções e a resolver problemas por conta própria, além de se dedicar a ajudá-los a trabalhar no sentido de realizar seu potencial humano. O guia está, assim, comprometido com a eficácia e o sucesso de cada funcionário, o que por sua vez envolve servir como um agente de transparência. Em muitos casos, o guia também acaba sendo um colaborador individual, algo como um "jogador-treinador" que, além de demonstrar suas próprias habilidades enquanto solucionador de problemas no trabalho, também apoia os objetivos da equipe.

Eu, pessoalmente, espero que o rótulo tradicional de "gerente" fique para trás. Não é que a visão original de Peter Drucker — ver o gerente como "compositor e maestro" das atividades comerciais e a gestão como uma "tarefa criativa" — estivesse errada. O fato é que a abordagem tradicional para o papel dos gerentes não é mais suficiente para um mundo que vem passando por mudanças tão radicais.

Exploraremos a mentalidade positiva da gestão de guias no Capítulo 4, o conjunto de habilidades mais eficiente no Capítulo 7 e a habilitação de um conjunto de ferramentas no Capítulo 8. Também examinaremos as práticas das organizações "sem líder", para podermos extrair alguns elementos dos seus melhores insights, que remetem ao que pode acontecer quando a figura do gerente desaparece completamente.

O Local de Trabalho Se Torna um Espaço de Colaboração Flexível e Cooperativo.

Na economia pandêmica, muitas organizações aprenderam que suas equipes e funcionários eram capazes de operar muito bem trabalhando fora do escritório durante uma parte da semana. Muitos funcionários também descobriram as alegrias de se poder evitar o deslocamento diário na hora do rush e de renunciar ao ambiente de trabalho repleto de anonimato que é a selva de cubículos. À medida que as equipes se tornam cada vez mais difusas, o local de trabalho é cada vez mais visto como um espaço onde os membros das equipes se reúnem a fim de colaborar intencionalmente.

As selvas de cubículos, é claro, não desaparecerão completamente, e muitos locais de trabalho permanecerão como ambientes estáticos. Não obstante, para muitas organizações, o local de trabalho se tornará mais flexível e fluido, adaptando-se continuamente para atender às necessidades em constante mudança de um conjunto de trabalhadores em constante mudança. A decisão relativa a se um funcionário operará presencialmente no local de trabalho incluirá a sobreposição, no diagrama de Venn, da função geral do seu trabalho, dos tipos de projeto em que está trabalhando, das etapas de cada um desses projetos, da sua saúde, da saúde dos seus colegas de trabalho, da proximidade geográfica desses colegas, do nível de utilização do ambiente de trabalho e do que está acontecendo na vida pessoal do funcionário no momento.

Se você, então, for um líder de projeto que está trabalhando em um projeto que requer colaboração estreita; se estiver à frente do projeto quando o design colaborativo se revelar necessário; se você e os membros da sua equipe estiverem saudáveis; se não estiver viajando e morar perto o suficiente do escritório para aparecer em um determinado dia; e se o local de trabalho puder acomodar você e sua equipe nesse mesmo dia — bem, então é muito provável que você acabe indo para o escritório.

Por outro lado, se você for um designer de softwares de interface de usuário que está trabalhando em um novo site; se estiver na fase de execução do projeto; se não estiver se sentindo bem, e seus companheiros de equipe também não; se viver em uma cidade rural a várias horas de distância do escritório; e se você vir online que o escritório está em sua capacidade máxima — provavelmente você *não irá* para lá hoje. Isso poderia não ter sido uma escolha habitual no período pré-pandemia. E certamente existem muitas funções de trabalho que não permitem esse tipo de flexibilidade. Mas muitas equipes se perceberão fazendo esse tipo de cálculo cotidiano para determinar se algum funcionário em particular precisa estar no local ou pode estar remoto.

Em um relatório de meados de 2020[9], a empresa de consultoria imobiliária comercial JLL previu que 30% de *todo* o espaço dos escritórios será "utilizado de forma flexível" até 2030. Esse nível de uso dinâmico exigirá, é claro, uma nova mentalidade por parte dos envolvidos, além de um novo conjunto de habilidades (especialmente para o guia das equipes, e para os coordenadores de operações da organização) e um novo conjunto de ferramentas de software que ajude a gerenciar todos esses "conjuntos difusos". A partir da perspectiva da organização, seus ativos físicos se tornarão um "portfólio do espaço" que inclui escritórios, centros de trabalho distribuídos, associações em instalações de coworking, instalações de parceiros, o café local e até mesmo os espaços residenciais dos funcionários.

A Gestão de Mudanças Está Morta — O que Resta É Gerir Mudanças

Lembre-se de que a gestão de mudanças nas Regras Antigas era uma metodologia comum para se prever um futuro estado estático anos à frente, para então desenvolver um plano que catalisasse as mudanças necessárias a fim de criar esse futuro.

Em um mundo de constantes disrupções, todavia, a gestão de mudanças está morta. Tudo o que resta é lidar com as mudanças quando elas acontecem. A transformação organizacional, afinal, é uma jornada, e não um único objetivo alcançável. Aqueles que lideram em organizações devem recompensar continuamente abordagens inovadoras que incentivem novas mentalidades e comportamentos. Trata-se de um processo de transformação por meio de uma série de "mudanças de fase".

Na animação digital, ou por meio da magia do Photoshop, a *metamorfose* caracteriza um processo de transição contínua por uma série de estados. Assim, a imagem posterior de uma série pode não se parecer em nada com as imagens anteriores, mas as mudanças foram tão graduais, tão progressivas, que não houve nenhum ponto em que se pudesse perceber uma diferença marcante. Uma transformação significativa raramente acontece em grandes saltos: ela geralmente se dá ao longo de uma série de etapas progressivas na mudança de mentalidades e habilidades.

AS PRÓXIMAS REGRAS DO TRABALHO

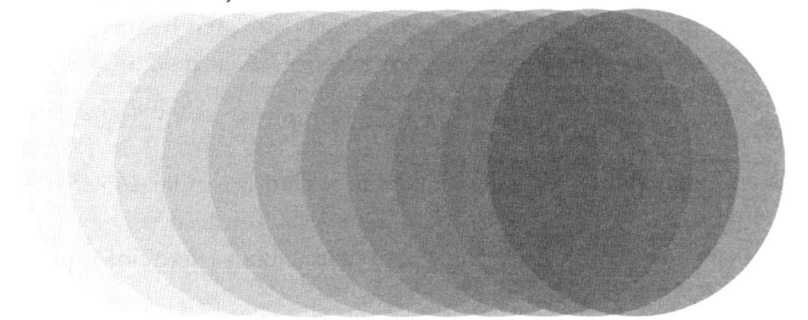

FIGURA 2.5   Próximas Regras: Gerir Mudanças

| Como Fazemos as Coisas Hoje | Em 3–6 Meses | Em 3–6 Meses | Em 3–6 Meses | Em 3–6 Meses | Em 3–6 Meses | Em 3–6 Meses... |

| Coisas que Descartamos | Coisas que Guardamos | Coisas Novas | Coisas Novas | Coisas Novas | Coisas Novas | Coisas Novas | Coisas Novas... |

FONTE © 2021 Charrette LLC. Usado com permissão.

A Próxima Organização É uma Plataforma para Canalizar Energia Humana

As Regras Antigas da organização focavam a maximização de valor para os acionistas. Claro, muitos líderes praticantes dessas regras também se preocupavam com os clientes. Mas esses líderes recebiam salários maiores de acordo com a satisfação dos acionistas. Portanto, os acionistas vinham primeiro.

Mas toda organização tem um conjunto muito mais amplo de stakeholders, que inclui clientes, funcionários, parceiros de negócios, as comunidades em que opera e o próprio planeta. E a Organização das Regras Antigas frequentemente não os tratava como stakeholders *principais*. Já a Próxima Organização, por outro lado, deve fazer exatamente isso.

Eu já afirmei aqui que, mecanicamente, o trabalho consiste em nossas habilidades humanas aplicadas a tarefas que visam resolver problemas e criar valor para clientes e outros stakeholders. Espiritualmente, no entanto, o trabalho está *canalizando a energia humana*. Quando utilizamos nossas habilidades, estamos gastando energia. Quer estejamos simplesmente usando nossos poderes cognitivos para vislumbrar uma solução ou usando habilidades físicas para realizar uma tarefa, o fato é que estamos sempre canalizando a nossa energia humana. A Próxima Organização é, portanto, uma *plataforma para canalizar energia humana visando criar valor para os clientes e para outros stakeholders*.

Como, exatamente, você pode ajudar a fazer isso acontecer? É aí que as Próximas Regras entram em cena.

Miniguia de Trabalho: Um *Quadro Aristotélico* para Indivíduos e um para Organizações

Esses são os principais tópicos para os efeitos das Próximas Regras do Trabalho. Ao longo do livro, exploraremos as ramificações dessas mudanças através das lentes da mentalidade, do conjunto de habilidades e do conjunto de ferramentas. Mas, primeiro, um breve exercício — ou dois.

As Próximas Regras não são simplesmente teóricas. Elas só serão úteis se a *razão* da sua relevância para o trabalho e a organização ficar bem clara. É por isso que, agora, vou pedir para você fazer alguns exercícios rápidos para fortalecer seus músculos mentais.

Lembre-se de que, quando você esteve com Aristóteles depois de uma breve viagem na máquina do tempo, no primeiro capítulo, ele o expôs a meia dúzia de questões importantes: por quê, o quê, quem, onde, quando e como. Eu inseri essas questões em um *quadro* — uma visão geral, de uma página, que contém os elementos mais importantes a serem levados em conta ao traçar uma estratégia. No cânone da obra *Rápido e Devagar: Duas formas de pensar*, de Dan Kahneman[10], isso caracteriza o pensamento rápido.

Eu incluí duas versões do Quadro Aristotélico (ver Figuras 2.6 e 2.7), uma para o seu trabalho como indivíduo e outra para a sua organização. Elas estão aí para ajudá-lo a trabalhar seus músculos mentais em torno do significado do seu trabalho e o propósito da organização.

O Quadro para Indivíduos (Figura 2.6) abrange as seis questões no contexto da sua função organizacional atual, se você estiver trabalhando em uma função em período integral ou meio período. Se você possui um portfólio de trabalho ou não está trabalhando atualmente, você pode completá-lo de acordo com a sua função organizacional mais recente ou com uma função ideal que você gostaria de ter.

Você pode preencher o Quadro Aristotélico para Organizações (Figura 2.7), não importa qual seja a sua função de trabalho na organização. Se você não estiver trabalhando em nenhuma organização, pode completar esse quadro de acordo com o local mais recente no qual trabalhou. Você também pode fazer isso referindo-se à organização para a qual gostaria de trabalhar ou àquela que gostaria de criar.

Observe que o Quadro Aristotélico para Organizações está relacionado ao *trabalho humano* da organização, e não aos diferenciadores do ramo ou a estratégias de entrada no mercado. Para estes, você pode consultar qualquer uma das opções de quadros de modelo de negócios facilmente encontradas com uma rápida pesquisa online. O mais popular no Vale do Silício é o chamado quadro Lean Canvas, promovido por Eric Ries, autor de *A Startup Enxuta*[11]. Ries criou o padrão de excelência para uma tomada de decisões comerciais eficaz, com tempo, dinheiro e informações limitados.

Esses são exercícios de "pensamento rápido". Apenas anote pensamentos breves.

Eu sei o que pode acontecer quando você lê um livro e o autor sugere um exercício. Você pode querer pular essa etapa, dizendo a si mesmo que a retomará mais tarde. Porém, neste caso, quero encorajá-lo a tirar 15 minutos e anotar respostas breves para cada uma das perguntas, pelo menos para si próprio. O objetivo é colocar rapidamente as ideias no papel, sempre podendo modificá-las mais tarde. Esses insights serão muito úteis nos capítulos subsequentes. (Você pode dedicar o tempo que quiser para isso, é claro. Mas não deixe o "perfeito" ser inimigo do "feito.")

Exercício de Inventário Pessoal: O Quadro Aristotélico para Você

Você é único. Afinal, tem um conjunto de habilidades, interesses, motivações e experiências diferente de qualquer outra pessoa no planeta. E não importa se você é um colaborador individual, se lidera uma pequena equipe ou se ajuda a guiar uma grande organização — cada uma das pessoas com quem você trabalha também é única. Mas existem tantos elementos potenciais do seu trabalho e da sua vida para se tentar inventariar que isso pode acabar sendo um pouco assustador. O Quadro Aristotélico para Indivíduos pretende ajudar a capturar rapidamente uma variedade de elementos do seu trabalho, de forma que você possa refletir conforme nos aprofundamos em cada uma das Próximas Regras no restante do livro.

POR QUÊ

Sentido: Por que você trabalha? Qual é o sentido ou o propósito do seu trabalho?

Recompensas: Como você quer ser recompensado pelo seu trabalho? Qual a renda, os benefícios e o tempo de férias que você julga precisar? Quais são as chances de progressão? (Se quiser, inclua benefícios psíquicos, como a satisfação no trabalho.)

O QUÊ

Problemas: Que tipo de problemas você mais gosta de resolver? Ou, se a sua motivação principal for um *processo*, tal qual usar a criatividade, em que tipos de atividade você mais gosta de aplicá-la?

Habilidades: Quais habilidades (de conhecimento, flexíveis e pessoais) você mais gosta de usar?

QUEM

Pessoas: Com que tipo de pessoa você mais gosta de trabalhar? Como você as descreveria?

Mentalidade: Que tipo de cultura organizacional é mais adequado para você? Que valores e comportamentos você deseja que as pessoas ao seu redor sigam?

ONDE

Geografia: Em que lugar do mundo você gostaria de poder realizar o seu trabalho? (O amor por um determinado lugar é conhecido como *topofilia*. Você seria "topófilo" a qual lugar do mundo?)

Ambiente: Que tipo de local de trabalho o ajuda a exercer suas atividades da melhor forma? Que porcentagem do seu tempo hábil você gostaria de usar em um local de trabalho, para trabalhar em casa e outras opções?

QUANDO

Portfólio: Qual seria a combinação ideal de trabalho para você, atualmente? Um único trabalho ou uma variedade de projetos?

Caminho: Em um momento futuro, você gostaria de realizar quais tipos de trabalho? Quais cenários futuros para o seu trabalho deixam você mais entusiasmado?

COMO

Valores: Cite duas ou três crenças básicas que orientam seu trabalho, bem como dois ou três valores que devem ser refletidos nele.

Conjunto de ferramentas: Cite duas ou três técnicas e tecnologias que você mais gosta de aplicar ao seu trabalho.

FIGURA 2.6 O Quadro Aristotélico para Indivíduos

POR QUÊ	SENTIDO Por que trabalhar? O que dá propósito ao seu trabalho?	RECOMPENSAS Como você quer ser recompensado pelo seu trabalho – salários, benefícios, progressos etc.?	PESSOAS Com que tipo de pessoa você mais gosta de trabalhar?	MENTALIDADE Que tipo de cultura organizacional é mais adequada para você?	QUEM
O QUÊ	PROBLEMAS Que problemas você mais gosta de resolver?	CONJUNTO DE HABILIDADES Quais habilidades você mais gosta de usar para resolver esses problemas?	VALORES Quais crenças impulsionam seu trabalho? Quais valores devem ser refletidos nele?	CONJUNTO DE FERRAMENTAS Quais as ferramentas estratégicas e técnicas que você mais gosta de aplicar ao seu trabalho?	COMO
ONDE	GEOGRAFIA Em que lugar do mundo você quer trabalhar?	AMBIENTE Que tipo de ambiente de trabalho o ajuda a exercer suas atividades da melhor forma?	PORTFÓLIO Qual seria a combinação ideal de trabalho para você, atualmente? Como você gerenciará esse portfólio de trabalho?	CAMINHO Em um momento futuro, você gostaria de realizar quais tipos de trabalho? Quais cenários futuros deixam você mais entusiasmado?	QUANDO

FONTE © 2021 Charrette LLC. Usado com permissão. Uma versão em branco deste quadro está disponível em gbolles.com/canvas [conteúdo em inglês].

As questões centrais do quadro são apoiadas por diversos estudos recentes referentes ao bem-estar humano. Por exemplo, pesquisas na Universidade de Wisconsin-Madison identificaram os principais aspectos do bem-estar: conscientização (utilizar sua cognição para sentir suas experiências vividas a fundo), conexão (preocupar-se com os outros em sua vida), insight (uma mentalidade construtiva impulsionada pelo autoconhecimento) e propósito (compreender suas próprias crenças, valores e objetivos). A conscientização é o seu "como", a conexão é o "quem", e o propósito é o "por quê".

> **1. Experimente o seguinte, para você, pessoalmente.** Imprima o Quadro Aristotélico para Indivíduos (Figura 2.6). Você poderá encontrar uma versão em PDF em gbolles.com/canvas [conteúdo em inglês]. Escreva suas respostas às perguntas acima. De início, não gaste muito tempo com isso. Apenas anote os pontos principais de cada uma, colocando seus pensamentos no papel rapidamente.
>
> Se você já sabe quais são suas motivações para o trabalho, isso é excelente. O quadro será preenchido rapidamente. Se houver uma ou duas questões em aberto na sua mente, este exercício pode ajudar a preencher as lacunas.
>
> **2. Experimente o seguinte: Trate o quadro como um esporte coletivo.** Peça aos membros da sua equipe para preenchê-lo para si próprios. Em seguida, conduza um exercício de brainstorming para ver em quais quesitos cada um possui conjuntos de habilidades e valores alinhados, e também onde há discordâncias, para ver se é possível que vocês sintetizem suas perspectivas.

Se você quiser se aprofundar mais em qualquer um dos elementos do quadro — inventariar suas habilidades ou esclarecer seus valores, por exemplo —, cada um deles é abordado com maior profundidade em uma variedade de ferramentas de autoinventário, que variam de livros a serviços online para coaching e treinamento. Você pode encontrar uma variedade de referências em gbolles.com/canvas [conteúdo em inglês].

EXERCÍCIO DO INVENTÁRIO ORGANIZACIONAL:
O QUADRO ARISTOTÉLICO PARA A SUA ORGANIZAÇÃO

Agora, vamos aplicar as mesmas seis questões às características das Próximas Regras de sua organização.

POR QUÊ

A **visão** é uma declaração do propósito da organização. Geralmente começa mais ou menos assim: "Um mundo em que…" É a imagem do futuro da organização que ela quer ajudar a moldar. A visão da organização deve ser tão grandiosa que pareça improvável de ser alcançada durante o nosso tempo de vida. Essa visão geralmente não muda com o tempo. Continua a ser a Estrela do Norte ou o Cruzeiro do Sul da organização — sua direção de navegação. (Se você não conseguir encontrar a declaração de visão da sua organização, esse é um problema futuro a se resolver. Por enquanto, apenas escreva o que você *acha* que ela deveria ser.)

Missão é a tese de longo prazo de como a empresa trabalhará para promover sua visão, e quem se beneficiará disso. Ela deve listar os principais stakeholders da organização — clientes, funcionários, fornecedores, parceiros, as comunidades em que a organização opera, o planeta e os acionistas — em ordem de prioridade. (A missão pode ser alcançada durante a sua vida, mas se você *de fato* conseguir cumpri-la, terá uma nova missão a partir deste ponto.)

O QUÊ

Problemas: Que problemas *específicos* a sua organização resolve para os stakeholders listados na missão e que valor isso cria para eles?

Conjunto de habilidades: Em que aspecto sua organização é boa? Quais habilidades essenciais ela usa para criar valor e conduzir suas atividades?

QUEM

Pessoas: De que tipo de pessoas sua organização precisa para criar valor para seus stakeholders? (Lembre-se de que essas pessoas são, elas mesmas, stakeholders da organização.) Inclua quaisquer características consistentes que se destaquem para você.

Mentalidade: Cite duas ou três maneiras de pensar e agir dessas pessoas que são mais recompensadas em sua organização.

ONDE

Geografia: Em que lugar do mundo a organização realiza seu trabalho? Em que comunidades opera, e quais delas se beneficiam das suas ofertas?

Ambiente: Que tipo(s) de local de trabalho a organização oferece para ajudar seus funcionários a realizarem suas atividades da melhor forma?

FIGURA 2.7 O Quadro Aristotélico para Organizações

				QUEM
POR QUÊ	**VISÃO** Qual é o propósito da sua organização? Qual é o mundo que ela quer ajudar a criar?	**MISSÃO** Quem são os stakeholders da organização? Que valor a organização criará para eles?	**PESSOAS** De que tipo de pessoa sua organização precisa para criar valor para seus stakeholders?	**MENTALIDADE** Que tipos de comportamento, por parte dessas pessoas, são recompensados em sua organização?
				COMO
O QUÊ	**PROBLEMAS** Quais são os principais desafios dos seus stakeholders?	**CONJUNTO DE HABILIDADES** De quais habilidades essenciais sua organização precisa para solucionar problemas e criar valor?	**VALORES** Quais são os valores essenciais que definem a forma pela qual a organização conduz suas atividades?	**CONJUNTO DE FERRAMENTAS** Que tecnologias e técnicas essenciais a organização utiliza para possibilitar a criação de valor?
				QUANDO
ONDE	**GEOGRAFIA** Em que lugar do mundo a organização realiza seu trabalho?	**AMBIENTE** Que tipo de ambiente de trabalho ajuda os funcionários a realizarem suas atividades da melhor forma?	**ESTRATÉGIA** Que cenários permitirão que os trabalhadores da organização forneçam valor continuamente para os stakeholders?	**ALINHAMENTO** Como a organização alinha continuamente a todos com seus objetivos?

FONTE © 2021 Charrette LLC. Usado com permissão. Uma versão em branco deste quadro está disponível em gbolles.com/canvas [conteúdo em inglês].

QUANDO

A **estratégia** define os dois ou três passos que os funcionários da organização precisam dar para solucionar problemas e entregar valor para os stakeholders. Ela pode e deve mudar conforme a organização entende, continuamente, as necessidades de seus clientes atuais e futuros.

Alinhamento: Como a organização alinha, continuamente, a todos com seus objetivos e com aqueles das equipes e dos indivíduos? Que práticas garantem que todos saibam como vêm contribuindo para solucionar os problemas dos stakeholders e criar valor? (Se você não sabe o que são essas práticas, deixe o quadro em branco. Pense nisso como uma tarefa futura a ser realizada.)

COMO

Valores: Quais são os valores fundamentais que definem a forma como a organização conduz suas atividades? Quais são as principais âncoras da cultura da organização?

Conjunto de ferramentas: Quais são as principais técnicas e tecnologias que a organização utiliza para criar valor?

Dependendo da sua função na organização, você pode não saber quais são as respostas "oficiais" para todas as perguntas. Tudo bem. Apenas "infira" as respostas que você considera adequadas e, mais tarde, você pode chamar outros para "responder". (Explicarei isso no final do próximo capítulo.)

> **1. Experimente o seguinte: sua perspectiva sobre a organização.** Imprima o Quadro para Organizações em gbolles.com/canvas [conteúdo em inglês]. Sugiro que você separe alguns minutos e faça isso agora mesmo. Anote respostas breves a partir da sua própria perspectiva.
>
> **2. Experimente o seguinte: faça disso um esporte coletivo.** Peça a outros, em sua equipe ou em toda a organização, para preencherem o quadro. Compare as notas. O que as diferenças entre cada uma das suas percepções querem dizer e o que deve ser feito coletivamente a respeito delas?

Quer você opte por preencher o quadro sozinho ou com outras pessoas, responda as perguntas em um contexto muito importante: aquilo que você acredita ser a verdade. Ou melhor: *o que você realmente acredita ser verdadeiro* para cada uma dessas características? Não pense sobre os "valores corporativos" pendurados na parede do refeitório ou escritos pelo marketing no site da organização. O que é totalmente verdadeiro a respeito da sua organização, hoje, a partir da sua experiência direta?

Cada uma das dezenas de características do quadro tem um profundo legado de literatura e pensamento por detrás. Isso oferece muitos recursos para ajudá-lo a se aprofundar em qualquer um desses problemas que você considera críticos para a sua organização. Se o *Por quê* chama sua atenção, então *Comece pelo Porquê*[12], de Simon Sinek, é um ótimo lugar para, bem, começar. Sinek oferece conselhos simples e práticos para as etapas a serem seguidas visando obter um consenso em relação aos fundamentos para as ações da organização. Se, por outro lado, o *Como* é o que interessa a você, recomendo fortemente *Como: Por que o Como Fazer Algo Significa Tudo*, de Dov Seidman[13], fundador do The HOW Institute for Society. Com Dov, aprendi muito sobre a necessidade de uma conexão profunda entre as nossas ações e o nosso eu autêntico.

Você pode encontrar links para mais sugestões de aprofundamentos organizacionais em gbolles.com/canvas [conteúdo em inglês].

Você também pode fazer upload de um ou ambos os quadros para o meu site, se quiser oferecê-los como exemplos para outras pessoas.

Depois de preencher o seu próprio quadro e um para a sua organização, coloque-os lado a lado. Onde eles se encontram alinhados? Onde não se alinham? O que você acha dessas conexões? Existe alguém com quem você gostaria de falar a respeito delas? E há alguma ação que você precisa tomar, seja pessoalmente ou dentro de sua organização, para expandir o seu alinhamento?

Olhando Através do Prisma da Mentalidade, do Conjunto de Habilidades e do Conjunto de Ferramentas

As próximas três partes do livro cobrem a mentalidade, o conjunto de habilidades e o conjunto de ferramentas, com dois capítulos dedicados a cada um.

Agora que você está armado com o Quadro Aristotélico para Organizações, já pode explorar a mentalidade empresarial no Capítulo 3, o conjunto de habilidades no Capítulo 5 e o conjunto de ferramentas no Capítulo 7. Além disso, com o seu próprio quadro enquanto indivíduo, você pode mergulhar mais a fundo na mentalidade para indivíduos e equipes no Capítulo 4, o conjunto de habilidades no Capítulo 6 e o conjunto de ferramentas no Capítulo 8.

Mas antes disso... quais são, exatamente, as diferenças entre mentalidade, conjunto de habilidades e conjunto de ferramentas?

Visualize o seguinte

Eu faço um movimento com uma varinha mágica e, de repente, você e eu estamos parados na base de uma montanha enorme. Olhando para cima, você percebe que recebeu, magicamente, todo o conjunto de habilidades de um alpinista. Você já escalou montanhas dezenas de vezes e consegue vislumbrar todas as técnicas necessárias para escalar a que se encontra diante dos seus olhos. Você consegue vislumbrar até mesmo a rota a ser seguida e, em sua mente, pode resolver todos os problemas virtuais que provavelmente encontrará.

No entanto, quando você vê o topo da montanha, você diz: parece muito, muito frio. Também parece incrivelmente alto.

Ou seja, você tem todo o *conjunto de habilidades*, mas nada da *mentalidade*. Você conseguirá escalar a montanha? É claro que não.

Agora, eu faço outro movimento com a varinha e, de repente, você não possui o conjunto de habilidades para escalar uma montanha, mas toda a mentalidade. Você nunca escalou uma montanha antes, mas, ao olhar para o topo, pensa: "Será que é tão difícil?" Você dá o primeiro passo. Dois passos. Você enfrenta dificuldades e lida com elas. Depois de um tempo, você chega ao topo da montanha, olha para baixo e diz: "Foi tão difícil assim?" Então, você olha para a próxima montanha.

Nesse caso, você começou com 100% de mentalidade e zero em conjunto de habilidades. Você desenvolveu esse conjunto conforme subia, bem a tempo e no contexto certo.

(Uma das minhas citações favoritas é de Caterina Fake, cofundadora do primeiro grande site de imagens de sucesso da internet, o Flickr, e que hoje hospeda o podcast *Should This Exist?*. Em suas célebres palavras: "Às vezes, você escala uma montanha, cai e falha. Talvez haja um caminho diferente que possa levá-lo para cima. Às vezes, uma montanha diferente.")

Existe, é claro, uma terceira opção, que é o seu conjunto de ferramentas. Se você estiver usando sandálias e shorts e olhando para uma parede de gelo ameaçadora enquanto ventos congelantes chicoteiam seu corpo, um conjunto de ferramentas que incluísse botas de alpinismo, roupas de isolamento térmico, um furador de gelo, ganchos e cordas, provavelmente, seria muito mais útil.

E uma vez que a mentalidade, sozinha, não tem como resolver todos os problemas, a experiência de aprender o conjunto de habilidades para se escalar uma parede de gelo também seria bem útil.

FIGURA 2.8 Mentalidade, Conjunto de Habilidades e Conjunto de Ferramentas

FONTE © 2021 Charrette LLC. Usado com permissão.

ESTUDO DE CASO

Um Exemplo Real de Mentalidade, Conjunto de Habilidades e Conjunto de Ferramentas

Matthew Corcoran Anders era um jovem de dezesseis anos que morava na Bay Area, em São Francisco, e que tinha acabado de completar o primeiro ano do ensino médio. Ele pensou que, como os amigos, passaria o verão trabalhando na Jamba Juice, gostando principalmente da ideia de tomar smoothies de graça. Mas seu pai tinha outros planos, encorajando-o a trabalhar em uma firma de dedetização de um parente, do outro lado da baía. Matthew foi alocado no suporte telefônico aos clientes, trabalhando ao lado de pessoas com duas a três vezes sua idade, atendendo chamadas de clientes irritados cujas casas infestadas de insetos ainda não haviam sido dedetizadas.

Um problema com um computador do escritório levou o gerente a ligar para um consultor de TI. Matthew observou o consultor fazendo alguns testes superficiais e afirmando que o PC estava consertado. Vendo como aquele trabalho parecia fácil, Matthew instantaneamente se declarou "o cara da TI" do escritório, e começou a solucionar alguns problemas relacionados a isso.

O primeiro grande problema foi que o escritório comprou um sistema VOIP que não foi totalmente instalado. Sem saber o que era VOIP, o adolescente foi para casa e começou a pesquisar online. Ele descobriu que VOIP significava voz sobre o IP, ou seja, sistemas telefônicos que funcionavam na Internet. Explorando fóruns de apoio e lendo manuais do usuário, ele foi capaz de aprender como migrar os computadores do escritório para a versão mais recente do Windows e ativar o sistema VOIP.

Depois de se tornar indispensável para o escritório durante aquele verão e antes de voltar para terminar o ensino médio, ele escreveu um guia para que os funcionários do escritório pudessem gerenciar os sistemas depois que ele partisse.

Mentalidade, conjunto de habilidades, conjunto de ferramentas.

Matthew tinha pouco do *conjunto de habilidades* quando começou o trabalho, mas tinha a *mentalidade* e foi criando o *conjunto de ferramentas* à medida que avançava. Ele poderia ter continuado a fazer o trabalho estressante de atender telefones, mas enxergou um problema que achou que poderia resolver. E ele sabia que poderia aprender na *hora* e no *contexto* certos.

Estar na hora certa: ele só precisaria reunir as informações necessárias para resolver o problema, e nada mais. Ele não disse ao gerente do escritório: "Veja, vou me formar em TI e voltarei em quatro anos para instalar o sistema VOIP." Ele concentrou-se em aprender as habilidades *de conhecimento* de que precisava para as tarefas que estavam à sua frente.

Estar no contexto certo: o adolescente foi capaz de aprender *enquanto solucionava os problemas*. Ele não aprendeu sobre a história do software de segurança ou sobre as centenas de diferentes tipos de programas de segurança. Ele se concentrou apenas naquela aplicação específica e nas necessidades específicas do seu contratante. E fez isso em um ambiente de trabalho prático.

Quando conto histórias como essa para educadores em todo o mundo, recebo uma de duas respostas. Educadores com uma mentalidade mais tradicional exibem aquilo que chamamos de "alerta de animal na pista", prevendo um tsunami contínuo de educação voltado para o aprendiz e sentindo-se completamente despreparado. Mas os educadores dotados da Próxima Mentalidade ficam extremamente entusiasmados, vislumbrando novas possibilidades para tornar o aprendizado relevante para qualquer pessoa.

Pense na mentalidade, no conjunto de habilidades e no de ferramentas como as três faces do diamante do seu trabalho, em uma variedade de contextos. Veja, por exemplo, o "networking". Pensar em si mesmo como um "networker" caracteriza uma mentalidade. Fazer networking com uma variedade de pessoas ao redor do mundo caracteriza um conjunto de habilidades. E utilizar uma rede online como o LinkedIn caracteriza um conjunto de ferramentas para fazer isso.

Muitas vezes, porém, não há uma fronteira clara entre mentalidade, conjunto de habilidades e conjunto de ferramentas. A mentalidade pode ser reforçada pelo conjunto de habilidades e vice-versa, dependendo dos problemas que você está tentando solucionar. Você pode pensar em uma prática estratégica, tal qual uma metodologia de resolução de problemas, como parte do seu conjunto de ferramentas (uma técnica), ou como parte de seu conjunto de habilidades (uma habilidade *de conhecimento*, se for uma resolução de problemas para, digamos, um teste de software, ou uma habilidade *flexível*, se for utilizável em muitas situações).

Eficácia, Crescimento, Envolvimento, Alinhamento

À medida que mergulhamos em perspectivas e práticas, é importante lembrar que não existe uma abordagem perfeita para adotar as Próximas Regras. Seu objetivo será **capacitar a eficácia, permitir o crescimento, garantir o envolvimento e encorajar o alinhamento**. Mas você e sua organização terão suas próprias prioridades em relação a qual delas é a mais crítica para o seu foco imediato.

Desenvolver a mentalidade, o conjunto de habilidades e o conjunto de ferramentas para implementar as Próximas Regras é uma jornada, e não o único destino. Você precisará arriscar, adaptar e iterar. Algo que funcione para outra organização pode não funcionar para você e a sua.

Uma última nota sobre a mentalidade. Lembre-se de que o objetivo em aprender as próximas regras é *sempre* criar as condições para uma abordagem de trabalho mais centrada no ser humano. Os robôs e softwares ficarão bem. Nosso mantra precisa ser, continuamente: nenhum ser humano deixado para trás.

Agora: o que é a mentalidade aplicada ao contexto geral da organização? Esse será o foco do próximo capítulo.

PARTE DOIS

Mentalidade

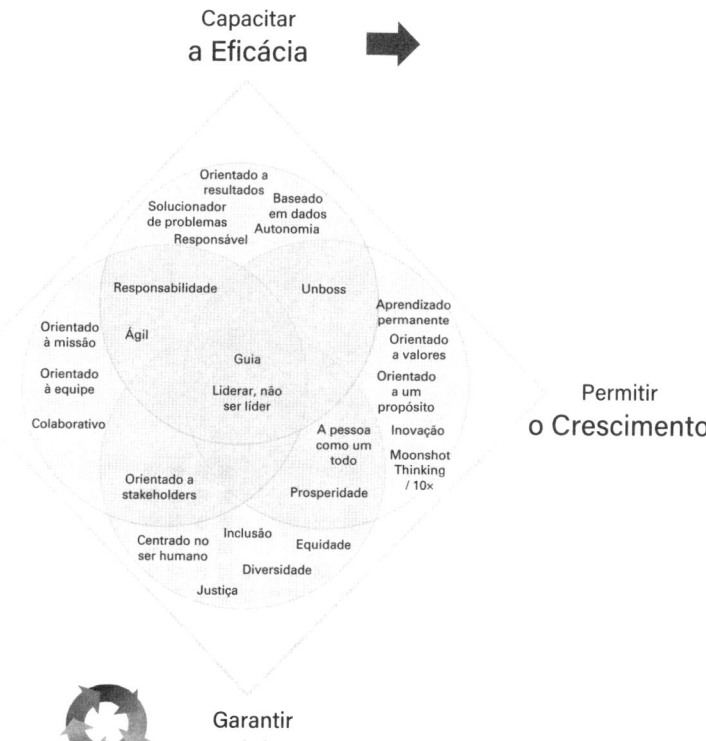

Capacitar
a Eficácia →

Encorajar
o Alinhamento

Orientado a
resultados
Solucionador   Baseado
de problemas   em dados
Responsável   Autonomia

Responsabilidade   Unboss

Orientado   Ágil   Aprendizado
à missão   permanente
Orientado   Orientado
à equipe   Guia   a valores
                                     Orientado
Colaborativo   Liderar, não   a um
               ser líder   propósito

                    A pessoa
                    como um   Inovação
                    todo   Moonshot
         Orientado a   Thinking
         stakeholders   / 10×
                    Prosperidade

              Inclusão
     Centrado no   Equidade
     ser humano
              Diversidade
         Justiça

Permitir
o Crescimento ↑

Garantir
o Envolvimento

FIGURA P2   As Próximas Regras: Mentalidade

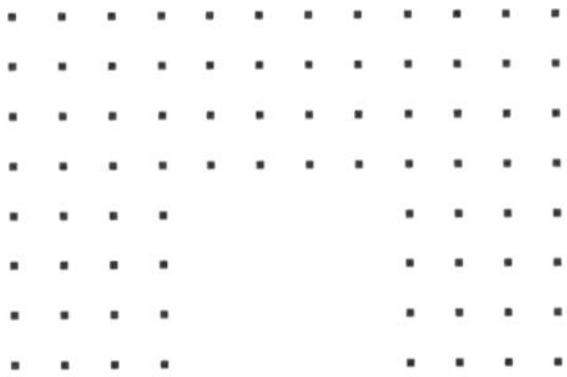

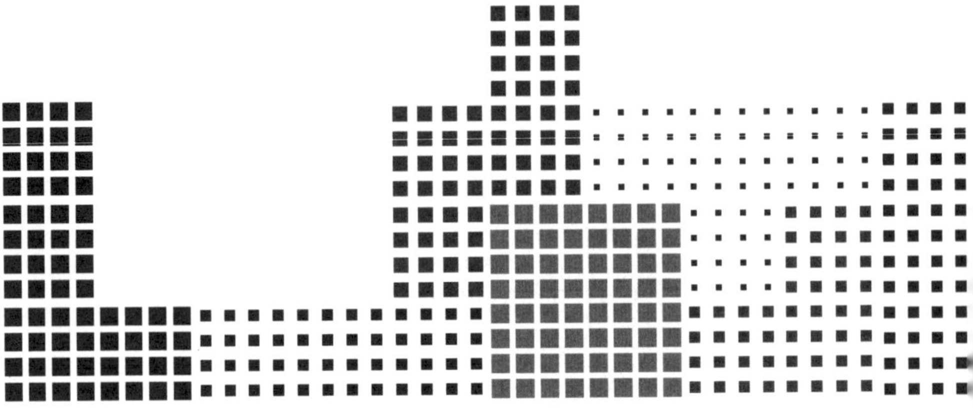

3

A Cultura Organizacional É Sua Própria Mentalidade

As Próximas Organizações se comprometem a desenvolver uma mentalidade alinhada. Mas muitos daqueles que lideram não sabem que tipo de mentalidade consistente a organização realmente possui. Esse é o primeiro problema a ser solucionado.

A próxima pergunta mais comum daqueles que lideram em organizações é: Como posso **mudar** minha cultura organizacional? Essas pessoas precisam orientar um processo inclusivo, de cocriação, para determinar quais das possíveis mentalidades das Próximas Regras são mais apropriadas para a organização.

Embora as iniciativas de mudança organizacional apresentem uma taxa de fracasso um tanto desanimadora, aquelas que são bem-sucedidas apontam para um conjunto de fatores consistentes para uma transição eficaz. A mentalidade de quem lidera, porém, deve ser voltada para que a transformação caracterize uma jornada contínua, sem um destino específico.

À sua frente está um par de óculos de realidade aumentada (RA). Essa tecnologia inovadora lhe dará uma perspectiva completamente nova sobre seu trabalho e sua organização.

Coloque-os.

Você olha ao redor e, de repente, vê sua organização de maneiras completamente novas.

Você percebe que costumava agir como se sua organização fosse uma caixa. Como havia uma abundância de talentos fora da caixa e uma quantidade limitada de oportunidades de trabalho dentro dela, você sentiu que precisava administrar um conjunto limitado de talentos. Mas agora você consegue perceber que não há caixa alguma. Sua organização, na verdade, é uma *rede* de talentos. E aquilo que você uma vez considerou como força de trabalho é, na verdade, uma *rede de trabalho*. Ao invés de ter apenas uma quantidade limitada de talentos disponíveis, como se fosse a ponta de um iceberg, agora você vê o iceberg inteiro, e *a quantidade quase ilimitada de potencial humano* dentro da sua organização.

Você também percebe que costumava ver os trabalhadores a partir de uma perspectiva binária: funcionários ou não. Agora, por outro lado, você percebe que cada pessoa envolvida com a sua organização — dos funcionários tradicionais até os autônomos baseados na nuvem — é parte da sua rede de trabalho, o tecido de habilidades humanas que ajuda coletivamente a sua organização a resolver problemas e a criar valor para os stakeholders.

Se sua empresa for de capital aberto ou uma startup apoiada por capital de risco, você poderia pensar que o *propósito* da organização seria, principalmente, gerar valor para os acionistas. Agora, no entanto, você percebe que sua organização é *uma máquina de canalizar energia humana visando solucionar problemas e criar valor para os stakeholders*. Se achava que a estratégia central da sua empresa era simplesmente satisfazer os clientes, agora, por outro lado, você percebe que sua organização precisa de uma *mentalidade voltada para os stakeholders*, com o cliente situado no centro de um conjunto expandido de stakeholders.

Por fim, você percebe que existem quatro mentalidades principais, que são como alicerces para a sua organização: capacitar a eficácia, permitir o crescimento, garantir o envolvimento e encorajar o alinhamento.

Esses óculos te ajudaram a ver a Próxima Mentalidade com novos olhos. Viu como foi fácil?

O que É Mentalidade?

Não é tão fácil assim, é claro.

A pergunta mais frequente que ouço de quem lidera organizações é: como posso mudar minha cultura organizacional? Minha resposta usual é outra pergunta: quão colaborativa e duramente você está disposto a trabalhar?

Encorajar uma mudança de mentalidade pode ser extremamente difícil, porque a autenticidade dessa requer uma alteração drástica de comportamento. Poucos de nós acordam de manhã dizendo "Vou pensar e agir de maneira diferente hoje" e realmente o fazem de forma autêntica e consistente. Uma mudança de mentalidade, muitas vezes, implica tanto um processo de desaprendizagem quanto de aprendizagem. E mudar de mentalidade significa que você precisa se permitir assumir novos riscos, o que muitas vezes pode ser mais desafiador do que pensamos.

Como veremos em capítulos posteriores, você também precisará desenvolver continuamente um Próximo Conjunto de Habilidades para resolver novos problemas, além de ter de escolher um Próximo Conjunto de Ferramentas que lhe forneça as técnicas e tecnologias necessárias para ser bem-sucedido.

Por fim, mesmo que você tenha adotado uma Próxima Mentalidade para si próprio, ainda precisa ajudar os outros em sua equipe e sua organização a vislumbrarem o futuro que você enxerga e a mudarem a própria mentalidade.

Pense na mentalidade como *a estrutura cognitiva que você usa para abordar o mundo ao seu redor*. Em seu influente livro *Mindset: A nova psicologia do sucesso*[1], a autora Carol Dweck menciona duas mentalidades relacionadas à mudança:

- Uma mentalidade *fixa* significa que você se enxerga como uma criatura estática. Você gostou do dia de ontem, e hoje também foi muito bom; amanhã, portanto, será ótimo, se for exatamente como ontem e hoje. Você não vê a si próprio como alguém profundamente curioso sobre as coisas, e certamente não está interessado nessa tal de "aprendizagem permanente". Afinal, não é possível ensinar truques novos para um cachorro velho, certo? Todos nós já nascemos praticamente quem somos, e nada muda significativamente ao longo das nossas vidas.

- Por outro lado, se possui uma mentalidade *de crescimento*, você se vê como uma pessoa em constante mudança e sente curiosidade em relação a uma variedade de tópicos. Atualmente, você está fazendo algo completamente diferente do que fazia anos atrás no trabalho e, provavelmente, estará fazendo algo diferente em alguns anos. Mesmo que tenha trabalhado na mesma organização por muito tempo, sua função foi variando. Para se manter em constante aprendizado e crescimento, você é impreterivelmente curioso. Você lê, assiste a cursos online, conversa regularmente com pessoas que pensam diferente, frequenta aulas — ou faz tudo isso.

A mentalidade fixa, obviamente, está ancorada nas Regras Antigas do Trabalho. Depois de aprender uma profissão ou obter um diploma, você trabalha na mesma área por anos ou décadas a fio. Por outro lado, e como você já deve ter intuído, as Próximas Regras do Trabalho incentivam uma mentalidade de crescimento, já que você precisa se adaptar continuamente.

Se você tem uma mentalidade fixa e ainda segue as Regras Antigas do Trabalho, você não está fazendo nada errado. A questão é que o mundo ao seu redor pode ter mudado significativamente. Você pode ter trabalhado em uma fábrica, em uma mina ou no setor varejista. Suponhamos, então, que essa empresa fechou, e que talvez você não tenha conseguido encontrar outro trabalho nessa profissão. A culpa, neste caso, certamente não é sua. Mas uma mentalidade fixa é parte daquilo que o impede de se adaptar prontamente a essa situação.

Por que a mentalidade é tão importante?

A empresa de pesquisa Gallup realiza uma pesquisa anual de engajamento do trabalhador nos EUA, perguntando às pessoas como elas se sentem conectadas ao seu trabalho — uma pergunta fundamental no quesito mentalidade. Em 2020, a Gallup concluiu[2] que *apenas cerca de um terço das pessoas declarou estar engajado em seu trabalho*; os quase dois terços restantes não se sentiam conectados à sua organização ou ao seu trabalho. Esses mesmos trabalhadores disseram que migrariam tranquilamente para uma empresa que lhes pagasse melhor do que o atual, ainda que esse aumento fosse pequeno.

Essa é uma estatística impressionante. Todos aqueles que lideram organizações deveriam estar profundamente preocupados. Se, em média, muito menos da metade de seus trabalhadores possui uma mentalidade engajada, o quanto de si próprios eles estão dedicando à resolução de problemas e à criação de valor para os stakeholders da organização — incluindo eles próprios?

Qual É a Mentalidade da Sua Organização?

Existe um mito duradouro que afirma que as grandes organizações possuem uma mentalidade consistente.

Pense na mentalidade como o *agregado de crenças, valores e comportamentos da organização*, às vezes chamado de cultura organizacional. Sua organização provavelmente já tem uma lista de valores que as pessoas que lideram comentam com alguma frequência. Essa lista provavelmente está incluída no

A CULTURA ORGANIZACIONAL É SUA PRÓPRIA MENTALIDADE

novo pacote de contratação fornecido pelo departamento de RH e afixada nas paredes das minicozinhas da empresa.

Contudo, muitos dos que lideram não sabem realmente que tipos de comportamento são exibidos fora do seu campo de visão nem compreendem quão variados podem ser esses comportamentos. Eles também podem facilmente interpretar mal o comportamento que veem, já que sua presença, por si só, é um campo de distorção comportamental que encoraja os trabalhadores a conformarem suas atitudes com as normas vigentes.

1. Experimente o seguinte: uma pesquisa rápida sobre a mentalidade da sua organização. Segue um exercício que você pode realizar no próprio corredor ou em uma série de chamadas de vídeo. Em conversas distintas com meia dúzia de funcionários aleatórios que não o conhecem bem, peça-lhes que respondam à seguinte pergunta: quais são as três coisas que alguém precisa fazer nesta organização para ser bem-sucedido?

Se as respostas mais comuns forem: (1) satisfazer clientes e outros stakeholders; (2) seguir práticas ágeis; e (3) tratar a todos como colaboradores — então, meus parabéns. (Se, de fato, estas forem algumas das características que você prioriza no que se refere à mentalidade.)

No entanto, se as respostas usuais forem: (1) abaixar a cabeça; (2) fazer o que seu chefe lhe diz sem questionar; e (3) não desafiar o status quo — então, você já tem uma boa noção sobre o tipo de mentalidade que atravessa a sua organização.

> Pessoas que lideram são frequentemente campos de distorção comportamental que encorajam os trabalhadores a conformarem suas atitudes com as normas vigentes.

2. Experimente o seguinte: uma pesquisa abrangente sobre a mentalidade da sua organização. Se você estiver realmente comprometido com uma mudança substancial na mentalidade da organização, precisará de uma compreensão abrangente do seu atual estado mental e comportamental. Isso implica uma ampla pesquisa sobre o que os funcionários de toda a organização acreditam, os valores que prezam e aqueles com os quais acreditam que a organização está comprometida.

Existem várias ferramentas de software ou serviços que você pode usar. Apenas certifique-se de garantir o anonimato dos funcionários; do contrário, você poderá minar a confiança deles. E, como bônus, se você for uma figura de liderança na organização, indague a respeito de quais valores os funcionários acreditam que devam ser mantidos por quem lidera. Você pode garantir que representa pessoalmente esses valores amplamente citados, mas também pode acabar descobrindo que os outros não percebem esses comportamentos sendo exibidos de forma autêntica e consistente. Você deve estar disposto a assumir o risco dessa descoberta.

O mais provável, seja na sua pesquisa anedótica ou na varredura de toda a organização, é que você ouvirá respostas inconsistentes entre si. Se a organização tiver várias localizações geográficas em diversos países, contratações de pessoas oriundas de muitas outras culturas, organizações e universidades, ou se ela for uma fusão *roll-up* de várias outras organizações, então uma mentalidade consistente acaba funcionando mais como uma ilusão promovida por aqueles que têm interesse em uma narrativa inautêntica de uma suposta harmonia organizacional. É muito mais provável que você descubra que as diferentes divisões, departamentos e equipes têm uma variedade de crenças e comportamentos. E você pode não gostar de tudo que encontrar.

Se você acabar encontrando, de fato, uma mentalidade consistente, pode descobrir que boa parte dela se encontra ancorada nas Regras Antigas do Trabalho, o que oferece desafios profundamente arraigados. Uma mentalidade voltada para o desempenho está sempre obcecada em colocar o "alto desempenho" em um pedestal, *mas* também se permite enviar mensagens desmotivadoras para aqueles que apresentam um "baixo desempenho", quando, na verdade, isso pode ser uma falha da própria organização em ajudá-los a atingir o seu potencial máximo. Uma mentalidade voltada para a qualidade, por sua vez, é focada em processos repetitivos e na melhoria contínua, *mas* pode prejudicar a inovação e a assunção de riscos. Uma mentalidade de resiliência pode antecipar continuamente desafios do meio ambiente e da concorrência com base em ameaças, *mas* acaba reforçando um processo de proteção de ativos já existentes e de participação de mercado, ao invés de criar novos valores. Por fim, uma mentalidade voltada para acionistas pode garantir que o preço das ações da organização permaneça elevado, *mas*, ao mesmo tempo, força a organização a vestir a camisa de força de curto prazo dos relatórios de lucros trimestrais e restringe a inovação às suas margens.

Talvez uma ou mais dessas situações realmente seja a mentalidade das Regras Antigas que você deseja. Ótimo. Existem muitos livros e processos para ajudá-lo a aprimorar isso.

Entretanto, suponho que você enxergue uma série de possíveis desafios de mentalidade aparecendo nas principais métricas de sua organização. Talvez o índice de inovação organizacional esteja diminuindo drasticamente, com cada vez menos ideias novas para produtos. Talvez o índice de satisfação do cliente esteja caindo. Pode ser que os níveis de engajamento dos funcionários estejam lá embaixo, e as reclamações no Glassdoor.com* estejam aumentando. Você não consegue manter os talentos atuais, ou atrair novos talentos, como costumava fazer. Pessoas que frequentemente tomavam atitudes rapidamente começaram a copiar uma lista interminável de pessoas em conversas de e-mail para poderem desviar a responsabilidade, e as notificações do e-mail pessoal delas estão sempre ativadas.

Ou talvez o problema seja de natureza existencial. Um competidor esperto está começando a devorar fatias do seu mercado principal. Sua divisão mais lucrativa começou a despencar. Você não vê nada na sua linha de produtos que permita satisfazer as necessidades do seu "futuro cliente", como afirma Charlene Li em *Mindset da Disrupção*[3] (Editora Alta Books). Ou uma pandemia pode ter forçado você a fechar uma parte importante de sua organização.

Ou talvez você simplesmente esteja preocupado que qualquer uma dessas coisas *possa* acontecer. Seja qual for seu ímpeto, você percebe que precisa catalisar uma nova mentalidade.

De que Mentalidade Você Precisa?

Suponha que você possa ter uma mentalidade consistente praticada por todos os membros da sua organização em um piscar de olhos. Quais seriam as principais características que você deseja em uma mentalidade?

Existem inúmeras "características culturais" que você pode escolher para os aspectos principais da mentalidade da organização. Você encontrará uma lista aparentemente interminável de livros e modelos de consultoria que definem os quatro, seis, dez ou mais tipos mais relevantes de cultura corporativa. O mais importante sobre esses modelos não é tanto saber quais venham a ser

---

* Rede social profissional, parecida com o LinkedIn, na qual funcionários e ex-funcionários podem avaliar empresas em caráter anônimo. (N. da T.)

essas possíveis culturas, mas sim a oportunidade de criar uma linguagem comum na organização referente a quais devem ser suas principais características de mentalidade.

Não vou determinar aqui o tipo de mentalidade que sua organização precisa. Tal definição deve ser fruto de um processo de cocriação com seus stakeholders, um que seja ancorado na visão, missão e estratégia da organização. Mas as quatro Próximas Regras principais nos fornecem categorias úteis para agrupar algumas das opções mais populares.

Aqui está uma lista de alguns dos aspectos de mentalidade mais citados, no contexto das quatro Próximas Regras principais.

Mentalidade de Eficácia

Organizações que adotam uma mentalidade de eficácia, muitas vezes, se concentram nos resultados. Elas querem que os funcionários sejam responsáveis por seus compromissos e encorajam essa responsabilidade por meio de ferramentas como objetivos e resultados-chave (OKRs), que exploraremos nos capítulos subsequentes. Também encorajam que os funcionários sejam adaptáveis e ágeis. Querem que as pessoas assumam a responsabilidade de resolver os problemas, ser orientadas para resultados e se adaptar rapidamente. Essas organizações são infalivelmente orientadas por dados, incentivando as pessoas a tomarem decisões com base em informações objetivas, mas não tão dependentes deles a ponto de perder fatores humanos essenciais. Elas valorizam a velocidade de tomada de decisão e ação, encorajam a autonomia, a mentalidade do guia da equipe e o assim chamado *unbossing**.

A empresa russa de mercado online Avito — sobre a qual você lerá mais adiante — é um bom exemplo de uma organização cuja mentalidade é voltada para a eficácia.

Mentalidade de Crescimento

As organizações com a intenção de uma mentalidade de crescimento recompensam aqueles que estão constantemente crescendo e aprendendo. Elas querem que a organização se dedique a maximizar o potencial humano. Todo fun-

---

* "Unboss": trata-se de um conceito que implica um líder que serve ao seu time, ajudando a eliminar barreiras, liberar o potencial das pessoas, compor times eficientes a partir da diversidade e empoderá-lo. (N. da T.)

cionário precisa se comprometer a desenvolver uma mentalidade construtiva através da sua própria trilha de aprendizado, de modo que a organização em si esteja sempre em processo de aprendizagem. Elas são frequentemente orientadas a um propósito, ajudando seus membros a compreenderem e apoiarem os seus valores, já que estes correspondem à própria mentalidade individual de cada um em relação ao propósito. Organizações orientadas ao crescimento trabalham para acolher a pessoa como um todo, comprometendo-se não apenas com o bem-estar, mas com a atenção plena e outras práticas destinadas a encorajar a prosperidade. Essas organizações também costumam valorizar a inovação, incentivando as pessoas a gerarem ideias radicalmente novas e a assumir novos riscos. Elas geralmente encorajam o *moonshot thinking*[*] e uma "mentalidade 10×", de modo que os trabalhadores cocriem produtos e serviços que sejam de dez a cem vezes mais rápidos/melhores/mais baratos do que as alternativas existentes.

Pedi a Adam Grant, autor best-seller de livros como *Pense de Novo*[4] e apresentador do popular podcast *WorkLife*, para que descrevesse a única e mais importante mentalidade que deve ser incentivada em toda a organização. Ele respondeu sem qualquer hesitação: "Construa uma organização que queira aprender. Substitua o 'não é assim que fazemos por aqui' e o 'isso nunca funcionaria', por 'O que será que aconteceria se...'."

Lisa Kay Solomon, autora de *Planeje Melhor Seu Negócio*[5] (Editora Alta Books), chama a mentalidade de crescimento de ponta a ponta de "aprendizagem full stack", infundindo processos de aprendizagem em praticamente todos os aspectos do trabalho na organização.

A gigante farmacêutica Novartis é um bom exemplo de empresa comprometida com uma mentalidade de crescimento. Vamos ouvir seu chefe global de talentos, Markus Graf, no Capítulo 4.

Mentalidade de Envolvimento

As organizações dotadas de uma mentalidade de envolvimento são centradas no ser humano. Elas querem que todos na organização tratem seus colegas de trabalho com empatia, decência e integridade, das formas mais diversas e inclusivas possíveis. Elas infundem diversidade em todos os seus principais

---

[*] O *moonshot thinking* é um método de pensamento no qual as pessoas da organização se propõem a, metaforicamente, dar um "tiro na Lua"; apresentar soluções não ortodoxas para situações complexas e de ampla escala. (N. da T.)

processos de pessoal, desde como imaginam as funções de trabalho até como contratam, conectam as pessoas a oportunidades de trabalho, desenvolvem e promovem pessoas. Elas se comprometem com a equidade nas dinâmicas de poder, desde as formas como as pessoas são remuneradas, até quais perspectivas são procuradas para abordar questões-chave. Além disso, permanecem cientes e deliberadas em relação à inclusão, desde decisões sobre quem estará envolvido nas reuniões, até como as vozes dos stakeholders serão incluídas nos produtos e serviços. Muitas corporações beneficentes, fundações e organizações sem fins lucrativos e não governamentais (ONGs) pensam em si mesmas como organizações que priorizam o envolvimento acima de tudo.

A Ultranauts, empresa de testes de software e sites, é uma organização que foi projetada desde o início com uma mentalidade de envolvimento. No Capítulo 7, você aprenderá com eles sobre como isso pode ser feito por uma empresa com fins lucrativos, ao fazer da sua autêntica filosofia de envolvimento *a sua razão de ser altamente competitiva e conseguir gerar lucros.*

Mentalidade de Alinhamento

Organizações focadas no alinhamento como mentalidade-chave são autenticamente comprometidas com estratégias que cumprem a missão e a visão da empresa. Elas também usam mecanismos como OKRs para garantir que os projetos e a produção do funcionário estejam ligados à estratégia, mas têm processos que garantem que suas equipes, frequentemente distribuídas, permaneçam conectadas e alinhadas em todas as fases do projeto. São também frequentemente obcecadas pelo cliente, incentivando os funcionários a acordarem pensando sobre novas maneiras de deixar os stakeholders felizes. Elas podem ser incessantemente colaborativas e costumam ser as melhores no gerenciamento de suas redes de trabalho distribuídas, porque assumem o compromisso de manter conexões contínuas entre seus funcionários, suas equipes e seu propósito.

Penso na Asana, a desenvolvedora de software de colaboração para grupos de trabalho, como a empresa do "motor de alinhamento". Seu diretor de operações, Chris Farinacci, oferecerá, mais adiante, uma variedade de insights sobre alinhamento bottom-up e em escala.

Vale lembrar que as quatro principais Próximas Regras não são mutuamente excludentes; você pode e deve encorajar todas essas mentalidades. No entanto, uma das etapas cruciais na implementação da mudança de mentalidade (consulte a Abordagem da Espiral para Cima, na Figura 3.1) é saber definir prioridades. Você não pode ser tudo para todas as pessoas. Se o propósito, a visão e a missão de sua organização forem autênticos e consistentes, você saberá quais devem ser suas prioridades de mentalidade.

Quando Você Precisa de uma Mudança de Mentalidade em Sua Organização: O Grande Reset

Até o início de 2020, a narrativa global para mudanças descontínuas vinha do fluxo constante de manchetes sobre tecnologias disruptivas transformando indústrias, dizimando empregos e alterando drasticamente os trabalhos que a tecnologia ainda não havia destruído.

Então, veio um vírus.

Muitas organizações dotadas de uma mentalidade orientada para as Regras Antigas de repente se perceberam em uma desvantagem tremenda. Eles não haviam investido na transformação digital e tiveram que se esforçar para adquirir as tecnologias necessárias para manter sua força de trabalho se comunicando. Suas hierarquias rígidas as impediam de redistribuir facilmente o trabalho. Seus processos de contratação centrados no modelo dentro da caixa tornaram desafiador encontrar novos conjuntos de habilidades. Seus investimentos em sedes corporativas enormes dentro de áreas urbanas deixaram-nas com ativos extremamente subutilizados.

Se eu tivesse dito a você, em janeiro de 2020, que você precisaria preparar sua organização com uma nova mentalidade para lidar com o ritmo e a escala das mudanças, você até poderia ter concordado, mas sentiria pouca urgência em catalisar uma mudança significativa na sua organização. Esta é uma resposta totalmente humana. Muitas vezes, não importa o quanto os estrategistas apontem para os riscos de uma disrupção iminente. Nós sabemos que recessos econômicos, o surgimento de tecnologias e concorrentes disruptivos, um clima anormal, as guerras e o terrorismo podem, todos eles, ter um impacto significativo sobre indivíduos, organizações, indústrias, comunidades e economias. No entanto, conforme esses eventos sísmicos continuam a nos atingir como as ondas de um mar revolto na praia, menos temos a oportunidade de nos recuperar e de nos preparar para os próximos.

O matemático e autor Nassim Nicholas Taleb chama esses eventos de "cisnes negros"[6] — eventos aparentemente imprevisíveis que apertam o botão de reset para indústrias, organizações e vidas humanas. O que ficou claro nas últimas décadas é que, embora a fonte e o momento exatos dos cisnes negros sejam difíceis de prever, a probabilidade de que algum evento disruptivo venha a ocorrer está se tornando cada vez mais previsível.

Como a resposta global à pandemia moderna começou encerrando atividades de setores inteiros e trabalhos humanos em todo o planeta no início de 2020, eu resolvi olhar para trás, para os golpes que nossas economias e sociedades sofreram anteriormente, a exemplo da Grande Recessão. Percebi, então, que cada um deles parecia seguir três etapas: uma inicial, "penhasco abaixo", com 100% de incerteza; uma segunda, "tatear no fundo do penhasco", que parecia um gráfico variável de atividades econômicas intermitentes; e uma eventual etapa de "recuperação".

No final de março, escrevi o artigo "Welcome to The Great Reset" ["Bem-vindo ao Grande Reset", em tradução livre][7], que foi postado no site Techonomy.com no início de abril e que apontava para um impacto colossal no trabalho, nas organizações e nas comunidades, sugerindo estratégias para "aplainar a queda" da perda de empregos e negócios. Alguns meses depois, o Fórum Econômico Mundial (FEM) escolheu "O Grande Reset" como o tema do ano, e o fundador do FEM, Klaus Schwab, coescreveu um livro[8] com esse mesmo nome (uma coincidência feliz, certamente).

Aqueles que lideram suas organizações precisam tratar a pandemia como um alerta. Hoje, é um vírus. Amanhã, será uma tecnologia e um modelo de negócios de um concorrente que pode vir a atrapalhar todo o seu negócio — a Uber, a Amazon ou o Google do seu setor. Ou uma tecnologia inovadora, como a inteligência geral artificial, a computação quântica ou a fusão nuclear, que afetará economias inteiras. Quem sabe uma próxima pandemia.

Você não precisa de nenhum ímpeto novo para catalisar mudanças significativas em sua organização. A combinação da crise global de saúde com os golpes recorrentes nas indústrias e nas economias ao redor do mundo deveriam constituir exemplos suficientes para servir de alerta para que sua organização cocrie sua Próxima Mentalidade, seu Próximo Conjunto de Habilidades e seu Próximo Conjunto de Ferramentas.

Como Catalisar uma Mudança de Mentalidade?

Uma das perguntas mais recorrentes que ouço é: você realmente pode encabeçar uma mudança de mentalidade em grande escala em uma organização? É possível, de fato, mudar a cultura de uma organização de forma que os novos valores e comportamentos sejam praticados por todos?

A resposta é: sim, mas...

No passado, uma Organização das Regras Antigas contrataria uma empresa de consultoria para articular um conjunto de "valores corporativos" definidos em um workshop por um pequeno número de "altos" executivos, provavelmente em um retiro externo. O consultor, então, conduziria mais alguns workshops com a "gerência" para promover esses novos valores. Essa lista seria colocada na parede do refeitório e seria constantemente citada pelos gerentes de contratação e consultores de RH.

No entanto, as pessoas que lideram a organização teriam pouco incentivo para mudar de comportamento. Afinal, os antigos comportamentos os ajudaram a obter o nível de sucesso que a organização tem hoje. Por que deveriam mudar? Mudar é difícil. Pode machucar. Além disso, nada mudou em termos de sua própria remuneração ou de novas oportunidades. Que incentivos os "líderes" têm para mudar? E se aqueles que lideram não o fizerem, por que mais alguém deveria fazê-lo? Apenas abaixe a cabeça, mencione essa lista de valores da boca para fora, e um novo CEO acabará aparecendo para dar início ao próximo baile de mudanças de cultura.

Também existem muitas barreiras para as mudanças de comportamento individual. Pessoas que acreditam ser adequadamente eficazes em seus trabalhos atuais, muitas vezes, não estão imediatamente abertas a esse tipo de mudança. Quando a oportunidade para uma mudança de mentalidade é introduzida, há uma mensagem, explícita ou implícita, de que a maneira antiga de se fazer as coisas perdeu validade — o que significa, é claro, que aqueles que são melhores nisso de repente estão errados.

"Você está introduzindo um patógeno no ambiente corporativo", diz Samantha Liscio, diretora de tecnologia e inovação do Workplace Safety and Insurance Board do Canadá e CIO do ano para o setor público desse mesmo país, em 2020. "Todos os anticorpos querem se livrar disso."

Que tipos de estratégia, então, são de fato eficazes para mudar a mentalidade de uma organização? Existem três escolas de pensamento e prática: estratégia de ponta, estratégia incremental e estratégia central:

- **Estratégia de ponta:** John Hagel, ex-copresidente do Center for the Edge da Deloitte & Touche e atual fundador da Beyond Our Edge LLC, possui amplos dados e experiência que mostram o quão desafiador é catalisar a mudança cultural no cerne de uma organização. John sabe que poucos dos que lideram nas organizações se disponibilizam a mudar seu próprio comportamento, o que torna quase impossível fazer com que outros na organização se disponibilizem. A recomendação de John é seguir uma "estratégia de ponta". Comece uma nova iniciativa ou divisão composta de pessoas selecionadas ou que selecionaram a si mesmas por já estarem alinhadas com a nova mentalidade. Especialmente se houver alguma dúvida referente à dedicação de quem dirige a organização para essa iniciativa, uma estratégia de ponta, com foco em transformar uma parte da organização que está muito fora da área central de enfoque, pode se revelar necessária. Aumente essas iniciativas de ponta rapidamente, e elas terão o potencial de tomar o resto da organização.

- **Estratégia central incremental:** Outra abordagem para a mudança de mentalidade é escolher um ou mais grupos influentes no núcleo da organização e focar a mudança de comportamento para esse grupo específico. Valendo-se de ferramentas digitais, a mentalidade e os comportamentos desejados devem ser explicitados para trabalhadores e equipes, os incentivos devem ser implementados e os mecanismos de monitoramento utilizados para ajudar as pessoas a perceberem seu progresso. Novamente, este tipo de abordagem pode ser mais apropriado se quem lidera a organização não estiver comprometido com sua própria mudança de comportamento. Ou pode ser que haja um problema tático para solucionar com um grupo, divisão ou subsidiário específico.

- **Estratégia central em larga escala:** Se você acredita que quem lidera a organização pode assumir o compromisso apropriado, uma transformação generalizada pode ser, de fato, possível. Satya Nadella, CEO da Microsoft, foi capaz de adotar a famosa cultura competitiva da empresa e catalisar uma iniciativa transformadora para promover uma mentalidade de crescimento. Como o próprio Nadella já tinha uma mentalidade construtiva, ele foi capaz de incorporar essa abordagem de forma autêntica e consistente.

Claro, para a maioria das pessoas, é tudo ou nada, e então elas querem tentar uma mudança de mentalidade em grande escala. Na maioria das vezes, no entanto, essas iniciativas centrais infelizmente falham.

A CULTURA ORGANIZACIONAL É SUA PRÓPRIA MENTALIDADE

Em 2019, o i4cp — Institute for Corporate Performance — conduziu um estudo[9] com mais de 7 mil profissionais globais, dos quais cerca de dois terços estiveram envolvidos em algum tipo de iniciativa de transformação cultural. Os resultados foram, é claro, desanimadores, com os entrevistados relatando uma taxa de falha de 85%.

Imagine ter de catalisar uma iniciativa que você sabe que falha em dezessete a cada vinte vezes. Talvez você já tenha feito isso e visto o quão desafiador pode ser.

As culturas se solidificam e calcificam com o tempo. Existem muitas razões humanas para isso, dentre as quais boa parte resulta do casamento mental do "dilema do inovador" com uma mentalidade fixa. Uma organização bem-sucedida incentiva comportamentos que supõe terem contribuído para esse sucesso, seja esta correlação verdadeira ou não. E, para muitas pessoas, a mudança de comportamento requer uma quantidade excepcional de trabalho e dedicação.

Existe esperança. Ao acompanhar as práticas dos 15% de organizações que afirmam ter sido, *de fato*, bem-sucedidas em seus esforços, a i4cp afirmou que a transformação é possível. Mas a organização sugere uma mentalidade diferente em relação a esse processo: em vez de "transformação", é melhor falarmos em "reforma".

Para mim, particularmente, isso soa como um reality show de construção de casas. Prefiro o termo "jornada", porque não conheço nenhuma mudança cultural que não seja caracterizada por um trabalho contínuo, ou seja, sempre em andamento. Mas pode ser que você sinta que "reforma" é uma metáfora apropriada para a sua organização (especialmente se incluir uma reformulação da arquitetura do local de trabalho).

Seja o que for — transformação, reforma ou jornada —, o objetivo em qualquer mudança de mentalidade não é a "conformidade", que nada mais é que um rótulo emocional codificado que implica penalidades para aqueles que não estão se adequando. Não se trata de um controle da mente ou de um mandato para o pensamento de grupo. Catalisar com sucesso uma transformação de mentalidade é um processo de cocriação que ajuda pessoas em toda a organização a verem os desafios criados pelas antigas maneiras de se fazer as coisas, chegarem a um acordo sobre os objetivos da transformação e, então, aderirem de boa vontade a isso, não apenas para se tornarem parte do processo, mas para ajudarem a impulsioná-lo.

Quem Deve Catalisar a Mudança de Mentalidade?

Uma das maiores barreiras para catalisar a mudança é a potencial falta de comprometimento da equipe que lidera a organização. Poucos estão dispostos a se comprometer frequentemente com o tempo e a consistência comportamental necessários para desencadear uma mudança de mentalidade sustentável em grande escala. Se você é um executivo influente na organização e deseja catalisar uma nova mentalidade, sua própria mentalidade e seu comportamento devem mudar primeiro. Além disso, você deve envolver uma variedade de outras pessoas na organização, com um cuidado especial para escolher aqueles que o ajudarão a liderar a empreitada.

Quem deve liderar? Eu fiz essa pergunta para todos na "diretoria" — diretores-executivos, de RH, de operações, de inovação e de informação. Quem se encontra na melhor posição para catalisar uma mudança de mentalidade na organização?

Recebi três respostas consistentes.

Em primeiro lugar, não resta qualquer dúvida de que o promotor da iniciativa deva ser o CEO ou outro executivo líder da organização, divisão ou departamento. Essa pessoa deve estar pessoalmente comprometida a participar do programa e exibir a mentalidade e os comportamentos com os quais eles e outros executivos importantes se comprometeram. Esse executivo também precisa dar a cara a tapa com a organização, comprometendo-se com aquilo que pode vir a ser um custo financeiro substancial para um bom treinamento e uma reformulação das funções de trabalho, bem como dando cobertura para o conselho de administração, os investidores e quaisquer outros com o poder de desafiar o investimento de tempo e dinheiro.

Em segundo lugar, todos aqueles que trabalham diretamente com esse executivo líder também devem estar comprometidos com o programa e demonstrar suas próprias mudanças de comportamento. Ao se responsabilizarem entre si por essa mudança *e também o principal executivo envolvido*, eles estarão enviando os sinais mais fortes possíveis para o resto da organização.

Por fim, se a função dos envolvidos estiver fora dessa equipe de executivos líderes, a pessoa encarregada de liderar a iniciativa deve ter acesso irrestrito à equipe executiva principal, além da capacidade de alavancar um envolvimento coletivo para reforçar a participação e o compromisso.

A função dessa pessoa na organização pode variar amplamente. Às vezes, trata-se do diretor de recursos humanos (CHRO) ou de outro líder executi-

A CULTURA ORGANIZACIONAL É SUA PRÓPRIA MENTALIDADE

vo de RH que pode influenciar nas suas políticas e práticas. Em outras ocasiões, pode ser o diretor de inovação, que pode alavancar o desenvolvimento de novos produtos para montar equipes ágeis, que possam adotar a Próxima Mentalidade mais rapidamente.

E, às vezes. é o diretor de aprendizagem (CLO). Por estar frequentemente comprometido com o desenvolvimento de cada funcionário da organização, o CLO tem um alcance amplo. Muitas vezes, há um orçamento para aprendizagem e desenvolvimento, especialmente para conjuntos de habilidades considerados difíceis de contratar, de forma que o CLO já tem experiência em direcionar fundos para iniciativas de mudança. Além disso, ele pode ter credibilidade com os líderes executivos da organização, especialmente se estiver dentro de suas atribuições a obtenção e o direcionamento de recursos de coaching para esses executivos que lideram.

Seja o CHRO, o CLO ou outra pessoa com um título C, eles só podem obter sucesso com o apoio inflexível do CEO e de outros ocupantes da C-Suite (ou C-Level) — e, é claro, o orçamento para fazer isso acontecer.

ESTUDO DE CASO

Mudança de Mentalidade por Meio do "Unbossing": Novartis

Markus Graf é o chefe global de talentos da Novartis, uma empresa farmacêutica de 110 mil funcionários com sede em Basileia, na Suíça. A missão declarada da empresa é "reimaginar a medicina para estender e melhorar a vida das pessoas".

"Unbossing" é a iniciativa da empresa para desenvolver líderes autoconscientes e inclusivos em toda a organização, que sejam capazes de capacitar suas equipes criando clareza e responsabilidade, removendo obstáculos e capacitando e apoiando outros para alcançar seu pleno potencial. Seu programa, "Unbossed Leadership Experience" ["Experiência de Liderança sem Chefes", em tradução livre] conduz os funcionários por uma jornada de crescimento pessoal, possibilitando mudanças de comportamento e autoconsciência em relação a como os outros os veem e como cada um, enquanto líder, pode causar um impacto diferente nos outros por meio de seu trabalho cotidiano.

A Novartis também introduziu uma política de flexibilidade que eles chamam de "Choice with Responsability" ["Escolhas com Responsabilidade", em tradução livre] e que muda o foco da responsabilidade de ser "aprovado pelo gerente" para "informar o gerente", capacitando os trabalhadores a escolher como, onde e quando trabalhar. O objetivo pretendido pela Novartis é que todos se sintam capazes de dar o melhor de si no trabalho e em casa, além de se comprometer a apoiá-los e capacitá-los a serem inspirados, curiosos e *unbossed* — ou seja, empoderados. A Novartis vê a pandemia global como um processo de aceleração da sua necessidade organizacional de explorar novos modelos de trabalho, já que seus trabalhadores expressaram um forte desejo por mais flexibilidade em relação a como, onde e quando trabalham.

A escala desse processo é impressionante. Markus diz que o CEO assinou um compromisso financeiro substancial para treinar todos os funcionários, e os trezentos principais executivos da organização estão a bordo rumo à nova mentalidade. "Temos cerca de 20 mil gerentes-modelo para a mudança que buscamos", disse Markus. Ele diz que a empresa monitora seus esforços em tempo real por meio de parâmetros como a pontuação de engajamento dos funcionários e que até agora estes se encontram bem acima dos padrões do setor.

Para quem quer que seja escolhido ou se voluntarie para liderar uma transformação de mentalidade, é importante garantir que eles tenham um mandato de longo prazo e recursos para obter sucesso. No entanto, uma iniciativa de alinhamento de mentalidades também precisa ser dividida em etapas de curto prazo para que o progresso possa ser visível a todo tempo.

Insights para um Alinhamento de Mentalidades Bem-sucedido

Quando o i4cp olhou para as práticas daqueles 15% que afirmaram ter sido bem-sucedidos, três etapas principais altamente correlacionadas com o sucesso se destacaram — planejar, construir e manter — e, dentro dessas etapas, encontrou-se um total de dezoito ações que contribuíam consistentemente para resultados positivos. *Planejar* inclui um levantamento para entender que tipo de cultura você realmente possui, o compromisso por parte daqueles que lideram a organização, e conseguir chegar a um acordo sobre o que essa transformação precisa ser. *Construir* inclui contar histórias, além do envolvimento das pessoas influentes. Por fim, *manter* requer a adaptação de processos já existentes, de forma a alinhá-los com a mentalidade desejada.

Por exemplo: a gestão do desempenho, que eu agrupo de acordo com as regras de eficiência, deve estar alinhada com a nova mentalidade esperada. Se você não mudar o contexto das conversas sobre a eficiência relacionada

A CULTURA ORGANIZACIONAL É SUA PRÓPRIA MENTALIDADE

ao trabalho, e se não apoiar esses acordos com incentivos e compensações apropriados para reforçar o comportamento, é provável que muito pouco mude em escala.

Surpreendentemente, quatro em cada cinco empresas que relataram "reformas" bem-sucedidas afirmaram que o CEO se comprometeu com os recursos e o tempo necessários e inspirou os novos comportamentos embutidos no plano. Veja bem, eu não sou o maior fã de narrativas *à la* "CEO como herói". No entanto, como sabemos por nossas próprias experiências familiares, se não observarmos um comportamento autêntico naqueles que inspiram nossas próprias atitudes e comportamentos, haverá uma fraca consolidação das nossas próprias mudanças.

Você pode encontrar uma discussão completa das técnicas presentes nos estudos realizados pelo i4cp no livro *Culture Renovation*[10] ["Reforma Cultural", em tradução livre], de Kevin Oakes, CEO e cofundador do i4cp. Outro grande recurso é o livro de Charlene Li sobre transformações organizacionais, *Mindset da Disrupção*[11] (Editora Alta Books). Charlene destaca a diferença entre organizações que têm uma "cultura presa" e aquelas com uma "cultura de fluxo". Ela também aponta para a necessidade de se criar uma base de confiança em toda a organização, que realmente conduza uma transformação da mentalidade.

ESTUDO DE CASO

A Jornada de Transformação Cultural da Microsoft

Em 2014, poucos especialistas da indústria deram à Microsoft qualquer chance de desenvolver uma transformação cultural de seus 128 mil funcionários. O muito elogiado lançamento do Windows 8 havia entrado em colapso, e a cultura herdada da era Steve Ballmer foi construída com base na contenção e na competição interna. A Apple, a principal concorrente, estava em ascensão como uma empresa inovadora. (Eu não tenho apreço por números de capitalização de mercado, porque o preço de uma ação é uma forma míope de julgar o sucesso de uma organização. Todavia, basta dizer que os acionistas da época gostavam muito mais da Apple do que da Microsoft.) No novo paradigma crítico da computação em nuvem, a Amazon tinha uma posição dominante, com 27% de participação no mercado, enquanto a Microsoft tinha 10%.[12]

O novo CEO, Satya Nadella, tinha uma tarefa gigantesca pela frente. E ele decidiu que precisava renovar sua cultura. Como detalha em seu livro, *Aperte o F5*[13],

Nadella estabeleceu rapidamente uma jornada de transformação cultural para a empresa, que afirmou ter começado com ele.

No final de 2020, a Microsoft praticamente dobrou sua participação no mercado da computação em nuvem para mais de 19%, enquanto a Amazon continuou a aumentar a sua própria, chegando aos 32%.[14] No início de 2021, Nadella anunciou que a receita da empresa havia aumentado em 17%, em relação ao trimestre anterior, e o lucro havia subido para impressionantes 33%.

Por que a Microsoft é um exemplo tão importante? Por uma questão de escala e ritmo. Há pouquíssimos exemplos de grandes organizações que realizaram mudanças de mentalidade bem-sucedidas em um período de tempo comparativamente curto.

Supondo que você catalisará esta jornada, quais etapas deve seguir? Quer você decida por uma estratégia de ponta, incremental ou de larga escala, aqui estão as etapas comuns que descobri ao analisar diferentes modelos de transformação organizacional:

- **Inventário:** Qual é a mentalidade atual da organização? Quais são suas âncoras culturais? Que comportamentos são incentivados e quais são desencorajados? Quão consistentes são esses comportamentos em toda a organização? Quais subculturas existem e onde e como elas diferem umas das outras? Realizar um inventário não é um exercício de design. É um processo para determinar o que de fato existe atualmente.

- **Ímpeto:** O que está gerando a necessidade de uma mudança de mentalidade? Embora possa ser tentador utilizar uma narrativa baseada em ameaças — "Nossos concorrentes comerão nosso almoço se não comermos o deles antes" —, pense, em vez disso, em uma narrativa positiva, que consiga empolgar as pessoas em relação a oportunidades futuras. Como você pode tornar esse possível futuro em algo tangível, para que seja visto por todos dentro da organização como algo profundamente relevante para seu sucesso no futuro?

- **Visualização:** Qual é a mentalidade que você e outros stakeholders acreditam que a organização deveria ter? Como essa mentalidade e os comportamentos relacionados a ela estão ligados ao propósito, à visão e à missão da organização? Este processo de cocriação deve ser colaborativo, envolvendo não apenas quem lidera em toda a organização, mas também trabalhadores da linha de montagem, clientes e parceiros. Use o design thinking ou um conjunto de ferramentas semelhante para garantir um início do processo de visualização com empatia. E certifique-se de usar este exercício como uma oportunidade para determinar se você precisa modificar as declarações da organização sobre seu propósito, visão e missão.

- **Priorizar:** Nenhuma organização pode ser excelente em todos os aspectos. Qual seria a lista mais curta de mentalidades, comportamentos e valores que permitiria à organização atingir seu propósito? Se você riscar os tópicos de alta prioridade dessa lista, é provável que obtenha os resultados que deseja?

- **Protótipos:** Qual é a menor coisa que você pode fazer para testar sua hipótese para a próxima mentalidade? Já existem partes da organização que exibem a mentalidade para a qual você está trabalhando e que você poderia usar como um exemplo icônico? Teste seu modelo de mentalidade por alguns dias ou semanas com um ou mais grupos pequenos, avaliando se a sua abordagem realmente altera a mentalidade. Não pergunte o que as pessoas acham, simplesmente. Observe o que elas fazem.

- **Compromisso:** Aqueles que são vistos como líderes da organização devem dar os primeiros passos ao incorporar a Próxima Mentalidade por meio de seus próprios comportamentos e comunicações, de forma consistente e autêntica. Eles devem se mostrar vulneráveis e transparentes em relação aos seus esforços. Isto é extremamente difícil. Permita que os outros vejam seus esforços.

- **Comunicação:** Coloque todos no mesmo ponto através de uma comunicação ininterrupta. Escreva um manifesto. Desenvolva narrativas interessantes e convincentes.

Em seu livro, *The Journey Beyond Fear: Leverage the three pillars of positivity to build your success* [15] ["Jornada Além do Medo: Alavanque os três pilares de positividade para construir seu sucesso", em tradução livre], John Hagel faz a distinção entre narrativa (uma visão que não tem conclusão) e contar histórias (com um começo, meio e fim). A organização precisa de uma narrativa autêntica sobre *a razão* de estar passando por uma transformação. Exemplos de clientes icônicos e outros stakeholders, histórias sobre funcionários que encarnam a Próxima Mentalidade, e narrativas sobre a missão e a visão da organização são o alimento para a iniciativa. Além disso, rituais autênticos, como o reconhecimento por conquistas inovadoras e por um desenvolvimento pessoal significativo, são necessários para enviar fortes indícios para os outros sobre a necessidade de novas formas de se pensar e agir.

ESTUDO DE CASO

O Manifesto da Sua Mentalidade: Aprendendo com a Avito

Em 2020, a Avito era a principal plataforma de "mercado secundário" na Rússia, com mercados online que permitiam que outras empresas revendessem de tudo, de carros a empregos. Uma subsidiária do Grupo OLX de classificados globais, que por sua vez é uma subsidiária da Naspers, gigante do varejo holandês, a Avito vem oferecendo novos serviços de forma consistente, o que consolidou sua posição de líder de mercado. Com 2.500 funcionários e 400 milhões de dólares em vendas anuais, qualquer análise objetiva diria que se trata de uma empresa ágil e adaptável.

Mesmo assim, o CEO da Avito, Vladimir Pravdivy, não estava satisfeito.

Vladimir encarregou sua equipe de criar um manifesto que descrevesse o tipo de transformação de mentalidade que eles esperavam catalisar. Eis uma empresa que, em muitos aspectos, já era uma Próxima Organização. Ela já era líder em sua área de atuação. Já era fortemente digital em seus produtos e processos. Já vinha movendo-se no mercado para adicionar mais serviços às suas ofertas de transações.

No entanto, ela também apresentava um foco persistente em continuar avançando. A empresa pretendia garantir que uma Próxima Mentalidade seria amplamente difundida por toda a organização e, assim, catalisou uma iniciativa de mudança cultural para garantir que encorajaria continuamente essa Mentalidade. Como você mesmo pode conferir se fizer o download do meu site [conteúdo em inglês], o manifesto responde a perguntas como: Que organização nós estamos construindo? Quais são os nossos valores? O que é um comportamento de liderança para nós? Que ambiente nós gostaríamos de criar?

Um dos seus indícios mais encorajadores foi o nível de comprometimento verificado nos relatórios diretos de Vladimir. No Capítulo 6, falarei sobre a incrível diversidade psicológica presente na equipe executiva da Avito. Eu poderia ter gasto horas explorando suas origens fascinantes. Basta dizer, no entanto, que não se trata daquele tipo de grupo executivo tradicional com MBA.

A CULTURA ORGANIZACIONAL É SUA PRÓPRIA MENTALIDADE

O manifesto da Avito é um excelente exemplo do tipo de declaração de mentalidade que os principais executivos precisam aprender a cocriar e comunicar em qualquer iniciativa de mudança cultural. Você pode encontrar um PDF do manifesto em gbolles.com/mindset [conteúdo em inglês], fornecido com permissão da Avito.

- **Ação:** Incentive ações específicas, de grupos específicos, para incorporar a nova mentalidade. Se sua jornada começar por um compromisso com um plano de aprendizagem por parte de todos os funcionários da organização, tenha uma equipe dos que lideram publicando seus próprios planos de aprendizagem e postando atualizações sobre seu progresso. Quando essa equipe seguir em frente, os indícios de reforço de comportamento irão se propagar por toda a organização.
- **Alinhamento:** Conduza workshops para ajudar as pessoas a praticarem a nova mentalidade e os novos comportamentos. Altere também os processos de contratação, integração, revisão e promoção para que fiquem alinhados. E, talvez o mais importante, garanta que os incentivos e a remuneração estejam alinhados aos novos valores, especialmente para os guias de equipe (que você pode chamar de gerentes) em toda a organização.
- **Medição:** Como você saberá se foi bem-sucedido? Que insights orientados por dados poderão ajudá-lo a acompanhar seu progresso? Inspecionar as atitudes é bom, mas, assim como na prototipagem, procure se concentrar no que as pessoas realmente têm feito. Certifique-se de que esses dados sejam mantidos à luz do dia, onde todos os stakeholders possam vê-los. Se precisar de sugestões, o i4cp mantém um "índice de cultura saudável" que você pode usar para fins de comparação.
- **Iteração:** Uma transformação de mentalidade bem-sucedida não é um exercício de gestão de mudanças. É um processo perpétuo, contínuo.

Pense nele como uma abordagem de "espiral ascendente". Na prática, geralmente não são etapas lineares: você desenvolverá seu próprio cenário com a sua equipe para determinar como a execução dessas etapas tomará forma.

Um aviso: se a sua organização for do tipo que passou por exercícios repetidos de "transformação", uma mudança de mentalidade em direção às Próximas Regras será vista como mais um processo inútil.

FIGURA 3.1 A Abordagem de Espiral Ascendente para a Mudança de Mentalidade

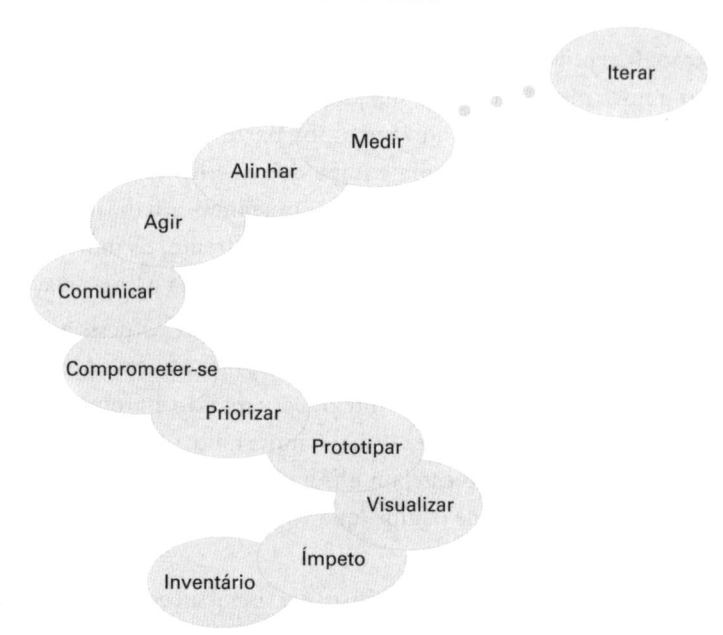

Iterar
Medir
Alinhar
Agir
Comunicar
Comprometer-se
Priorizar
Prototipar
Visualizar
Ímpeto
Inventário

FONTE © 2021 Charrette LLC. Usado com permissão.

Como o autor americano Charlton Ogburn Jr. escreveu uma vez[16]: "[Nós] tendemos... a enfrentar qualquer nova situação por intermédio de uma reorganização; este pode ser um método maravilhoso para criar a ilusão de progresso enquanto produz apenas confusão, ineficiência e desmoralização." Em vez disso, trate o seu processo de transformação como uma oportunidade para criar clareza, eficiência e reengajamento.

Correção: Talvez Alguém Possa Ajudar a Catalisar uma Transformação de Mentalidade

Os insights do i4cp deixam claro que pessoas que lideram nas organizações devem ser defensoras da mudança de mentalidade. Mas o que acontece se você não consegue o comprometimento dessas pessoas?

Resposta: inferir e responder.

Na longa história das estratégias de alinhamento organizacional, o ponto de inflexão moderno foi em 1990, quando a metodologia Balanced Scorecard (conhecida, no Brasil, como indicadores balanceados de desempenho) foi popularizada pelo professor Robert S. Kaplan, da Harvard Business School, e por David P. Norton, cofundador da consultoria de gestão Nolan-Norton. O balanced scorecard oferece um conjunto de parâmetros consistentes de desempenho em toda a organização, envolvendo todas as funções em seu desenvolvimento e acompanhamento. Eu estive envolvido em um projeto com a equipe do balanced scorecard quando fui o editor-chefe da *Network Computing Magazine* no início da década de 1990, trabalhando em estreita colaboração com empresas que utilizaram essa metodologia, como a Capital One, a gigante dos serviços financeiros. O que mais me impressionou foi a mentalidade que impulsionava a compreensão e a responsabilidade por alinhar e implementar a estratégia em toda a organização. Kaplan e Norton finalmente publicaram, em 2001, o livro *Organização Orientada para a Estratégia*[17] (Editora Alta Books), com estudos de caso detalhados de organizações que utilizaram essa abordagem.

Alguns anos depois, como consultor independente, fui solicitado pelo gerente da equipe de inovação de um pequeno banco para ajudar a elaborar os objetivos estratégicos e o plano para o ano subsequente. Sugeri, então, que utilizássemos o balanced scorecard e perguntei quais eram as metas estratégicas da organização. Sua resposta: ele não sabia.

Não era culpa dele: os objetivos estratégicos da organização nunca eram amplamente discutidos por toda a empresa. Como, no entanto, ele poderia definir os objetivos do seu grupo sem essa informação?

No projeto do scorecard, eu havia aprendido com a equipe do Capital One que uma de suas práticas culturais difundidas na época era a assim chamada "Inferir e Responder". Funcionava da seguinte forma:

> Você, enquanto líder de projeto, dependeria inevitavelmente de uma série de outras pessoas da organização.
>
> Às vezes, esses outros executivos estariam no meio do caminho do seu projeto: se você precisasse de algo deles, mas eles não correspondessem, seu projeto ficaria paralisado. Por exemplo: se dependesse de que alguém da contabilidade aprovasse o seu orçamento antes de você poder dar prosseguimento, e esse alguém não respondesse, você ficaria bloqueado.

A prática de "Inferir e Responder" permitiria, então, que você enviasse seu orçamento para o responsável pela tomada de decisões na contabilidade. Você poderia "inferir" para ele que considerava o orçamento justificável. Então, se ele não "respondesse" em uma semana, você seguiria em frente, agindo como se ele o tivesse autorizado. A cultura organizacional tornava esse tipo de ação assertiva em algo aceitável.

Uma semana se passou. Você notifica a contabilidade de que está tocando o projeto adiante, e faz isso como se tivesse recebido a aprovação.

Sugeri, então, que meu cliente utilizasse essa abordagem de "inferir e responder", para que pudesse realizar seu planejamento. Ele "inferiu" o que considerou serem os objetivos estratégicos da empresa para aquele ano, alinhou os objetivos do seu próprio grupo com objetivos aparentes da empresa e apresentou seu plano ao seu chefe.

Alguns meses depois, fui verificar com o meu cliente para ver como as coisas estavam indo, e ele me disse que eu deveria falar com o departamento de RH. Um executivo de RH me disse, então, que esse cliente havia apresentado o plano para o seu chefe, que imediatamente se perguntou: "Ora, quais são, *de fato*, as metas estratégicas da empresa?" A mesma pergunta foi subindo na cadeia alimentar, até que um alto executivo decidiu que se tratava de uma lacuna em toda a empresa. Assim, toda a organização implementou o processo de balanced scorecard para alcançar um alinhamento contínuo.

É por isso que eu dificilmente aceito quando alguém afirma ser "apenas uma engrenagem na máquina" ou que não tem nenhum poder dentro da organização. Claro, você provavelmente não tem *100%* do poder necessário para alcançar a mudança que deseja. Mas faça uso da porcentagem que de fato acredita ter e faça-o de uma forma envolvente e autêntica. É assim que mudanças são catalisadas: por alguém que lidera a partir de qualquer lugar dentro de uma organização.

Agora que nós exploramos as mudanças de mentalidade em toda a organização, é importante desconstruir como esse processo aparece a nível de base, tanto para indivíduos quanto para equipes. E, como você verá no próximo capítulo, há um elemento-chave na mudança de mentalidade que se encontra a nível pessoal: a mentalidade do solucionador de problemas.

4

A Mentalidade de Resolução de Problemas de Funcionários e Equipes

Você é um mecanismo de solucionar problemas. Isso é bom, porque o trabalho baseado nas Próximas Regras se tornará cada vez mais centrado em problemas e baseado em projetos.

Você resolve problemas por meio da sua *cognição*, um conjunto de funções mentais que o ajudam a processar informações e tomar decisões. E esses mecanismos cognitivos complexos, na verdade, são guiados por algumas motivações básicas. Quanto mais você conseguir entender suas próprias motivações, melhor poderá resolver os problemas desafiadores de hoje e amanhã. Você pode hackear sua própria cognição para se tornar um solucionador de problemas melhor — e também pode ensinar os outros a fazerem o mesmo.

Uma equipe nada mais é do que um grupo de solucionadores de problemas, com um determinado conjunto de características. E cada vez mais, a maneira pela qual você conseguirá novos solucionadores de problemas é fortalecendo o propósito da organização.

Momento Varinha Mágica

Eu faço um movimento com uma varinha mágica. De repente, você e eu encolhemos a um tamanho microscópico. Estamos prestes a embarcar em uma viagem de tirar o fôlego através do cérebro humano.

MENTALIDADE

Nossa viagem atravessa a medula espinhal, passando pelo tronco cerebral e chegando ao cérebro. Deste, a maior parte é o assim chamado encéfalo, e sua camada externa, o córtex cerebral, no qual realizamos nosso pensamento complexo. O lobo occipital processa informações visuais, enquanto o lobo temporal lida com som e linguagem. Próximo ao tronco cerebral está o tálamo, que diligentemente regula a nossa consciência, enquanto o hipotálamo coordena desde a glândula pituitária até o sistema endócrino, que por sua vez produz nossos hormônios.

A motivação positiva no trabalho pode vir das influências desses hormônios, *neurotransmissores* que reforçam os comportamentos conforme jorram pelo cérebro. A *dopamina*, por exemplo — pequenos choques de hormônios e neurotransmissores enviados ao longo de quatro vias principais no cérebro —, pode ser ativada quando temos uma meta que precisa ser alcançada, com a promessa de um jato extra quando a alcançarmos de fato. (Infelizmente, nós provavelmente também obtemos jatos de dopamina por meio de experiências tais como obter muitas "curtidas" nas redes sociais.) A *ocitocina* é acionada em ambientes de confiança, reforçando sentimentos de segurança. Trata-se de uma resposta de sobrevivência humana primitiva, que provavelmente nos dizia quando poderíamos baixar a guarda — por exemplo, assim que soubéssemos que um tigre-dente-de-sabre não poderia mais nos pegar. A *serotonina*, por sua vez, é desencadeada quando nos sentimos importantes; é possível observar isso quando os animais dominam um determinado recurso, a exemplo de se tornar o alfa em um grupo social (e provavelmente, também, quando dominamos outras pessoas em reuniões ou nas redes sociais). Já as *endorfinas* são acionadas quando sentimos estresse ou dor física, ou extrapolamos nossos limites físicos, gerando uma fonte de euforia semelhante à dos opioides. Essa resposta pode ser útil, por exemplo, quando você precisa ir além dos seus limites físicos, ficando acordado por noites inteiras para concluir um projeto.

Como o nosso tempo é limitado, infelizmente não poderemos viajar até a flora intestinal, que tem uma influência surpreendente sobre nossos processos mentais e comportamentos. Fica para a próxima.

Esse breve passeio pela parte física do cérebro é crucial para uma compreensão da mentalidade, já que as funções metafísicas da mente são desenvolvidas a partir das funções fisiológicas do cérebro. E é na mente que nós solucionamos problemas.

Você É um Ecossistema Complexo e Adaptável

Agora que voltamos aos nossos tamanhos normais, reserve alguns minutos para admirar a criatura que é você.

Você tem cerca de 30 trilhões de células em seu corpo. Cerca de 100 trilhões de bactérias[1] ocupam o ecossistema que é o seu microbioma — a legião de micróbios que habitam o seu corpo em uma simbiose complexa. Você também tem cerca de 86 bilhões de neurônios na sua cabeça, número que se aproxima das estimativas básicas para o número de estrelas que existem na nossa galáxia[2]. Seus olhos enxergam em uma resolução de cerca de 576 milhões de pixels[3], cerca de 70 vezes a densidade da tela de uma TV 4K. Seu corpo produz cerca de 50 hormônios que regulam uma ampla gama de funções mentais e corporais. E todos esses elementos interagem de maneiras complexas para permitir que sua mente funcione, determinando, portanto, como você se comporta, tanto no contexto do trabalho como na vida.

Desde o momento em que você nasceu, sua jovem mente em desenvolvimento trabalhou duro para tentar aprender mais a respeito do seu sistema adaptativo complexo e para processar as informações do mundo ao redor. Você teve que descobrir o que estava vendo, como as coisas eram chamadas e como elas funcionavam. Você saiu do ponto de ter outros humanos alimentando-o e trocando suas fraldas até aprender as regras para funcionar de maneira independente em um mundo complicado.

Ao longo do caminho, você fez tentativas. Cometeu erros. Não à toa, nós não chamamos isso de "tentativa e sucesso": chamamos de "tentativa e erro". Todos nós cometemos erros — *muitos* erros, quando jovens.

A boa notícia é que, enquanto crianças, cometemos erros, e está tudo bem. O nome disso é aprendizagem. Na verdade, de acordo com a minha neurocientista cognitiva favorita, especialista em inteligência artificial e autodenominada "cientista maluca profissional", Vivienne Ming, nós aprendemos melhor quando as coisas estão um pouco difíceis. Apenas à medida que envelhecemos e que os outros influenciam nossos sentimentos em relação aos erros, é que começamos a perder a mentalidade de "erro como aprendizagem" para substituí-la pela de "erro como falha".

Com o tempo, você interagiu cada vez mais com outras pessoas. Algumas delas — seus colegas — juntaram-se a você na sua jornada de aprendizagem, em um lugar chamado escola. Uma vez que todos nós estamos testando e aprendendo à medida que avançamos, você acabou descobrindo que resolver problemas e alcançar metas também pode ser um trabalho em equipe. Infelizmente, o que *não costuma* ser ensinado nas escolas é *como* solucionar problemas e como a sua cognição singular trabalha para ajudá-lo nisso.

Você, um Solucionador de Problemas

Nos outros capítulos, nós nos concentramos nas quatro Próximas Regras. Porém, já que a resolução de problemas e a *eficiência* são quesitos fundamentais, vamos passar a maior parte deste capítulo em uma série de insights para aprimorar nossas mentalidades de resolução de problemas e descobrir como obter solucionadores de problemas mais diversos na organização, especialmente aqueles que são motivados por algum propósito.

É claro que nem tudo na vida e no trabalho envolve solucionar problemas. Divertir-se geralmente não vem da necessidade de resolver um problema, a não ser garantir que você esteja se divertindo. Em um contexto de trabalho, no entanto, frequentemente há algum problema para ser resolvido. Se você simplesmente quer ser mais eficiente em seu próprio trabalho — ou se ajuda a orientar os esforços de uma equipe —, entender o funcionamento da sua mente pode ajudar a aprimorar sua capacidade de influenciar sua própria mentalidade, além de ajudar os outros a influenciarem as suas.

Esse funcionamento é conhecido como *cognição*. (E se eu pedir para a sua mente humana pensar sobre cognição, isso é chamado de *metacognição*. Parece um ciclo, não?)

Lembre-se de que, mecanicamente, o trabalho envolve apenas três coisas: nossas habilidades humanas aplicadas a tarefas para solucionar problemas. É por isso que as pessoas nos pagam e que nós pagamos os outros: para solucionar problemas. E é assim que criamos valor para os clientes da organização e outros stakeholders.

Se você trabalha em uma linha de produção, executando tarefas repetitivas, como montar um conjunto de componentes, você é um solucionador de problemas. Toda vez que você junta esses componentes, um problema é resolvido. E então vem o próximo. Se você tem uma função executiva de liderança, deve ajudar outros a resolverem desafios importantes, desde quem contratar até determinar como a organização gera lucros. Tomou a decisão? Problema resolvido.

Anos atrás, quando meu pai estava realizando as pesquisas para *De que Cor É o Seu Paraquedas?*, o manual mundial para carreiras duradouras, ele percebeu que as pessoas eram muito mais propensas a ser contratadas para um trabalho se elas se posicionassem como solucionadoras de problemas. Ele sugeriu, então, que aqueles que estivessem à procura de emprego conduzissem pesquisas extensas sobre a organização em que mais desejassem trabalhar, para que estivessem preparados para dizer à pessoa com o poder de contratar exatamente quais problemas eles entendiam que a organização estava enfrentando, e como eram as pessoas certas para ajudar a solucioná-los, quer uma vaga de emprego existisse ou não.

É por isso que a resolução de problemas é uma mentalidade tão fundamental para as Próximas Regras do Trabalho. É a chave para a *eficiência*, primeira habilidade central para as Próximas Regras. Todos nós queremos sentir que somos eficientes em nosso trabalho, porque isso ajuda a criar o valor para o qual cada um de nós está contribuindo e leva a muitas das recompensas que buscamos.

É Assim que a Sua Mente Resolve Problemas

Uma mentalidade dc resolução de problemas começa com a premissa, surpreendentemente óbvia, de que muitos problemas têm uma solução. Assim como ocorre com a analogia da montanha, no Capítulo 2, se você tiver a mentalidade de um escalador, estará mentalmente preparado para os problemas que virão ao seu encontro.

Quando você entra em uma sala com a mentalidade de um solucionador de problemas, está preparado com uma estrutura mental para lidar com potenciais desafios. A possibilidade de não ter, inicialmente, a quantidade ideal de informações, recursos ou tempo para resolver um problema não é intimidadora para você. (Essas são as três coisas que estão sempre ausentes em startups.) Sua mentalidade afirma que a primeira coisa a ser determinada é o problema, e só então as etapas mais eficazes para iterar em direção à sua solução.

Certamente, a mentalidade oposta também é óbvia e inevitável — se você acha que não pode resolver um problema, provavelmente tem razão quanto a isso.

Nosso guia ao longo das etapas de resolução de problemas da nossa cognição será Chaim Guggenheim, o ex-CEO do Feuerstein Institute em Jerusalém, Israel, e cofundador da startup de tecnologias educacionais Cognitas, que desenvolve treinamentos para pensar e aprender habilidades. O instituto se baseia no trabalho inovador do professor Reuven Feuerstein, um psicólogo que demonstrou que a inteligência é fluida e modificável, e que desenvolveu uma profunda compreensão dos mecanismos de "aprender a aprender", especialmente no contexto da resolução de problemas.

Baseando-se no trabalho do Feuerstein, Chaim aponta para quatro etapas ou fases que seguimos quando encontramos um problema ou concebemos um objetivo que sejam únicos. A seguir, temos o modelo de Chaim desses componentes cognitivos, que oferece algumas maneiras muito práticas de aprimorar a nossa mentalidade de resolução de problemas (veja a Figura 4.1).

Primeiro, há uma espécie de etapa de "pré-solução de problemas" que surge quando encontramos um novo problema e temos que decidir se vamos nos envolver com ele. Isso pode ser uma decisão de fração de segundo ou um processo mais complexo, que por si só pode ser um problema a ser resolvido. Descobrir que uma porta em um prédio desconhecido está trancada pode gerar indiferença, mas também pode ser uma barreira para algo que você realmente precisa fazer, como ir ao banheiro.

Depois de decidirmos nos envolver com o problema, precisamos coletar informações. Caso trate-se de um problema físico, bem diante dos nossos olhos, podemos ser capazes de coletar informações investigando-o minuciosamente. Se se tratar de um problema baseado em informações, pode ser que haja informações disponíveis o suficiente, como uma síntese por e-mail de um colega de trabalho, mas também pode ocorrer que precisemos coletá-las a partir de uma variedade de fontes para tentar entender o problema. Também verificaremos nossa memória para determinar se já encontramos esse problema antes e, se já resolvemos algum problema semelhante, poderemos avançar para aplicar essa solução.

Também tentamos garantir que estamos usando informações confiáveis e relevantes, fora do tsunami que inunda todos os nossos dias. É difícil fazer isso deliberada e completamente, mas trata-se do processo fundamental que cada um de nós deve realizar para poder desenvolver soluções precisas e eficazes.

Se for um problema novo, que nunca encontramos antes, o próximo passo é processar as informações coletadas. Utilizaremos habilidades flexíveis tais como definir, analisar, agrupar, comparar e sintetizar, de modo que possamos esculpir mentalmente as informações em alguma forma assimilável.

A terceira etapa pela qual a nossa cognição solucionadora de problemas passa é a de abstrair as informações. A maioria de nós não consegue manter uma grande quantidade de dados em nossa cabeça e, portanto, destilamos informações, criamos novas regras e conceitos, e vinculamos diferentes blocos de informação de maneiras úteis. Nós procuramos por padrões. Criamos hipóteses. Por fim, testamos essas hipóteses para ver se as informações coletadas as sustentam.

FIGURA 4.1 O Modelo de Cognição Cognitas

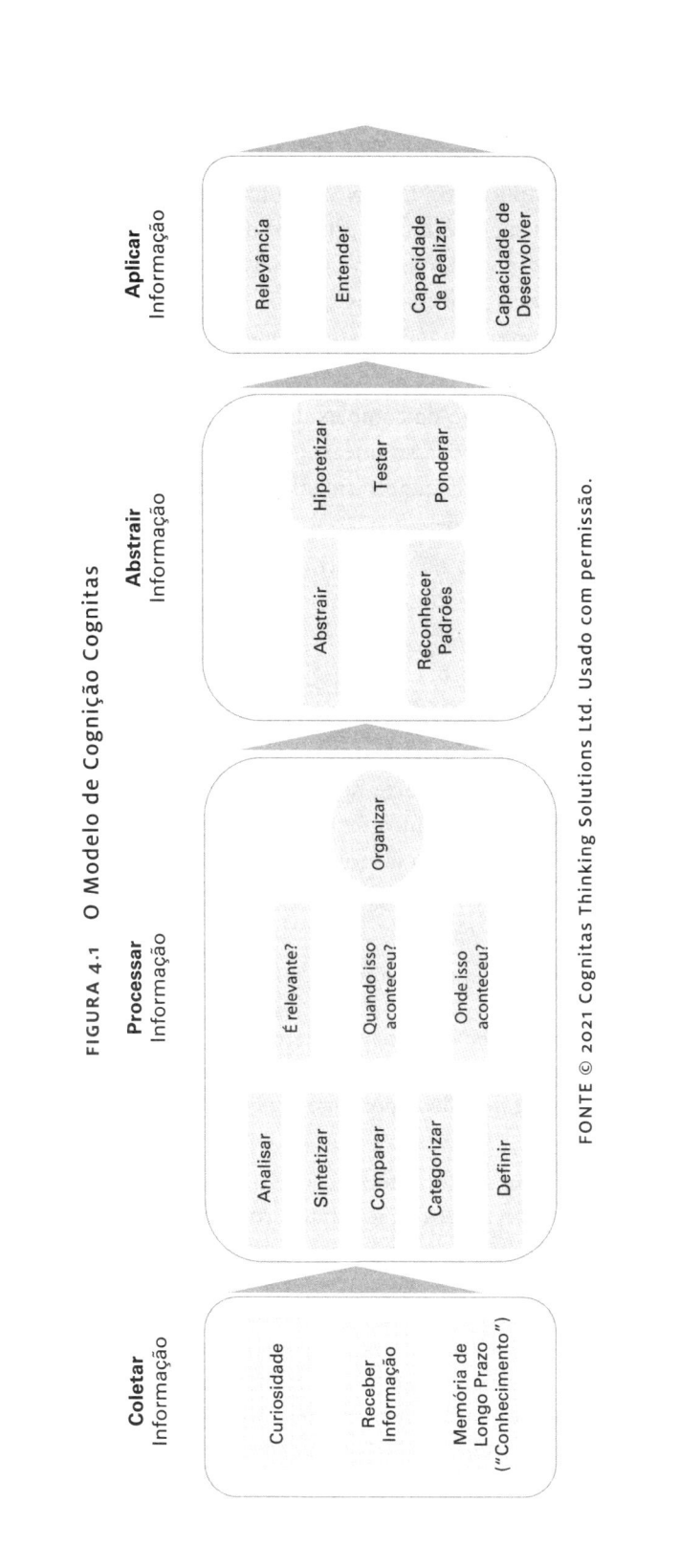

Coletar Informação
- Curiosidade
- Receber Informação
- Memória de Longo Prazo ("Conhecimento")

Processar Informação
- Analisar
- Sintetizar
- Comparar
- Categorizar
- Definir
- É relevante?
- Quando isso aconteceu?
- Onde isso aconteceu?
- Organizar

Abstrair Informação
- Abstrair
- Reconhecer Padrões
- Hipotetizar
- Testar
- Ponderar

Aplicar Informação
- Relevância
- Entender
- Capacidade de Realizar
- Capacidade de Desenvolver

FONTE © 2021 Cognitas Thinking Solutions Ltd. Usado com permissão.

Agora sim, estamos prontos para resolver o problema.

Finalmente, nós aplicamos nossos aprendizados, utilizando-os de forma realista e, de preferência, repetindo o processo de aprendizagem, para que possamos solidificar nossa compreensão em uma habilidade bem desenvolvida. E se quisermos que esse processo nos ajude a mudar nosso comportamento, precisamos nos perguntar: "Onde mais, no meu trabalho ou na minha vida, isso poderia se aplicar?"

Observe que, dependendo da complexidade do problema, isso não caracteriza necessariamente um processo linear, passo a passo. Continuaremos indo e voltando entre essas fases enquanto trabalhamos para entender o problema e desenvolver potenciais soluções.

O fundamental é estar ciente do processo, visando aprimorar e aperfeiçoar continuamente a capacidade de solucionar problemas e continuar trabalhando para alcançar a maestria que nos ajudará a solucionar desafios cada vez mais difíceis e complexos no futuro.

Na sua cabeça, todas essas funções trabalham juntas em um processo que se parece muito mais com uma rede do que com um mecanismo único de pensamento linear. Assim como ocorre no filme da Pixar, *Divertida Mente*, nós costumamos tomar decisões dentro de um processo em rede, com várias partes do cérebro contribuindo com informações e ímpeto, resultando, em última análise, em uma decisão (ou em uma decisão de *não* decidir, que também é uma decisão).

Vejamos um exemplo do mundo real:

Suponha que você soube que houve uma queda repentina no uso do seu produto ou serviço por parte dos clientes. Isso soa como um problema muito importante a ser resolvido e, portanto, é óbvio que é ele que você deseja resolver.

Primeiro, você precisa coletar informações para ver se consegue determinar sua causa. Como houve picos de uso antes, você tem algumas experiências armazenadas na memória de longo prazo que pode extrair para ajudar a orientar sua coleta de informações. Conforme você as coleta, começa também a processá-las e organizá-las, analisando várias formas de informação, tais como números brutos e gráficos; separando-as em categorias como comportamento do cliente e tendências econômicas gerais; determinando quais são relevantes e quais podem ser irrelevantes para o problema; adicionando rótulos como "confiável" e "questionável" a fontes de dados; sintetizando as fontes de informação em agrupamentos como "comportamento" e "disponibilidade do produto"; e comparando tudo isso com problemas anteriores semelhantes em seus bancos de memória.

Agora você está começando a trocar de marcha para **abstrair informação**. Parece haver um padrão de queda de uso por parte dos clientes em Nova York, Amsterdã e Dubai. O que há de semelhante nesses três locais? Você arrisca uma hipótese, indagando se há um problema com os servidores de computação em nuvem que os atendem. Você testa essa hipótese, mas não consegue encontrar nenhuma diferença nos dados; ponderando melhor, você passa a considerar a hipótese insustentável e acaba descartando-a. Você percorre uma dúzia de outras hipóteses. Algum concorrente lançou uma campanha de marketing? Pode haver motivos diferentes em cada local para essa queda? Você testa os dados que tem. Se uma das hipóteses for sustentada pelos dados — sim, ao que parece, um concorrente realizou uma grande campanha de marketing nesses três mercados, um mês antes do início das suas quedas —, você passa a reunir mais informações para poder compará-las com a hipótese.

Ok, agora você acha que entende o problema: trata-se da campanha de marketing de um concorrente. Você, então, **aplica essa informação** a uma solução nova, modelando o que seria necessário para fazer uma nova campanha de marketing. Você observa o seu orçamento, determina que pode pagar por isso e envia uma nota solicitando aprovação.

Na próxima vez que for confrontado com um grande problema em seu trabalho, seja descobrir por que um pedaço de software não está funcionando do jeito que você quer ou um problema social surgindo de uma dinâmica complexa entre um determinado grupo de pessoas, observe seu próprio *processo* para resolver isso, e não apenas a solução. Você abordou isso com a mentalidade de um solucionador de problemas, confiante de que descobriria uma solução? Quais etapas seguiu? Você poderia ter feito algo de forma diferente para coletar, processar, abstrair ou aplicar informações?

Você conseguiria ensinar essas mesmas etapas para outras pessoas?

Otimizando o Seu Mecanismo de Resolução de Problemas

Se a primeira solução que você conceber funcionar, ótimo. Mas e se não? Como eu disse antes, você é um mecanismo de tentativa e erro, por meio de processos que aprendeu quando era muito jovem. Sua cognição é *projetada* para cometer erros, determinando, assim, o que não funcionou e então ajustando e tentando novamente. Entretanto, quando esses erros são vistos por outras pessoas e elas reagem a eles, podemos obter um novo conjunto de entradas que nos dizem por que o fracasso é "ruim" e criamos uma profunda aversão a cometer erros, pelo menos à luz do dia. As culturas organizacionais orientadas por Regras Antigas têm essa aversão no DNA, chegando ao ponto em que assumir riscos não apenas é evitado, mas se torna motivo de vergonha e rejeição.

É por isso que muitas startups falam frequentemente sobre "abraçar os erros" como parte crítica do processo de inovação. Se você nunca tiver permissão para cometer erros, restringirá suas soluções apenas àquelas que têm a maior chance possível de sucesso, o que significa que provavelmente nunca correrá grandes riscos. Basta lembrar a famosa frase de Esther Dyson, a icônica investidora e fundadora da startup de saúde Road to Wellville: "Sempre cometa *novos* erros."

> **Lembre-se de Esther Dyson: "Sempre cometa *novos* erros."**

Ao longo do seu dia de trabalho, você continuamente se depara com um portfólio de problemas e os resolve; esses problemas vão desde os mais simples ("O que vou comer no almoço?") até os mais complexos ("Como faço para resolver essa situação na qual venho trabalhando há um mês?"). Você provavelmente resolverá a questão do almoço, já que se trata de uma premissa de baixo risco. Mas o peso das pressões no trabalho pode levá-lo a empurrar esse problema com a barriga.

ESTUDO DE CASO

Pensando como um Solucionador de Problemas

Aprendi o básico para a solução de problemas nos meus vinte e poucos anos. Na época, eu estava um tanto sem rumo na minha vida profissional. Tinha pouco interesse na faculdade, de forma que, depois do colégio, embora tenha feito alguns cursos, fui trabalhar em uma série de empregos aleatórios. (Um deles foi ser treinado como conselheiro de carreira nos métodos do meu pai aos dezenove anos, algo que acabei descobrindo não ser o meu caminho.)

Como a primeira aula que tive no colégio havia ensinado a datilografar em máquinas de escrever, eu pude encontrar trabalhos de escritório temporários nas empresas da Bay Area, em São Francisco. No início dos anos 1980, poucas pessoas em funções de gestão sabiam datilografar, e isso gerava muitos empregos mal remunerados para quem fosse familiarizado com um teclado. Agências temporárias como a Manpower e a Kelly receberiam ordens de serviço de clientes, e pessoas como eu trabalhariam em algum projeto por um dia, uma semana, um mês ou até mais. Hoje em dia, chamamos isso de trabalho autônomo. Foi o que me permitiu realizar inúmeras séries de projetos para pagar o aluguel. No entanto, era um trabalho muitas vezes monótono e desvalorizado.

No entanto, eu fui passando a digitar cada vez mais usando essa tecnologia inovadora chamada computador pessoal (PC). Muitas empresas pequenas compraram os primeiros PCs porque eram aparelhos baratos; só que elas não tinham a menor ideia de como utilizá-los de forma eficaz. Acontece que esse era um problema que eu sabia resolver.

Comecei a procurar agências de trabalho temporário em busca de trabalhos relacionados a computadores. Eu ia ao escritório do cliente pela manhã, lia o manual de software do computador e, à tarde, mostrava a eles como usar seus PCs de forma mais eficaz. Alguns dos programas de produtividade desses escritórios continham linguagens de programação rudimentares conhecidas como "macros"; levando isso em conta, eu automatizava algumas tarefas básicas criando programas de macro simples que os funcionários do escritório poderiam usar depois que eu fosse embora.

Pensei em me mudar da área leste da Bay Area para o Vale do Silício, mas presumi que havia perdido o boom das tecnologias avançadas. O ano era 1984, e a Microsoft e a Apple já eram grandes empresas. Parecia que toda a grande inovação já havia sido criada. Como alguém poderia imaginar novas maneiras de se utilizar um computador?

Foi nessa época que eu decidi que não queria continuar digitando os trabalhos de outras pessoas. Eu precisava de um desafio maior. Assim, me mudei para a península de São Francisco, no limiar do Vale do Silício, e fui procurar trabalho por meio de uma agência local de trabalho temporário. Eu perguntei à representante: "Qual é o projeto ligado a computadores mais difícil que você tem?"

A representante folheou um fichário de listagens e parou em uma ordem de serviço. "Há uma empresa chamada TeleVideo Systems, e eles estão procurando por um engenheiro de controle de qualidade." Ela olhou para mim. "Nós não sabemos o que é isso. Enviamos pessoas para lá constantemente, e elas continuam sendo rejeitadas."

Minha resposta: "Eu aceito".

Eu dirigi meu velho Chevrolet Nova até o escritório da empresa em Sunnyvale e me apresentei a Dawn Griffey, supervisora de QA da empresa. Dawn era uma raridade no Vale do Silício: uma jovem negra em um cargo de gerência — algo que até hoje continua sendo raro.

Eu disse a Dawn que poderia fazer os testes de software, mas que não poderia viver com a baixa remuneração que eles estavam oferecendo. Então, sugeri uma alternativa: que me pagassem o dobro e, se depois de uma semana eu não estivesse fazendo o trabalho que ela queria, poderia me despedir. (Eu nunca tinha feito nada parecido antes. Mas o que eu tinha a perder? Se aquilo não funcionasse, era só encontrar outro trabalho enfadonho de digitação.)

E funcionou. A aposta de Dawn em um jovem desorientado e sem diploma universitário me deu acesso ao mundo da alta tecnologia, e pude aprender alguns dos métodos mais fundamentais referentes à solução de problemas.

Descobrimos, então, que estávamos testando um dos primeiros programas de software para gerenciar redes de computadores pessoais — o NetWare, da Novell, que a TeleVideo iria renomear, remontar e revender. Meses depois, quando o período de testes havia sido encerrado, o software seria lançado no hardware da TeleVideo. Entretanto, o departamento de treinamento da empresa havia perdido vários de seus gerentes e treinadores, e não havia ninguém que conhecesse o software tão bem quanto eu.

Ora, ora. Um novo problema para resolver. Sugeri que a empresa me contratasse para criar e ministrar os treinamentos. Assim, acabei me tornando supervisor do departamento de treinamento de vendas, o que ajudou a cimentar meu início no mundo da alta tecnologia. (E foi assim, também, que conheci minha futura esposa — que por acaso frequentava um dos meus cursos de treinamento quando ainda trabalhava para a nossa agência de publicidade.)

O que Motiva a Resolução de Problemas: Prazer ou Dor

Boa parte desse processo de "pré-decisão" é um tanto obscura para nós. De fato, muitas vezes, chegamos a alguma decisão a partir de toda essa atividade mental, tomando certas providências, e depois nos convencemos das razões pelas quais o fizemos. Isso é uma afirmação do meu economista comportamental favorito, Dan Ariely, professor James B. Duke de economia comportamental na Fuqua School of Business da Universidade Duke.

Quando ainda era um estudante do ensino médio em Israel, Dan estava se preparando para uma cerimônia noturna tradicional quando um acidente causou um incêndio que acabou queimando 70% do seu corpo. Enquanto se recuperava no hospital, ele se perguntou por que as enfermeiras seguiam certas instruções dos médicos para o cuidado de vítimas de queimaduras — que muitas vezes geravam mais dor nos pacientes — em vez de seguirem seus próprios saberes e instintos. Ele se perguntou: por que continuamente fazemos coisas que vão contra os nossos melhores interesses?

Dan posteriormente acabou se tornando um dos maiores economistas comportamentais do mundo, com palestras TED vistas mais de 15 milhões de vezes, e escrevendo livros como *Previsivelmente Irracional: As forças invisíveis que nos levam a tomar decisões erradas*.[4] Uma das razões pelas quais o trabalho de Dan é tão interessante é que ele não apenas postula a forma como a cognição humana funciona. Ele conduz estudos reais, com testes reais de comportamento humano, e muitas vezes seus resultados são surpreendentemente contraintuitivos, justamente por não se encaixarem na narrativa confortável que afirma que os seres humanos são criaturas racionais.

Dan destila a motivação humana em dois fatores: nós somos atraídos pelo prazer, e procuramos evitar a dor. E é isso. Toda a complexidade das realizações humanas, definida em apenas dois fatores fundamentais.

Parte desse cálculo implica aquilo que os psicólogos chamam de *cálculo de esforço*, ou seja, nossas estimativas de pré-decisão de quanto trabalho uma determinada atividade pode vir a exigir de nós. A procrastinação, muitas vezes, é uma resposta a um cálculo mental que equilibra a dor potencial de se fazer algo agora ou depois (muitas vezes superestimada) com a probabilidade de dor que esse atraso pode vir a causar (muitas vezes subestimada), e que conclui com uma "resposta" de quanto trabalho pode custar fazer esse algo imediatamente. O resultado mais frequente é a decisão de adiar. E, como Dan também afirma, nós costumamos inventar uma desculpa qualquer para fazer o que fazemos (ou deixamos de fazer) depois do ocorrido, de forma a garantir que esteja de acordo com a nossa narrativa interna pessoal.

Cada um de nós tem diferentes tipos de motivação para resolver diferentes tipos de problemas. Normalmente é possível classificar uma motivação como positiva e negativa (prazer e dor), e interna e externa. Quando jovens, somos inicialmente movidos por motivações intrínsecas, como curiosidade, ou extrínsecas, como agradar a um parente ou professor. Conforme envelhecemos, fontes de motivação mais complexas podem entrar em cena, como as motivações positivas, que podem variar de um salário a um desejo de nos aprimorar, e as negativas, a exemplo da preocupação com possíveis repercussões, no caso de não executarmos bem as nossas obrigações no trabalho.

Você costuma se convencer a realizar algo devido às suas próprias motivações, ou porque quer agradar — ou evitar desagradar — outras pessoas? Você se sente mais motivado por incentivos positivos, ou por evitar incentivos negativos? Seu ímpeto para tomar qualquer ação (ou não) provém de um complexo diagrama de Venn de elementos que incluem crenças e valores, sua história e suas experiências e, também, os seus cálculos imediatos referentes à quantidade agregada de prazer ou dor que você sentirá.

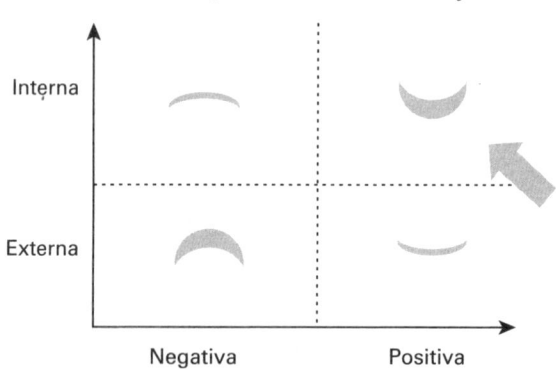

FIGURA 4.2 Quadrantes de Motivação

FONTE © 2021 Charrette LLC. Usado com permissão.

Esta é uma das razões pelas quais infundir mecânicas de jogo na aprendizagem e no trabalho pode ser muito eficaz. Os jogos não são apenas situações de resolução de problemas; eles também conferem os incentivos para solucionar os problemas criados neles, proporcionando dor (no caso de perda) e prazer (no caso de vitória) em uma variedade de contextos.

ESTUDO DE CASO

Hackeando Sua Própria Cognição: Pequenos Hábitos

Se você ajuda a orientar o trabalho de uma pessoa que tem o hábito de procrastinar, pode ser útil sugerir maneiras de superar esse cálculo de esforço recorrente que faz com que ela tenda a empurrar as coisas com a barriga.

À medida que envelhecemos, construímos padrões de hábitos que podem funcionar muito bem, mas que também podem jogar contra os nossos próprios interesses. Se você se percebe sofrendo mais desse último tipo, a metodologia mais útil que encontrei para convencer o seu cérebro a solucionar problemas visando o seu benefício próprio vem do trabalho de BJ Fogg no Behavioral Design Lab, em Stanford.

BJ elaborou um modelo de motivação humana para desenvolver hábitos positivos. Um hábito é, essencialmente, um comportamento-padrão que nós desenvolvemos e que reduz a carga cognitiva ao se tomar a decisão de agir. Cada um de nós conhece muitas ações positivas para si, desde uma alimentação saudável até exercícios regulares. Quando *não* realizamos essas coisas repetidamente, a rede cognitiva em nossas cabeças é tipicamente caracterizada por decisões que visam evitar a dor (exercício) ou abraçar o prazer (aquele segundo pedaço de bolo de chocolate). E como muitas das nossas ações ao longo do dia são pequenas ("Só mais um pedacinho..."), a mente humana raramente faz o córtex frontal somar o impacto de todas essas pequenas decisões para avaliar o verdadeiro custo que elas nos trazem.

BJ descobriu que tendemos a tomar decisões para realizar certas tarefas por meio da combinação de quão *fácil ou difícil* consideramos que essas tarefas serão, calculada em relação ao tipo de *recompensa* que achamos que iremos receber. Se pensarmos que uma determinada tarefa é fácil, mas que a recompensa não é muito valiosa para nós, não iremos pôr em prática a ação correspondente ou repeti-la o suficiente para desenvolver um hábito. Se uma recompensa for muito valiosa para nós, mas precisarmos trabalhar duro para obtê-la, tampouco iremos agir ou desenvolver um hábito a partir dela. BJ oferece um curso gratuito para que você conheça sua metodologia em TinyHabits.com [conteúdo em inglês].

Tudo isso constitui "hacks cognitivos", ou seja, ações que podemos realizar para influenciar nossa própria mentalidade e nossos comportamentos. Também executamos constantemente esses hacks cognitivos nas pessoas ao nosso redor. À medida que nos tornamos seres sociais, aprendemos como obter as coisas que desejamos, começando por ser alimentados e ter as fraldas trocadas: chorar resulta, frequentemente, em alguém vindo em nosso auxílio. Nossos hacks cognitivos vão ficando mais sofisticados à medida que deciframos os códigos comportamentais dos seres humanos ao nosso redor, aprendendo a encorajar tanto a dor ("Vou contar para a mamãe") quanto o prazer ("Vou te dar o meu brinquedo") para conseguir o que desejamos.

Esse é o ronco do seu motor de tentativa e erro. Se você quiser alguns exercícios para poder conduzi-lo por um processo de aprendizagem sincero, tenho uma variedade de atividades presentes nos meus cursos relacionados à aprendizagem no LinkedIn Learning.

Nenhuma motivação em particular é "certa" ou "errada". Mas é importante saber o tipo de motivação que você normalmente usa e quão eficaz ela é em ajudá-lo a atingir seus objetivos. Além disso, quanto mais você puder desenvolver suas próprias motivações *internas*, mais controle terá sobre a sua própria tomada de decisão.

Uma Equipe É um Grupo de Solucionadores de Problemas

Agora que vimos o que gera uma mentalidade eficaz para a solução de problemas em um indivíduo, podemos mergulhar na mentalidade das equipes eficazes. Felizmente, há um crescente grau de entendimento sobre o que vem a permitir que uma equipe seja consistentemente eficaz.

Observe que eu não mencionei um "alto desempenho". Você pode acreditar que uma mentalidade de alto desempenho seja mais apropriada para a cultura da sua organização. Eu, por outro lado, prefiro me concentrar em equipes *eficazes* (Próxima Regra nº 1) cuja mentalidade esteja voltada para criar valor para os clientes e outros stakeholders.

Um dos estudos mais influentes sobre a eficácia das equipes foi conduzido pelo Google, em seu Projeto Aristóteles[5] (que não tem relação com o Quadro Aristotélico). A pesquisa do Google revelou cinco características centrais em equipes *eficazes*. São elas, em ordem:

- **Confiabilidade:** Os membros da equipe estão mentalmente comprometidos em levar a cabo seus compromissos mútuos. (Nas Próximas Regras, isso também caracteriza o *alinhamento*, bem como o *crescimento*, de forma que cada membro da equipe seja competente em sua função.)
- **Estrutura e transparência:** Funções claras, planos bem definidos e objetivos bem articulados servem para trazer maior clareza ao trabalho da equipe (*alinhamento* por meio de ferramentas estratégicas como objetivos e resultados-chave, que exploraremos no Capítulo 8).
- **Sentido:** Cada membro da equipe acredita que seu trabalho tem valor e propósito (*alinhamento*).
- **Impacto:** Aquilo em que a equipe está trabalhando criará valor para um ou mais stakeholders da organização (*alinhamento*).

- **E, talvez o mais importante, a segurança psicológica:** Os membros da equipe se sentem seguros para assumir riscos, trazer ideias malucas e ser vulneráveis uns com os outros (*envolvimento*).

Gostaria de adicionar mais um elemento de mentalidade a esta lista, que havia sido incluído em um estudo anterior do Google (o "Oxygen"):

- *Diversidade* **psicológica (*envolvimento*, mas de uma forma mais intensa):** Se todos na sala se parecem com você e têm uma formação semelhante à sua, é bastante provável que sua equipe tenha um conjunto semelhante de tendências e estruturas mentais. Ter uma ampla variedade de origens, perspectivas, e aspectos socioeconômicos e históricos, por outro lado, pode aumentar drasticamente a mentalidade coletiva da equipe na hora de solucionar novos problemas. (Um desafio frequente citado por aqueles que foram capazes de alcançar uma diversidade psicológica em suas equipes é que, muitas vezes, há falta de confiança, o que obviamente implica uma insegurança psicológica. Por isso é tão fundamental construir um ambiente de confiança.)

A importância de cada uma dessas práticas de mentalidade em equipe é ampliada por meio de equipes distribuídas. Quanto mais os trabalhadores operam regularmente fora da mesma localização geográfica, mais *empenhada* a equipe deve ser no que refere ao alinhamento contínuo da sua mentalidade de resolução de problemas.

CAPACITANDO O SEU GRUPO DE SOLUCIONADORES DE PROBLEMAS

Aqui vai um exercício mental que eu utilizo em um dos meus cursos do LinkedIn Learning para ajudar os guias de equipes a empoderá-las.

Suponha que você lidera uma equipe (o que, é claro, pode não ser uma mera hipótese.) Você chega ao escritório na segunda de manhã e diz à sua equipe: "Eu não estarei aqui o dia todo, mas quero que cada um de vocês pegue um monte de post-its e anote um problema que você, pessoalmente, costuma resolver regularmente em uma determinada semana. Escrevam um *problema* por post-it e coloquem suas iniciais ao lado. Vocês podem colocar todos os problemas que conseguirem pensar. Depois, colem tudo no quadro branco." (Se você lidera uma equipe bem distribuída, pode fazer isso com uma ferramenta de brainstorming online, como um quadro branco no Miro.)

"Sempre que vocês detectarem padrões, agrupem os tipos de problemas que cada um resolve. Tentem concordar o máximo possível em relação a esses agrupamentos, mas não forcem muito nem fiquem apegados à forma que vocês os reuniram, porque pode ser que ela mude."

Já na terça de manhã, a primeira coisa que você diz à equipe é: "Eu também não vou ficar por aqui hoje, mas quero que cada um de vocês pegue um post-it de uma cor diferente da que usou ontem, e escreva uma *tarefa* que executou em uma determinada semana para resolver um problema específico. Escrevam uma tarefa por post-it e anotem suas iniciais do lado. Certifiquem-se de atribuir tarefas a todos os problemas que foram listados antes. Escrevam quantas tarefas puderem pensar e coloquem todas no quadro branco. Novamente, agrupem-nas onde fizer sentido."

Chega a quarta-feira de manhã (você provavelmente já entendeu a ideia). Você diz à sua equipe: "Estou saindo de novo. Mas hoje quero que cada um pegue um post-it de cor diferente e anote as *habilidades* que usa para realizar essas tarefas e resolver esses problemas. Uma habilidade para cada post-it, junto às suas iniciais. Vocês não precisam usar a mesma língua que seus colegas. Coloquem todas no quadro, ao lado das tarefas relacionadas, mas não se preocupem em agrupá-las."

Então, na quinta-feira, você instrui a equipe: "Hoje, quero que todos trabalhem juntos para reorganizar todos os problemas, tarefas e habilidades.

Coloquem os problemas no centro do quadro branco e agrupem todos eles onde fizer sentido. Se tiverem novos insights em relação ao que qualquer um desses problemas possa vir a ser de verdade, redefina-os.

Peguem todas as habilidades e as vinculem a problemas específicos. As pessoas com habilidades mais eficazes estão voltadas para a solução dos problemas certos? Se perceberem que faltam algumas habilidades essenciais que são críticas para resolver certos problemas, peguem alguns post-its vermelhos e descrevam o conjunto de habilidades necessárias. Estas podem ser habilidades que alguém da equipe precisará aprender ou para as quais precisaremos contratar alguém.

Agora vocês podem sincronizar tarefas específicas para esses problemas e habilidades. E não deixem de descartar quantas tarefas desnecessárias puderem. Acrescentem apenas tarefas novas que sejam realmente importantes. Por fim, certifiquem-se de mover as tarefas para ver se há maneiras melhores de organizá-las."

Depois de dar essas instruções, você pode ir embora.

Chega a manhã de sexta-feira. Você diz à equipe: "Agora, coloquem tudo isso em prática. Concordem em seus objetivos. Atribuam funções e responsabilidades a si próprios. Determinem quando precisarão estar juntos, lado a lado, e quando isso não será necessário. Certifiquem-se de que tudo esteja alinhado com a missão, a visão e a estratégia da organização. E certifiquem-se de entrar em um acordo sobre como vocês, enquanto equipe, se alinharão continuamente durante o projeto."

Claro, isso é apenas um exercício mental. Mas será mesmo?

Em uma sessão da conferência virtual Business Insider Workplace Evolution[6], no início de 2021, Karl Preissner, Diretor de RH da Global Equality and Inclusion, da Procter & Gamble, disse que a P&G estava migrando para um modelo no qual as equipes de toda a empresa decidiriam quando e onde trabalhar, com base em seus trabalhos individuais e coletivos e em suas necessidades pessoais. Ao longo desse trajeto, segundo Preissner, a empresa estaria reformulando sistemas como a licença parental, de forma a garantir que qualquer tendência que pudesse trazer desvantagens para os trabalhadores que tentassem alavancar esse novo modelo de flexibilidade fosse removida.

Tendo concentrado as equipes em um modelo de trabalho centrado em problemas, os membros dessas equipes passaram a se sentir encorajados a demonstrar que a agência precisava autorrealinhar continuamente os seus esforços.

Uma maneira de incentivar rapidamente a diversidade psicológica em sua organização é construir equipes multifuncionais voltadas para a resolução de problemas. Vincule os silos da sua organização, reúna pessoas de divisões e funções variadas para se concentrarem em problemas novos e difíceis, e veja que faíscas podem ser geradas a partir disso.

Por que os Jovens Querem Resolver Problemas com um Propósito

Observemos a mentalidade da resolução de problemas sob outro prisma: o do propósito. Muitas vezes, sou questionado por aqueles que lideram organizações: Por que há tantos jovens entrando em minha empresa e fazendo perguntas sobre propósito?

De acordo com as Regras Antigas do Trabalho, quando você entra pela primeira vez no mundo do trabalho, seu objetivo geralmente é ganhar dinheiro. Nessa lógica, o problema que você mais quer resolver é descobrir pelo que você pode ser remunerado. Então, depois de um tempo, você percebe que pode ser melhor remunerado se fizer algo no qual é bom. Nas Regras Antigas, isso poderia ser o suficiente para conferir um sentido para o trabalho. E daí se você não ama o que faz? É trabalho.

Como meu pai afirmou em *De que Cor É o Seu Paraquedas?*, existem problemas que você adora resolver e também habilidades que adora ser capaz de aplicar. Assim, além de ser bem remunerado e de ser bom no que faz, você também quer um trabalho que possa dizer que ama. E, reitero, para muitas pessoas, isso pode ser o suficiente.

> "Por que há tantos jovens entrando pela porta da minha empresa e fazendo perguntas sobre propósito?"

Mas existe um quarto elemento. Muitas vezes, bem mais tarde em suas carreiras, talvez até mesmo na época de suas aposentadorias, algumas pessoas adquirem um senso de propósito ou significado se estiverem fazendo aquilo de que o mundo precisa — se estiverem solucionando problemas que beneficiam outras pessoas ou o planeta. Na segunda metade do século XX, *trabalhar com o que você ama* e *trabalhos de que o mundo precisa* eram as Novas Regras.

Esse modelo em quatro partes é conhecido como *Ikigai*, e geralmente é representado (é claro) como um diagrama de Venn. O Ikigai é amplamente praticado no Japão, e especialmente na ilha de Okinawa. Na verdade, como o autor Dan Buettner detalhou em seu livro *As Zonas Azuis da Felicidade*[7], as pessoas de Okinawa são algumas das mais longevas do planeta, e muitas delas acreditam que uma vida não é bem vivida a menos que todas essas quatro mentalidades de trabalho sejam praticadas.

Mas esperar até tarde na carreira para mergulhar no Ikigai implica muitas gratificações atrasadas. Muitos jovens em todo o mundo estão invertendo a sequência. Eles deixam o ensino médio, a escola profissionalizante ou a faculdade, e desejam trabalhar com aquilo que o mundo precisa. Se puderem fazer isso, já será um trabalho que eles amam. E, se trabalharem com o que amam, continuarão trabalhando e se aprimorando nisso até ficarem bons. E se, por fim, conseguirem ficar realmente bons, serão mais bem remunerados por isso.

A MENTALIDADE DE RESOLUÇÃO DE PROBLEMAS...

Como no Vale do Silício, tendemos a ver muitos conjuntos em um grupo de camadas funcionais conhecidas como "pilha"; a Figura 4.3 mostra como isso se pareceria.

É por isso que muitos jovens entram em sua organização e imediatamente desejam saber sobre o seu propósito: porque querem fazer o que acreditam que o mundo precisa e não querem ficar esperando por isso.

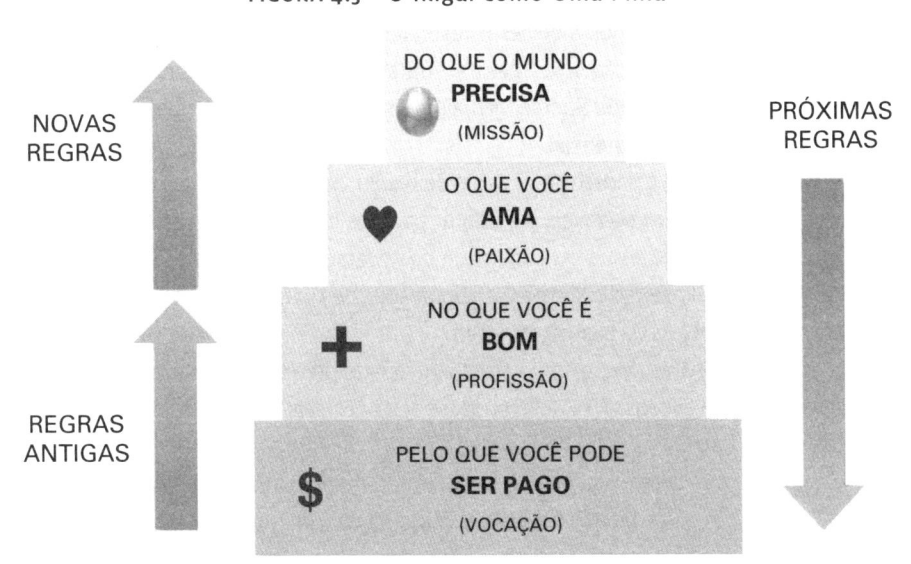

FIGURA 4.3   O Ikigai como Uma Pilha

```
                    DO QUE O MUNDO
                       PRECISA
  NOVAS               (MISSÃO)              PRÓXIMAS
  REGRAS                                    REGRAS

                    O QUE VOCÊ
                       AMA
                     (PAIXÃO)

                    NO QUE VOCÊ É
                       BOM
                     (PROFISSÃO)

  REGRAS            PELO QUE VOCÊ PODE
  ANTIGAS              SER PAGO
                     (VOCAÇÃO)
```

FONTE © 2021 Charrette LLC. Usado com permissão.

Quando se trata de propósito, existem dois tipos de problema completamente diferentes que as pessoas resolvem: aqueles que você escolhe, e aqueles que escolhem você. Se você nasceu em uma situação de pobreza, ou com algum desafio físico ou cognitivo, ou em um acampamento de refugiados, você não escolheu esses problemas; eles escolheram você. Então, algumas pessoas decidiram que o que o mundo precisa é de pessoas para ajudar aqueles para os quais o próprio mundo designou problemas especiais.

Essa mentalidade oferece uma nova estrutura para os problemas que os jovens querem, cada vez mais, resolver. Se a sua organização permitir a eles cumprirem o que sentem ser sua própria mentalidade em relação ao propósito, eles se concentrarão nos problemas que estão mais obcecados em resolver.

MENTALIDADE

RESOLVENDO OS MAIORES PROBLEMAS: "MOONSHOT THINKING" E MENTALIDADE "10X"

Depois de aceitar que esse propósito é uma parte cada vez mais importante da decisão de um trabalhador em querer trabalhar para a sua organização, há um próximo passo óbvio: então, quão grande é esse propósito?

Conforme membros inovadores das organizações trabalham juntos para resolver problemas e criar valor para os clientes e outros stakeholders, eles invariavelmente imaginam soluções projetadas para resolver o problema em uma escala razoável. Afinal, tendemos a enviesar resultados reduzindo as nossas expectativas para que uma solução seja "realista". Trata-se de uma resposta natural, uma vez que essa mentalidade padrão virtualmente reduz os riscos de falha, minimizando problemas em potencial.

No entanto, são os nossos processos de resolução de problemas que definem a gama de resultados possíveis. Ao adotar padrões baixos, você pode estar basicamente diminuindo a sua probabilidade de sucesso. Isso também vale para as decisões pessoais de carreira e para elaborar soluções para problemas complexos para os stakeholders da sua organização.

Contudo, e se, em vez disso, a sua mentalidade pretender adotar padrões de soluções mais elevados? E se você pudesse se concentrar em resolver problemas cada vez maiores?

Suponha que você e sua equipe trabalhem com um conjunto de stakeholders para definir um determinado problema, como ajudar um grupo de uma dúzia de clientes que precisam regularmente ir de um local para outro a algumas centenas de quilômetros de distância. Em um mundo de tecnologias disruptivas, você pode imaginar um ônibus autônomo que percorre uma rota predefinida. Essa é uma solução que pode parecer um tanto impressionante.

Mas depois que você e a equipe passam por esse tipo de exercício de planejamento, o que acontece se você voltar para eles e disser: "Como podemos fazer '10x' isso?"

Sua equipe pode, então, tornar ao quadro branco com uma pilha de post-its e começar a pensar em alternativas, como um ônibus *voador* autônomo que reduzisse o tempo de viagem em 75%. Isso pode soar como ficção científica, mas dezenas de empresas de manufatura — desde fabricantes de aviões em grande escala até startups ligeiras — estão trabalhando exatamente neste tipo de produto.

Uma "mentalidade moonshot" impele, continuamente, uma expansão do ritmo e da escala de uma solução na fase de design, ignorando temporariamente o que é ou não "possível" com o conhecimento que se tem; em vez disso, ela tra-

A MENTALIDADE DE RESOLUÇÃO DE PROBLEMAS...

balha para vislumbrar soluções sem levar em consideração as restrições tradicionais. Mirar em objetivos menores inevitavelmente significa que você se adaptará para soluções menores. Isso pode ser necessário, uma vez que você compreenda as restrições de tempo, dinheiro e informação. Mas não influencie esse resultado limitando-o ao seu conhecimento atual.

O moonshot thinking aborda o problema a partir de uma mentalidade completamente diferente. Elon Musk não perguntou: "Como posso fazer com que os empreiteiros governamentais atuais façam foguetes melhores?" Em vez disso, ele vislumbrou o que poderia ser necessário para tornar o voo espacial privado em uma realidade.

Pense nessa abordagem como uma expansão significativa do "portfólio de inovação" da organização. Exploraremos o conjunto de ferramentas para esse tipo de escalonamento no Capítulo 8, no qual abordaremos técnicas como o design thinking inclusivo e a prototipagem rápida.

Para mais informações relacionadas ao moonshot thinking e à mentalidade 10x, dê uma olhada no livro de Peter Diamandis, *Abundância*[8], bem como em *Organizações Exponenciais: Por que elas são 10 vezes melhores, mais rápidas e mais baratas que a sua (e o que fazer a respeito)*[9], do CEO da ExO Works, Salim Ismail e outros coautores.

Como veremos nos dois capítulos seguintes, as organizações podem aumentar drasticamente o alinhamento de suas mentalidades e habilidades ao mudar o processo de conectar as pessoas, tanto aos problemas da organização quanto ao valor a ser criado para os stakeholders.

PARTE TRÊS

Conjunto de Habilidades

Capacitar
a Eficácia →

Solução de problemas
Competência Determinação
Rapidez Senso de Acompanhamento
urgência

Orientar
Inspirar   Unbossing
Colaborar Humildade   Curiosidade
Percepção   Comunicar   Aprendizagem
Adaptativo Coaching   **Criativo**
Encorajar   Empoderar   Ensino
Brainstorming   Liderança   Autoconhecimento
em grupo   Dar suporte
Analisar Sintetizar
Mentoria

Compaixão
Conexão   Ouvir
Usar insights Incluir
Empatia

← Encorajar
o Alinhamento

Permitir
o Crescimento ↑

Garantir
o Envolvimento

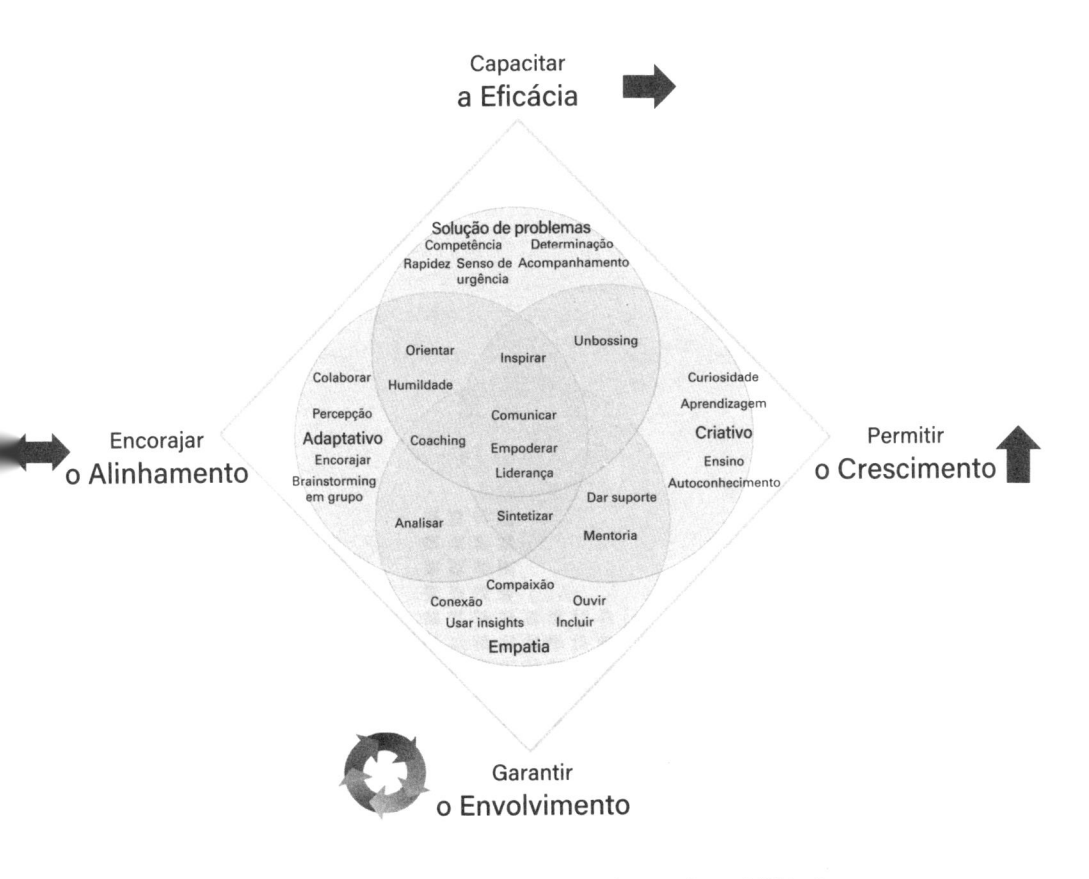

FIGURA P3   As Próximas Regras: Conjunto de Habilidades

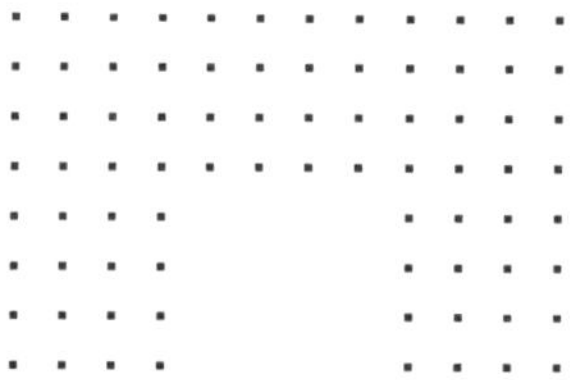

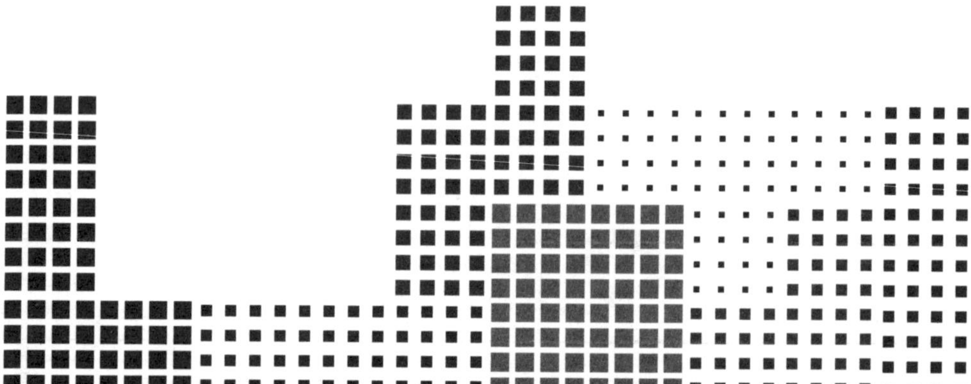

5
As Habilidades das Próximas Organizações

A palavra "liderança" está perdendo o significado original. Pensar em *liderar* como um conjunto de habilidades ajuda a preparar melhor as pessoas em toda a organização para assumirem o comando da solução de problemas e da criação de valor. Isso significa que qualquer um pode e deve liderar.

Existem habilidades específicas para que aqueles que lideram possam *capacitar a eficácia, permitir o crescimento, garantir o envolvimento* e *encorajar o alinhamento*. Existem excelentes exemplos de Próximas Organizações que se destacam em cada um desses conjuntos de habilidades.

Aqueles que lideram na organização devem se dedicar a maximizar os conjuntos de habilidades humanas por meio de um aumento da compreensão da gama de habilidades humanas presentes na organização e da redução do atrito de movimento dentro de sua rede de trabalho. A melhor maneira de aumentar o poder de sua rede de trabalho é hackeando o processo de contratação. E, lembre-se, todo funcionário talentoso é um ser humano multifacetado que precisa das condições necessárias para prosperar.

Momento Varinha Mágica

Eu faço um movimento com uma varinha mágica. De repente, você tem o poder de criar uma organização com 100 mil funcionários. Do nada. Da noite para o dia.

Quem você contratará? *Como* fará isso? As contratações se basearão em qual conjunto de habilidades?

O que você está tentando descobrir, obviamente, é como administrar riscos. Como você poderia saber se as pessoas que deseja contratar possuem o conjunto de habilidades do qual necessita? Para fatorar esse risco, você simplesmente contrataria pessoas que se parecem e pensam como você? Será que isso levaria ao sucesso desejado?

Depois de refletir mais a fundo, você percebe que abordou o problema com a mentalidade errada. Percebe que não se trata de você, mas das primeiras pessoas que recrutará. Juntos, vocês definirão os valores centrais da organização e de seus stakeholders, começando pelos clientes ou outros elementos centrais, que devem incluir os funcionários, os parceiros, os fornecedores, as comunidades em que operará e o planeta. E, sim, os acionistas também, mas nunca em detrimento dos outros. Vocês também definirão o valor sustentável que deve ser criado para esses stakeholders.

Agora sim, você poderá definir o conjunto de habilidades de que precisa — afinal, ao definir as âncoras da organização, as habilidades necessárias se tornam muito mais óbvias.

Todos esses princípios básicos são *fractais*. Sem essas âncoras, seu processo fica solto. O risco de contratar pessoas não alinhadas com a organização vai às alturas. Fissuras ocultas inevitavelmente geram fraturas desastrosas. Seus esforços para contratar pessoas com os conjuntos de habilidades necessários ficam profundamente prejudicados.

Em todos esses processos, no entanto, seus "princípios fundamentais" ecoarão em todas as contratações, promoções, aulas de treinamento; em cada decisão importante e em cada reunião. Eles enviarão todos os sinais necessários para ajudar todos os stakeholders a entender o que um comportamento bem-sucedido significa para esta organização — e, o que é ainda mais essencial, as habilidades que a organização precisa para atingir seus objetivos.

Redefinindo o Papel Daqueles que Lideram nas Organizações

Como já apontei aqui, há uma reação crescente e justificável contra a "indústria da liderança" — a infraestrutura global de negócios dedicada a criar os líderes de hoje e de amanhã. Não é que não precisamos mais de liderança. É só que precisamos descartar a mentalidade de que a liderança é algo binário, que ou você é o líder de uma organização ou não é. É por isso que tento evitar falar sobre "líderes de organizações"; prefiro, em vez disso, falar sobre "liderança *em* organizações". Essa é a mentalidade, independentemente de você estar no "topo" de uma hierarquia tradicional, em uma estrutura de pessoas com uma "organização sem líder", ou em algum ponto no meio-termo.

Cada organização possui estruturas definidas por dois tipos de poder: poder posicional e poder pessoal. O poder posicional vem de uma hierarquia explícita ou implícita, um espaço em um organograma. Quando você entra em uma reunião, sabe rapidamente quem tem mais poder posicional ali dentro, porque todos os outros observam essas pessoas continuamente atrás de pistas sociais, cedendo repetidamente às suas decisões.

Mas aqueles que lideram *em* organizações muitas vezes têm um poder posicional menor e um poder pessoal maior. Seus insights são procurados frequentemente, mas não como uma escritura sagrada. Muitas vezes, eles simplesmente incorporam a cultura da organização, sempre procurando reforçar seus valores. Eles podem tomar decisões, é claro, mas muitas vezes apenas quando um processo consensual falha ou quando a urgência assim exigir.

Essa é a *mentalidade* de quem lidera em organizações. Agora, vamos falar sobre o *conjunto de habilidades*.

Em vez de ensinar um conjunto de habilidades flexível que pudesse ajudar a capacitar e amplificar o trabalho dos membros das equipes, as Organizações voltadas para as Regras Antigas muitas vezes adotaram o modelo de supervisão de "comando e controle" da era industrial, e simplesmente o atualizaram para funcionar nos escritórios modernos. Esse modelo incluía a obsessão com o processo sobre os resultados, tratando funcionários como recursos que pertenciam ao gerente e priorizando desempenho e produtividade ao invés de maximizar o potencial humano. O resultado inevitável foi uma falta sistêmica de confiança, inspiração e engajamento.

Sei que isso pode parecer duro, mas lembre-se de que a Gallup afirma que apenas cerca de um terço de todos os trabalhadores norte-americanos está engajado em seu trabalho. E no relatório *State of the American Manager*[1], a Gallup descobriu que grande parte dessa diferença nas pontuações de engajamento — 70% — vinha *da relação dos trabalhadores com seus gerentes diretos*. Portanto, se você acredita que seus trabalhadores se encontram desengajados, provavelmente não precisa olhar muito além da forma como a sua organização molda o papel do gerente típico.

Talvez ainda mais preocupante, a Gallup disse que apenas cerca de um terço dos gerentes dos EUA está, *eles próprios*, engajado em seu trabalho. Há um desengajamento em toda parte.

Para um exemplo claro do estado da gestão sem confiança, observe quão poucas organizações possuíam políticas de trabalho remoto antes da pandemia global. Mencionei antes que empresas como a IBM e o Yahoo, que já tinham essas políticas, muitas vezes as cancelavam ou limitavam a um número muito pequeno de cargos e de funcionários. Mas o Grande Reset de 2020 forçou uma necessidade de confiança para os gerentes, da noite para o dia. Resultado: a percepção de que as pessoas são, em sua maioria, responsáveis e comprometidas, finalmente veio à tona. Ficou evidente que as falhas geralmente estavam na maneira pela qual treinamos os gerentes para ajudar a liderar essas equipes.

Qual é, então, o Próximo Conjunto de Habilidades para alguém que orienta o trabalho de uma equipe? Isso mesmo: capacitar a eficácia, permitir o crescimento, garantir o envolvimento e encorajar o alinhamento. As quatro Próximas Regras principais, cada qual como um conjunto de habilidades flexíveis e pessoais.

Um Conjunto de Habilidades para Capacitar a Eficácia

- Habilidades flexíveis que visam a eficácia incluem *comunicar* expectativas bem definidas, *orientar* trabalhadores e equipes para resolver problemas, *coaching* para melhorar a eficácia e *liderar* quando uma direção clara se fizer necessária.
- Habilidades pessoais incluem *competência* para modelar o profissionalismo, *coragem* para fornecer feedbacks honestos e construtivos, *consistência* para exibir os comportamentos que se sugere, *determinação* para modelar o processo de liderança e *urgência* para quando as pessoas indicarem que precisam de um pontapé inicial.

Aqui vai um exemplo de uma empresa que trabalha para capacitar a eficácia:

> Você se lembra que, no Capítulo 3, nós falamos sobre "unbossing" como um tipo de mentalidade? A Novartis ilustra como isso também pode aparecer como um conjunto de habilidades.
>
> Enquanto falava sobre a transformação cultural da Novartis, Markus Graf, seu chefe global de talentos, me disse que "se continuássemos como no pas-

sado, não teríamos sucesso em nossa missão." Assim, a empresa se comprometeu a promover uma mudança cultural em grande escala para três novas habilidades essenciais: inspiração, curiosidade e unbossing.

A inspiração e a curiosidade eram necessárias para garantir que as pessoas pudessem se sentir automotivadas e desenvolver novas habilidades continuamente. "Precisamos reconhecer que muitas habilidades se tornarão redundantes em muito pouco tempo", disse Markus. "Precisamos também reforçar a criatividade e ter novas ideias." O unbossing, na verdade, é uma família de habilidades que incluem capacitar os funcionários a tomar decisões e encorajar a resolução de problemas, tanto individualmente quanto em equipe.

Como parte da iniciativa, a empresa removeu seu sistema de classificação de desempenho e passou a focar em jornadas de aprendizagem e no crescimento pessoal. "As pessoas são maiores do que os números", disse Markus. "Elas são a vitrine das mudanças culturais."

POR QUE CHAMAR DE "EFICÁCIA", E NÃO DE "DESEMPENHO"?

"Vocês falharam", disse um CEO do Vale do Silício. "Vocês são uma equipe da série B. Jogadores de série B. Aparentemente, muitas pessoas por aqui são jogadores de série B ou C, então hoje estamos liberando alguns de vocês para terem a oportunidade de trabalhar em nossas empresas associadas aqui no Vale."

"Desempenho." "Equipe de alto desempenho." "Baixo desempenho." Cada um desses termos pode ser codificado emocionalmente de uma forma seletiva.

Em seu uso mais apropriado, o termo "desempenho" pode se referir simplesmente à capacidade de um funcionário para atender às próprias expectativas e às dos outros. Com uma mentalidade positiva, os indicadores de desempenho podem oferecer objetivos claros e encorajar uma competição saudável aos funcionários. Uma equipe de vendas em busca de um bônus sabe exatamente o alvo para o qual está atirando. Uma leve pressão por um bom desempenho pode ser canalizada para disputas bem-humoradas por recompensas, especialmente quando todos aqueles contratados para a organização conhecem a cultura para a qual se alistaram.

Todavia, uma obsessão por desempenho pode facilmente criar uma cultura tóxica. A linguagem da organização torna-se binária, dividindo as equipes e os funcionários em "alto desempenho" ou "baixo desempenho". Diversas empresas do Vale do Silício promoveram a prática de demitir regularmente os "últimos 15%"

da sua força de trabalho, como se estes fossem a água de esgoto a ser descartada da popa de um barco. Um foco persistente no desempenho também pode impor uma mentalidade de "curto prazo" ligada a relatórios trimestrais, colocando os acionistas da organização na linha de frente das tomadas de decisão.

A Enron era uma empresa focada no "alto desempenho", até que sua cultura tóxica foi exposta.

A "eficácia" oferece um outro prisma para olharmos para objetivos e realizações. Ela se ancora em um conjunto de acordos constantemente atualizados referentes ao que cada funcionário e equipe está tentando realizar, o que deve incluir não apenas objetivos de curto e longo prazo, mas um alinhamento explícito com os objetivos estratégicos da organização, bem como com o desenvolvimento pessoal e a prosperidade humana. Um colaborador interno e inovador sem vínculo empregatício que desperta a criatividade em qualquer lugar da organização pode ser tão eficaz em seus próprios méritos quanto um vendedor que excede uma meta trimestral.

A propósito, a citação acima é do livro *Steve Jobs*, de Walter Isaacson.[2] Ela provém do anúncio de Jobs de uma demissão de 25% em uma divisão da Apple. Ao longo dos anos, tem havido conversas de refeitório frequentes em empresas do Vale do Silício a respeito de Jobs ter encorajado resultados inovadores por causa, ou a despeito, das suas famosas táticas de pressão para obter um alto desempenho.

Eu prefiro fazer uma pergunta diferente: como alguém que lidera pode ajudar outras pessoas a serem tão eficazes quanto alguém como Jobs — sem os efeitos colaterais da liderança tóxica e obcecada por desempenho?

Um Conjunto de Habilidades para Permitir o Crescimento

- Habilidades flexíveis para permitir o crescimento incluem *apoiar* as pessoas em suas jornadas de crescimento, *ensinar* novas habilidades e perspectivas, e saber *intuir* quando as pessoas precisam de ajuda.
- As habilidades pessoais incluem *percepção* para ver o potencial dos outros, *apoio* à medida que os outros aprendem, e *paciência* para ajudá-los a alcançar o seu potencial.

AS HABILIDADES DAS PRÓXIMAS ORGANIZAÇÕES

Muitos dos que lideram afirmam desejar que sua organização seja uma organização de aprendizagem. Mas a aprendizagem não é uma mentalidade, apenas — é também um conjunto de habilidades específico.

Vidya Krishnan é a diretora de aprendizagem da gigante das comunicações Ericsson, que tem cerca de 100 mil funcionários. Nascida em Bangalore, na Índia, e crescendo em Nova Jersey como filha de engenheiros, Vidya me disse que viu pela primeira vez o poder da educação para mudar vidas quando era monitora de um acampamento de adolescentes. Na Ericsson, isso se traduz em um profundo compromisso com a aprendizagem em toda a organização. "Estamos construindo o amanhã tecnológico hoje", disse ela. "Nossa expertise é tudo."

> O mantra inspirador da Ericsson: tolerância zero para aprendizagem zero.

Na verdade, a empresa tem uma declaração de mentalidade inspiradora e positiva: tolerância zero para aprendizagem zero. Cada funcionário deve ter um plano pessoal de aprendizagem; do contrário, essa falha é tratada como responsabilidade do gerente desse funcionário. Isso é crucial, porque inspira um compromisso com o processo de crescimento nos incentivos de cada guia de equipe.

De acordo com Vidya, "Cada funcionário estabelece um plano de desenvolvimento de aprendizagem pessoal a cada ano, e fortalecer esse desenvolvimento é uma responsabilidade do gerente, da empresa e do funcionário — a chamada 'parceria de três' —, o que por sua vez enfatiza os líderes enquanto agentes de aprendizagem."

RESKILLING, UPSKILLING, OUTSKILLING E OUTROS RÓTULOS ANTIGOS DE TRABALHO

> Não há como negar que todos nós precisamos ser aprendizes ao longo de toda a vida. O ritmo e a escala das mudanças significa que a vida útil das informações em muitas áreas está diminuindo. Como mostra um artigo[3] de 2012 na *Harvard Business Review*, escrito por John Hagel, Bill Eggers e Owen Sanderson, da Deloitte, a vida útil das informações já estava se deteriorando rapidamente. Eles citam pesquisas que mostram que o valor médio de um diploma de uma graduação de quatro anos é de cinco anos — em outras palavras, cerca de um ano a mais do que o tempo de aprendizagem. Isso não significa, é claro, que tudo aquilo que

CONJUNTO DE HABILIDADES

você aprendeu na faculdade ficará desatualizado em breve. Mas as habilidades *de conhecimento* que você adquiriu na sua área de atuação continuam mudando tão rapidamente que você deve seguir obtendo novas informações sempre, simplesmente para se manter atualizado. Pense nisso como uma caixa de leite: seu diploma universitário também tem uma data de validade.

No mundo hi-tech, a vida útil das informações pode ser ainda mais curta. Sebastián Espinosa, diretor-gerente do Coding Dojo, um encontro de programação sediado em San Jose, Califórnia, me deu um exemplo do quão rápido isso pode acontecer. Sebastián afirmou que o Coding Dojo pode pegar alguém que nunca nem sequer tocou em um teclado, colocar essa pessoa em um programa de admissão de uma semana, ensiná-la três linguagens de programação full-stack para a web durante quatro meses, e, dentro de seis meses após se formar, 90% de seus graduados terão encontrado um emprego que paga 90 mil dólares por ano, ou mais. No entanto, Sebastián também disse que, se o graduado não seguir aprendendo, o conhecimento adquirido no encontro ficará desatualizado em cerca de quinze meses.

O resultado de uma mudança tão rápida é a necessidade de um retreinamento constante. Mas isso pode ser especialmente difícil diante da escala das mudanças, já que trabalhadores com conjuntos de habilidades mais antigos podem precisar dar saltos cada vez maiores para o seu próximo trabalho. Pense em todas as habilidades necessárias para reparar um equipamento da linha de montagem mecânica em uma fábrica. Agora, pense em todas as habilidades necessárias para se tornar um programador de inteligência artificial. A sobreposição de habilidades é extremamente pequena. Assim, alguém que conserta equipamentos mecânicos pode precisar de uma formação considerável para se tornar proficiente no desenvolvimento de softwares de IA. Não é que isso seja impossível, mas pode não ser nem sequer um bom uso dos seus talentos, especialmente se eles apreciarem o trabalho manual.

Agora, pense no conjunto de habilidades situado entre o reparo de hardwares de fábrica e, digamos, um técnico de conserto de turbinas eólicas. Nesse caso, existe uma sobreposição significativa de habilidades, o que significa que o treinamento poderia ser realizado em um tempo razoavelmente curto, e o trabalhador poderia ser remunerado muito mais rapidamente do que se tentasse se tornar um programador.

Muitos chamam esses processos de treinamento de reskilling, também chamado "requalificação" (se o novo emprego for similar), upskilling, ou "aprimoramento" (se o novo emprego parecer exigir um conjunto "superior" de habilidades), sideskilling (se estiver em uma divisão diferente, mas em um nível de trabalho semelhante), ou outskilling (se for provável que o aprendiz vá para outro emprego ou empresa). Eu ouvi dizer até que o "de-skilling" (ou: "desqualificação") costumava significar o desaprendizado das Regras Antigas de uma função de trabalho, para que novas regras pudessem ser aprendidas.

Não sou fã de nenhum desses rótulos. Para mim, eles soam inteiramente como a mentalidade da era industrial que nós precisamos deixar para trás — coisas que são feitas *para* você, e não por você. Eles parecem penosos. Além disso, evidenciam preconceitos. Afinal, quem decide se um processo de aprendizagem é "superior" ou "inferior"?

Não há nada de errado em chamar isso de treinamento ou retreinamento. Temos treinado há bastante tempo, afinal. A maioria das pessoas não se importa em treinar, o que pode ser algo que você busca de forma proativa ou que é fornecido a você. "Aprender" também não é nada mal. Mas "habilitar" alguém soa, na melhor das hipóteses, como uma dinâmica mal equilibrada.

O que inevitavelmente acontecerá é que o treinamento migrará cada vez mais para uma aprendizagem instantânea e contextual. Os funcionários adquirirão novas habilidades à medida que precisarem delas e irão aprendê-las no contexto da resolução de problemas em situações concretas, como estágios e aprendizagens baseadas em projetos.

Um Conjunto de Habilidades para Garantir o Envolvimento

- Habilidades flexíveis para o envolvimento incluem *inspirar* outros a se tornarem engajados e atingirem seus objetivos, *conectar-se* com pessoas de mentalidades variadas, *ouvir* para entender as vivências alheias e *capacitar* os funcionários para terem autonomia.
- Habilidades pessoais incluem *perspicácia* em relação às motivações dos outros, *receptividade* às suas necessidades e *compaixão* pelos seus desafios.

Há um foco considerável nos conjuntos de habilidades necessários para incentivar a diversidade, equidade e inclusão nas organizações. E se há uma habilidade para aqueles que lideram que se destaca aqui, é a compaixão.

Liderar compassivamente pode soar como gentileza. Mas uma gestão centrada no ser humano é uma resposta lógica aos crescentes efeitos desumanizantes da mecanização do trabalho. Alguns pensam que o objetivo é simplesmente se preocupar com os funcionários. Entretanto, como Jeff Weiner, ex-CEO do LinkedIn, disse uma vez: "Compaixão é atenção somada à ação".

Jeff é um defensor fervoroso da liderança compassiva. Em um feito único na indústria das redes sociais, o LinkedIn conseguiu evitar amplamente a mídia negativa recebida por empresas semelhantes. Como prova de suas habilidades de liderança, Jeff foi classificado entre os dez principais CEOs do Glassdoor.

Em um discurso de formatura realizado em 2018 na Wharton School, da Universidade da Pensilvânia[4], Jeff disse que teve uma epifania quando percebeu que estava liderando a organização com um estilo que desempoderava as pessoas:

> Jurei para mim mesmo que, enquanto eu fosse responsável por gerenciar outras pessoas, procuraria fazer isso compassivamente. Isso implicou fazer uma pausa para observar os meus próprios pensamentos, especialmente quando eu estivesse sentimental. Implicou se colocar no lugar das outras pessoas, procurando compreender suas esperanças, seus medos, seus pontos fortes e suas fraquezas. E implicou fazer tudo ao meu alcance para prepará-los para serem bem-sucedidos [...] tenho praticado essa abordagem por mais de uma década. E posso dizer com absoluta convicção que gerenciar com compaixão não é apenas a melhor maneira de construir uma equipe. É a melhor maneira de construir uma empresa.

Essa perspectiva foi corroborada para mim pelo autor best-seller Adam Grant, que frequentemente é classificado como o instrutor mais popular na mesma escola. Quando perguntei a ele sobre as três características mais importantes para alguém que lidera uma organização, sua resposta foi: "Humildade confiante, flexibilidade mental e compaixão."

Você pode treinar funcionários para desenvolverem a habilidade da compaixão. Mas isso deve ser praticado por aqueles que lideram a organização, e deve ser vinculado a processos de pessoal que vão desde conversas regulares sobre gestão até a remuneração daqueles que lideram.

Um Conjunto de Habilidades para Encorajar o Alinhamento

- Habilidades flexíveis para o alinhamento incluem *inspirar* outras pessoas através da missão e visão da organização, *analisar* para entender as necessidades díspares presentes em uma equipe, *sintetizar* para

ajudar a unir essas percepções e *construir* confiança para ajudar os membros de uma equipe a trabalharem juntos.
- Habilidades pessoais incluem *perceptividade* para entender pontos de vista diferentes e potencialmente conflitantes, *diplomacia* para equilibrar as necessidades egoicas e emocionais e *objetividade* para assegurar que todas as vozes sejam ouvidas.

Quando duas ou mais pessoas trabalham juntas, elas podem sair rapidamente de sincronia. Assim, não é surpresa que, à medida que as organizações se expandem, as oportunidades para um alinhamento incorreto se tornem abundantes. As pessoas param de se comunicar de maneira eficaz; param de concordar em objetivos consistentes; podem, inclusive, começar a trabalhar contra os objetivos estratégicos da organização. Especialmente quando a força de trabalho se torna uma rede de trabalho, com fronteiras menos rígidas e equipes mais fluidas, o alinhamento deve se tornar uma prática natural e automática para qualquer Próxima Organização.

Penso na Asana, uma empresa de softwares para grupos de trabalho, como a garota-propaganda ideal para esse alinhamento.

Para que ela permaneça continuamente alinhada, o diretor de operações da Asana, Chris Farinacci, afirmou que a empresa executa sprints de seis meses, os quais chama de Episódios. No final de cada Episódio, a maioria dos funcionários da Asana realiza uma rápida revisão estratégica por toda a empresa. O que nós tentamos realizar nos últimos seis meses? Como nos saímos? O que precisamos fazer para os próximos seis meses? Vamos lá.

Tirar tanto tempo do ano para um alinhamento de estratégias para tantos funcionários pode parecer um custo alto. Mas imagine esse mesmo processo em qualquer relacionamento, seja um casamento ou um grande grupo de eleitores. O alinhamento nada mais significa do que um conjunto de acordos referentes àquilo que importa, e como os stakeholders farão sua parte para alcançar isso de forma contínua.

Esse processo é mais bem realizado se for executado "de baixo para cima", com equipes e grupos de trabalho responsáveis pelo alinhamento e por uma clareza em tempo real. "Nosso princípio fundador era que, se fosse para isso funcionar, não poderia ser de cima para baixo", afirma Chris. No passado, "as ferramentas nunca foram para a equipe inteira. Agora, nós estamos agregando valor para toda a equipe, e então escalando a partir daí."

Chris diz que a Asana se concentra em três práticas simples: propósito, planejamento e responsabilidade. Qual é o propósito da atividade que estamos realizando? Qual é o planejamento mais simples que nós precisamos desenvolver para ter sucesso? Quem assumirá a responsabilidade por quais aspectos do projeto? Na verdade, cada área de foco na empresa virtualmente tem alguém que assume a liderança como tomador de decisões em um determinado tópico. Em vez da sobrecarga contínua de disputar uma posição política ou tentar descobrir quem na sala pode tomar uma decisão, a liderança relacionada a cada problema é procurada para uma decisão — um ótimo exemplo de poder pessoal.

Pense nessa abordagem como um mecanismo de alinhamento. Ciclos de revisão rápidos e dinâmicos, comunicação constante e alinhamento de todas as iniciativas com os objetivos estratégicos da organização, juntos, garantem o alinhamento contínuo, mesmo em grande escala.

Existe um conjunto complementar de ferramentas para este conjunto de habilidades. No Capítulo 8, falaremos sobre uma das formas cada vez mais comum de se gerenciar desempenho por meio do alinhamento — OKRs (*objectives and key results*, ou objetivos e resultados-chave, em português), e como esses tipos de ferramentas podem ser adaptados às mais variadas necessidades das Próximas Organizações, bem como KPIs, os indicadores-chave de desempenho que fornecem dados sobre os resultados.

Experimente o seguinte: o encontro "flash" de resolução de problemas. Se quiser praticar o seu conjunto de habilidades para as Próximas Regras, encontre um problema importante, porém relativamente "encaixotado", em sua organização — no qual ninguém esteja se concentrando atualmente. Faça uma convocação na organização para selecionar quatro ou cinco pessoas dispostas a gastar algumas horas das próximas semanas para resolvê-lo. Não passe muito tempo definindo o problema, nem mesmo o conjunto de habilidades necessário para resolvê-lo. Deixe a "coalizão dos dispostos" se acercar. Capacite-os para pedir ajuda em qualquer quesito — metodologia, habilidades adicionais etc. Mantenha o prazo curto — algumas horas no máximo — e certifique-se de que a equipe faça um balanço sobre o processo depois.

Se um projeto for bem-sucedido no lançamento, replique-o e publique o porquê de isso ter acontecido. Se não for possível lançar um projeto, comemore e, novamente, publique esses aprendizados. Os insights ajudarão outras pessoas a evitarem erros parecidos no futuro.

Maximizando o Conjunto de Habilidades da Organização: *The Inside Gig*

Até agora, nos concentramos no conjunto de habilidades daqueles que lideram, desde aqueles que orientam equipes até os que orientam a organização como um todo. Quem lidera também tem a responsabilidade de capacitar o uso e o desenvolvimento mais eficazes possíveis das habilidades de todos os funcionários na rede de trabalho da organização.

Kelley Steven-Waiss é coautora de *The Inside Gig: How sharing untapped talent across boundaries unleashes organizational capacity* ["A Negociação Interna: Como compartilhar talentos inexplorados através das fronteiras pode desencadear a capacidade organizacional", em tradução livre][5]. Ela é ex-CHRO da HERE Technologies, uma empresa de "location cloud" com 9 mil funcionários que oferece serviços de dados geográficos e mapeamento, e é fundadora e CEO da Hitch Works, Inc., uma empresa de software empresarial focada em habilidades humanas, que Kelley incubou na HERE antes de sair de lá.

Kelley percebeu que havia dois grandes desafios na maneira pela qual as organizações administraram, historicamente, as habilidades humanas. Primeiro, a maioria das organizações tinha poucos métodos eficazes para inventariar todas as habilidades, experiências, hobbies e interesses de seus funcionários, de tal forma que elas não sabiam realmente qual o potencial humano das suas redes de trabalho. Como veremos no Capítulo 8, isso teria ocorrido, em parte, porque poucos de nós conhecemos nossas próprias habilidades, e é bastante provável, portanto, que as organizações conheçam ainda menos. Poucas organizações, contudo, estão realmente comprometidas em montar esse inventário. Elas geralmente consideram o conjunto de habilidades de um funcionário pelo seu valor nominal, olhando apenas para as habilidades que acreditam fazer valer a sua contratação.

É por isso que digo para quem lidera organizações que suas redes de trabalho são "um iceberg", deixando apenas uma pequena parte das habilidades dos funcionários visível sobre a superfície.

CONJUNTO DE HABILIDADES

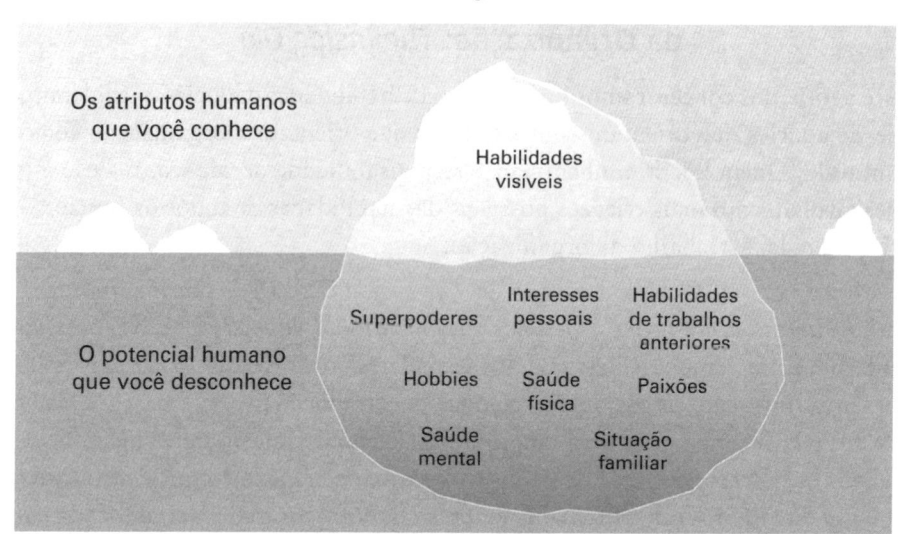

FIGURA 5.1 O Iceberg das Habilidades

Os atributos humanos que você conhece

Habilidades visíveis

O potencial humano que você desconhece

Superpoderes
Interesses pessoais
Habilidades de trabalhos anteriores
Hobbies
Saúde física
Paixões
Saúde mental
Situação familiar

FONTE © 2021 Charrette LLC. Usado com permissão.

Suponha que você dirija uma empresa de manufatura e decida que quer criar novos produtos para artistas e músicos. Você poderia gastar muito dinheiro fazendo pesquisas de mercado custosas para encontrar clientes em potencial que participassem de exercícios de design thinking. Porém, e se você soubesse que já tem dezenas de artistas e músicos trabalhando para a sua organização, mas em funções que não têm nada a ver com música ou arte? Você poderia conduzir, de uma hora para a outra, exercícios de design thinking "flash", acelerando o seu tempo de chegada ao mercado, projetando produtos melhores e dando aos funcionários a chance de utilizar mais do seu potencial humano.

Kelley me disse: "O primeiro objetivo a ser atingido é obter visibilidade para a sua cadeia de suprimentos de habilidades. Esse é o passo inicial para a compreensão. Vamos ter uma estratégia de construção ou de compra?" Isto é, você pode obter o conjunto de habilidades que deseja apenas por meio do inventário e do desenvolvimento do seu grupo de talentos atual? Ou você precisa contratar esse conjunto de habilidades? Por exemplo, Kelley afirmou o seguinte sobre o período em que estava na HERE: "Nós precisávamos de mais inteligência artificial e de dados visando pessoas. E a única maneira de entendermos como poderíamos construir [essa capacidade] era entendendo, antes, quais habilidades nós já possuíamos."

AS HABILIDADES DAS PRÓXIMAS ORGANIZAÇÕES

O segundo problema que Kelley identificou é que, muitas vezes, nas organizações, os gerentes tratam as pessoas como ativos pessoais. Se você contratou alguém para uma posição bem remunerada, provavelmente trabalhou muito durante semanas ou meses para localizá-lo, contratá-lo e integrá-lo devidamente. Preferencialmente, o conjunto de habilidades desse funcionário deve ser utilizável em qualquer lugar no qual este possa vir a solucionar problemas para os stakeholders da organização. No entanto, se você "perdê-lo" para um novo projeto ou trabalho em outro grupo, você teoricamente terá "perdido" o tempo investido nele e precisará reiniciar o processo de contratação. Por causa dessa dor antecipada, você faz de tudo para "manter" o funcionário sob seu domínio.

Lembre-se, no entanto, de que a nova mentalidade para as Próximas Organizações postula que você não tem mais uma força de trabalho, e sim uma *rede de trabalho*. Os funcionários precisam ser capazes de contornar problemas de forma contínua e dinâmica em toda a organização, onde quer que possa haver uma otimização. Metaforicamente falando, se você acorrentou um funcionário a uma mesa, você é o único que sai vencendo. O funcionário perde, porque não consegue crescer e aprender com essa nova oportunidade, e a organização também perde, porque o conjunto de habilidades desse funcionário não pode ser aplicado àquilo que poderia ser um problema mais importante. Trata-se de uma péssima otimização dos conjuntos de habilidades e problemas para todos os envolvidos.

Como resolver isso? "O principal obstáculo é a mentalidade de liderança. Deve haver um compromisso ao dizer: 'vamos ter uma nova forma de trabalhar aqui, e ela se chama compartilhamento de talentos. O talento é propriedade da empresa, e não do gerente'", disse Kelley. "Quando eu falo sobre o mercado de talentos [internos], você visualiza todo o talento de um lado e todo o trabalho do outro. Tudo são compradores e vendedores. Trata-se de inaugurar mentalidades de liderança." Como veremos no Capítulo 7, isso também é um conjunto de ferramentas, a exemplo de softwares como o Hitch, que ajuda a assegurar o envolvimento em toda a organização.

A oportunidade de maximizar o envolvimento e o alinhamento do conjunto de habilidades se estende para além das fronteiras da organização. Em *The Human Cloud* ["A Nuvem Humana", em tradução livre][6], os autores Matthew Mottola e Matthew Coatney detalham as vantagens das contratações por meio de mercados de trabalho online, bem como as oportunidades para que os "agentes de mudança" encontrem trabalhos baseados em projetos. Alguns pensam nisso como o modelo de Hollywood, no qual equipes de trabalhadores independentes são reunidas com base em projetos, depois separadas, e então reunidas novamente para um projeto novo.

Organizações que já funcionam majoritariamente como redes de trabalho são as grandes empresas de consultoria. Elas têm um portfólio de pessoas talentosas com uma gama de habilidades, e um portfólio de problemas de clientes. As firmas de consultoria estão aprimorando continuamente a sua compreensão dos problemas do cliente, criando equipes flash que se unem de maneira dinâmica ao redor desses problemas e otimizando continuamente esse cenário em constante mudança. Organizações de outras indústrias podem extrair lições valiosas sobre a maximização dessa correspondência autônoma entre conjuntos de habilidades e projetos.

A Contratação é a Chave para o Próximo Conjunto de Habilidades

Onde e como você encontra os conjuntos de habilidades necessários para hoje e amanhã? Repensando completamente o seu processo de contratação, é claro.

Não há ponto de inflexão mais importante na interseção entre o funcionário, a equipe e a organização do que como, quando e quem você contrata. Vamos, então, tratar a contratação como um problema a ser solucionado com base nas quatro Próximas Regras principais — eficácia, crescimento, envolvimento e alinhamento:

> Você é o guia de uma equipe com uma dezena de funcionários, cada um dos quais também está trabalhando em um projeto para, pelo menos, uma outra equipe na organização.
>
> Você pede a um dos membros da sua equipe (não você) para liderar um exercício de design thinking visando olhar para os problemas que a equipe precisa resolver regularmente — ancorado, é claro, em um processo de alinhamento que esteja conectado diretamente à estratégia e ao propósito da organização. Torna-se claro para todos vocês que há um conjunto de problemas que não está sendo solucionado, e que a frequência e o conjunto de habilidades da equipe não são suficientes no momento. Vocês debatem coletivamente sobre as características ideais de um candidato, incluindo o tipo de mentalidade a ser alinhada, os conjuntos ideais de habilidades existentes (flexíveis, pessoais e de conhecimento) e a proficiência ideal do conjunto de ferramentas. Então, vocês priorizam esses requisitos (a mentalidade, é claro,

AS HABILIDADES DAS PRÓXIMAS ORGANIZAÇÕES

vem primeiro) e, em seguida, executam uma varredura de software antipreconceitos dessas características, reformulando os requisitos que pudessem favorecer candidatos com as mesmas experiências da equipe.

A equipe divide, então, o problema em vários microprojetos — sendo o mais importante dentre eles, é claro, aquele que garante que a equipe realmente compreenda o problema a ser solucionado. Você, então, alavanca a rede de trabalho da organização, colocando os microprojetos no tecido das suas conexões internas e externas. Você receberá uma série de respostas, que deve seguir passando pelos filtros antipreconceito. A equipe (e não você) deve, em seguida, escolher três candidatos para assumir três microprojetos remunerados diferentes, dentre os quais dois serão baseados em economias em desenvolvimento do outro lado do mundo. Isso funciona bem, já que significa que eles poderão estar trabalhando quando você não estiver.

Acontece que um dos candidatos é um talento fenomenal que um dos membros da sua equipe conheceu por meio de uma organização comunitária para a qual ambos estavam fazendo mentoria. O candidato foi tão bem no microprojeto que a equipe decide aumentar imediatamente a carga do projeto do contratante. Você também pede ao funcionário para completar seu próprio Quadro Aristotélico, para que você possa ver como se alinha com ele. Fica claro que o caminho do desenvolvimento pessoal desse funcionário está profundamente alinhado com a sua equipe e com a organização.

Dentro de alguns meses, você, sua equipe e o novo funcionário estão cocriando uma função de trabalho. Todos vocês concordam que uma relação de trabalho comprometida em tempo integral faz sentido, e o novo funcionário aceita um termo de compromisso com um conjunto flexível de condições que beneficiam a todos — o funcionário, a equipe e a organização. Eles continuam trabalhando de suas bases.

Ao longo desse processo, você garantiu o *envolvimento*, ao seguir um processo inclusivo; o *alinhamento*, ao enviar fortes indícios sobre o que os stakeholders da organização e a sua equipe precisam; a *eficácia*, ao cocriar uma função de trabalho na qual o funcionário possa ser bem-sucedido; e o *crescimento*, ao garantir que o caminho do desenvolvimento pessoal do funcionário e o papel e a necessidade da equipe estejam alinhados.

(Claro, esse funcionário tão adequado pode ter sido encontrado dentro da própria organização. Isso também significa que os funcionários da sua equipe estão disponíveis para trabalhar em outros projetos ao longo de toda a organização — uma oportunidade que você deve acolher, visto que aprimora seus conjuntos de habilidades, expande as conexões das suas redes de trabalho e identifica novos problemas a serem solucionados.)

O que nós acabamos de fazer? Ora, simplesmente reduzimos os riscos e aumentamos as oportunidades para o funcionário, a equipe e a organização.

O modelo de contratação das Regras Antigas é caracterizado, principalmente, pela gestão de riscos. Se você tivesse 100% de certeza de que o primeiro candidato com quem você falasse cumpriria cada expectativa, você não procuraria mais além. Riscos reduzidos a zero. Contrate a primeira pessoa a passar pela porta, seja esta virtual ou física.

> **Sejamos sinceros. A contratação realmente consiste totalmente em reduzir riscos.**

Essa segurança, no entanto, não existe. Um estudo frequentemente citado do Departamento do Trabalho dos EUA sugere que uma contratação mal alinhada normalmente custa pelo menos 30% do salário anual dos funcionários. E as organizações respondem a esse risco reforçando as Regras Antigas do Trabalho, exigindo um diploma de graduação de dois ou quatro anos, ou pós-graduação, ou ainda um número mítico de anos de experiência. Em *De que Cor É o Seu Paraquedas?*, meu pai chamou o processo de contratação de "ler as folhas de chá", em que o contratante é uma espécie de vidente que tenta adivinhar o futuro possível ao contratar um determinado candidato (embora seja mais como a leitura de mão, antecipando o que o candidato realmente fará). É por isso que um processo de contratação inclusivo deve ser deliberadamente projetado para reduzir o risco de desalinhamento, tanto para o contratante quanto para o funcionário.

Contratando Mentalidades Antes dos Conjuntos de Habilidades

Digamos que você não tenha esse tipo de processo de contratação inclusivo em vigor. Qual seria, então, a solução das Próximas Regras? Para muitas funções, isso envolveria se concentrar mais na contratação de mentalidades do que na contratação de conjuntos de habilidades.

Na icônica fábula de gestão *As 5 Tentações de um CEO*[7], o autor Pat Lencioni elaborou uma série de sugestões perspicazes para ajudar aqueles que lideram as organizações a compreender seus próprios desafios e oportunidades, e novas maneiras de articular como obter o melhor daqueles que trabalham nessas organizações. Minha favorita era um simples construto dele. Pat chamou isso de encaixe cultural *versus* encaixe de desempenho. Tomei a liberdade de fazer uma adaptação disso: alinhamento da mentalidade *versus* alinhamento do conjunto de habilidades.

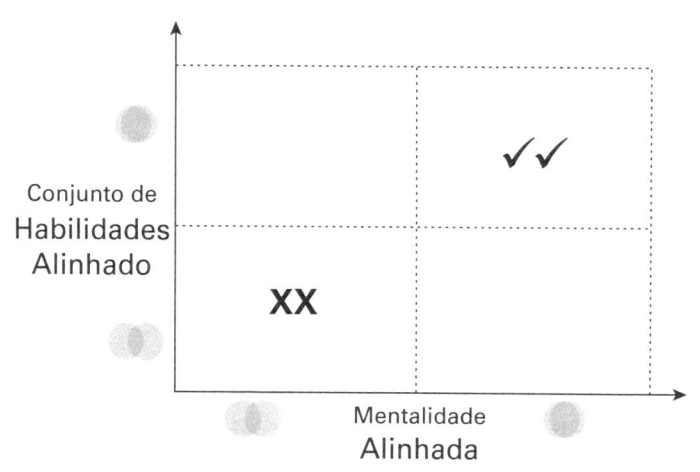

FIGURA 5.2   Conjunto de Habilidades e Mentalidade Alinhados

[Gráfico com eixos: eixo vertical "Conjunto de Habilidades Alinhado" e eixo horizontal "Mentalidade Alinhada". No quadrante superior direito: ✓✓. No quadrante central/inferior: XX.]

FONTE © 2021 Charrette LLC. Usado com permissão.

Nas Regras Antigas do Trabalho, a contratação costuma se concentrar no *encaixe de desempenho*. Um candidato tem a experiência que levaria o gerente de contratação a acreditar que ele seria bem-sucedido na função? Naquele contexto, o funcionário estava sendo avaliado para um "encaixe", como se o emprego fosse uma cavidade para a qual o funcionário seria avaliado e na qual seria devidamente inserido.

No entanto, um foco implacável no desempenho deixa de fora o fator mais importante: a mentalidade do funcionário e o seu alinhamento com a mentalidade da organização e da equipe. Quando as mentalidades estão alinhadas, todos têm um acordo claro sobre o que constitui o sucesso.

Observe que eu não chamo isso de "encaixe", que muitas vezes é visto a partir da perspectiva da organização — se você não "se encaixa", você é o problema. O "alinhamento", por outro lado, é um sistema balanceado. Se os valores, as necessidades e as habilidades dos funcionários e da organização estiverem alinhados, você tem uma boa combinação. Se não, ninguém tem culpa. Todavia, não é uma boa ideia para o funcionário ou para a organização se eles continuarem desalinhados.

Parafraseando o guru da gestão Peter Drucker: "A mentalidade derruba qualquer conjunto de habilidades." Se você tem o conjunto de habilidades, mas não a mentalidade, muito provavelmente haverá alguma incompatibilidade cultural em jogo. Se, por outro lado, você possuir toda a mentalidade, mas não o conjunto de habilidades, você pisará em ovos para desenvolver a capacidade de resolver o problema.

Falaremos mais sobre ferramentas que permitem este alinhamento nos capítulos 7 e 8. Por enquanto, pense no alinhamento do conjunto de habilidades como a percepção de que um funcionário tem a capacidade de executar o trabalho para o qual é necessário, *ou que pode aprendê-la rapidamente*; a organização pode oferecer a oportunidade para o funcionário usar o conjunto de habilidades de sua preferência e no qual opera melhor; e o funcionário tem a capacidade de desenvolver continuamente essas habilidades.

Além das Habilidades: Prosperidade Humana

Nosso foco em habilidades não deve nos cegar para o fato de que há muito mais sobre nós, seres humanos, do que apenas nossas habilidades. De acordo com Brian Kropp, vice-presidente de grupo da empresa de pesquisa Gartner:

> Costumávamos pensar em nossos funcionários como as pessoas que trabalhavam para nós. Se as pagássemos, estava tudo certo. Agora, há *seres humanos* trabalhando para nós. Funcionários e pessoas são coisas separadas. Nossos funcionários têm uma vida, e o trabalho é um subcomponente dela. Como podemos ajudá-los a ter uma vida melhor, e não apenas um "trabalho melhor"?

Até a pandemia, a mentalidade das Regras Antigas do Trabalho simplesmente reforçou o modelo de iceberg em muitas organizações. Aqueles que lideram em organizações têm pouco incentivo para saber mais a fundo sobre a pessoa por completo que trabalha com eles. Como os funcionários de repente foram forçados a ser distribuídos, foi uma epifania para muitos a possibilidade de espreitar, pela primeira vez, as casas e as vidas de seus colegas. "Vocês têm filhos?"; "Qual é o nome do seu gato?"; "Você mora com um pai que tem alguma doença?"

AS HABILIDADES DAS PRÓXIMAS ORGANIZAÇÕES

> Como pergunta Brian Kropp, da Gartner: "Como podemos ajudar as pessoas a terem uma vida melhor, e não apenas um 'trabalho melhor'?"

Claro, alguns funcionários que seguem as Regras Antigas podem preferir o anonimato do modelo de iceberg, no qual a organização apenas tem conhecimento do conjunto de habilidades oficial desse funcionário, e pronto. Simplesmente esteja lá, faça o seu trabalho e mantenha sua vida privada assim, privada. Esta é a sua prerrogativa. Mas o que eles farão quando algo ruim acontecer, e eles precisarem de um colega de trabalho para cobri-los enquanto visitam um pai doente no hospital? Como eles podem pedir folga para ir ao jogo de futebol do filho, por exemplo, se a equipe nem sabe que ele tem filhos?

Outra descoberta inovadora da era pandêmica moderna está ligada à nossa saúde. Muitas organizações não vão além de pagar as taxas obrigatórias de plano de saúde. Entretanto, os funcionários só irão para um local de trabalho saudável, e somente se eles próprios estiverem saudáveis. Essa demanda forçou muitas organizações a repensarem completamente vários fatores, desde as políticas de trabalho remoto até o replanejamento dos locais de trabalho, refeitórios e até mesmo elevadores.

Nossa lição coletiva deve ser que as Próximas Organizações devem engajar-se em um modelo holístico de trabalho humano, comprometendo-se com o bem-estar de cada indivíduo e compreendendo suas circunstâncias de vida. Isso inclui:

- **Bem-estar físico:** Antes da Covid-19, muitas organizações podiam simplesmente fornecer um determinado benefício de plano de saúde e ficarem por isso mesmo. Foi preciso uma pandemia para mostrar a muitos que lideram que, sem saúde e segurança física, os funcionários podem ser profundamente afetados.
- **Bem-estar mental:** O estresse do isolamento e a falta de contato humano durante a pandemia levou muitas pessoas a perceberem que a saúde mental precisava ser focalizada diretamente, em vez de ser simplesmente considerada.
- **Bem-estar emocional:** Seus colegas de trabalho podem nunca ter sabido, no passado, se houve algo afetando a sua família diretamente, como a doença de um ente querido. A pandemia deixou bem claro que

esse tipo de tormento poderia ter um impacto significativo na capacidade de um funcionário em realizar o seu trabalho.

- **Bem-estar financeiro:** Se a remuneração de um funcionário não lhe permite pagar suas contas, custear sua vida — e, portanto, seu trabalho —, ele fica prejudicado. Funcionários que têm suas cargas horárias significativamente reduzidas, ou seus turnos alterados constantemente, estarão em uma desvantagem constante.

- **Bem-estar espiritual:** Isso não significa se intrometer nas crenças de um funcionário. O que isso requer, na verdade, é uma preocupação de que os funcionários se sintam realizados em seu trabalho e em suas vidas, o que muitas vezes provêm de um alinhamento com o sentido e o propósito desse trabalho.

Como também descobrimos na pandemia, cada um de nós tem um conjunto de circunstâncias que influenciam o nosso bem-estar. Todos deveríamos ter uma família, uma casa e grupos de amigos; e, se temos filhos, também precisamos cuidar das crianças. Se um de nossos pais idosos ficar doente, podemos precisar de uma flexibilidade maior das horas de trabalho. E pode ser que tenhamos desafios enormes para lidar com o estresse do isolamento e as preocupações constantes com saúde.

As Próximas Organizações verão essas questões não como um problema, mas como uma oportunidade. Ao se comprometerem com a pessoa como um todo, aqueles que lideram terão a chance de aumentar drasticamente o engajamento e a lealdade dos seus funcionários. Em uma época em que o contrato social entre muitos funcionários e empregadores vem se desgastando rapidamente, um contratante dedicado a oferecer um emprego relevante e bem-remunerado aos funcionários só tem a ganhar com o aumento da produtividade e a redução da rotatividade. Você descobrirá que pode aumentar drasticamente o valor da sua marca, reduzindo custos de contratação e aumentando sua reputação com os clientes.

Ainda como afirma Kropp, da Gartner: "Não se trata de fazer com que apenas os seus funcionários sejam melhores; trata-se de tornar a sua empresa melhor."

Todos esses são argumentos lógicos. Mas tratar todos que agregam valor para a sua organização inteiramente como seres humanos é simplesmente a coisa certa a se fazer.

Devemos Criar, Juntos, a Nova Gestão

Eu chamei este novo conjunto de habilidades daqueles que lideram em organizações que praticam o unbossing de "guia de gestão". Ainda não conheço nenhuma organização que utilize esse rótulo, mas o que desejo encorajar com isso é um processo de cocriação que defina essa mentalidade e esse conjunto de habilidades empoderadores.

Quando se trata do conjunto de habilidades para liderar, eu adoraria poder descartar completamente a palavra "gestão" e simplesmente focar o trabalho dos "guias de equipe", independentemente do seu papel formal na organização. Eu não tenho qualquer rixa com *projetos* de "gestão". "Gerir" outros seres humanos, no entanto, é onde as coisas ficam complicadas. Parece-me que o peso da história nos arrastará continuamente de volta para o reino da gestão.

Certamente, há muitas pessoas que desejam que os outros lhes digam o que fazer. Na minha experiência, isso geralmente ocorre porque elas não têm a combinação de *informações* necessária para solucionar os problemas, a *permissão* para fazê-lo nem a *autoconfiança* para incentivá-las.

Você pode solucionar o problema da *informação* consultando o modelo de cognição para a resolução de problemas da Cognitas, no Capítulo 4. Em um mundo de aprendizagem instantânea e contextual, você pode fornecer o conjunto de ferramentas necessário para que os funcionários possam coletar, processar, resumir e aplicar as informações cruciais de maneira rápida e eficaz.

Você pode solucionar o problema da *permissão* capacitando continuamente os funcionários e as equipes a tomarem suas próprias decisões, correr riscos e sempre cometer novos erros. Aplique o "unbossing" a si mesmo.

Por fim, se você reforçar a capacidade e a autonomia de cada funcionário para solucionar problemas, terá ajudado a solucionar, por tabela, o problema da *autoconfiança*.

Como você verá no próximo capítulo, referente às organizações "sem líder", muitas das práticas concretas de gestão de guias não são novas. Mas a prática de gestão por vigilância constitui um padrão muito comum de comportamento quando os humanos são repentinamente colocados no papel de guiar o trabalho de outros humanos. É preciso treinamento intencional e coaching em um novo conjunto de habilidades e em uma nova mentalidade para poder ajudar pessoas que lideram equipes a se tornarem guias de equipe.

E nós podemos fazer isso juntos.

CONJUNTO DE HABILIDADES

Do Guia ao Indivíduo e à Equipe

Agora que preparamos o conjunto de habilidades das pessoas que lideram dentro de organizações, podemos aprofundar a questão do conjunto de habilidades dos indivíduos e equipes. Isso fornecerá muitos dos alicerces mais importantes para o desenvolvimento de habilidades essenciais das Próximas Organizações.

6

As Habilidades do Amanhã para Funcionários e Equipes: SPACE

Que habilidades os funcionários e as equipes devem se concentrar em desenvolver? São quatro as habilidades flexíveis mais importantes para lidar com um mundo de incertezas e mudanças: Solucionadores de Problemas que são Adaptáveis, Criativos e têm Empatia (SPACE). Essas habilidades são os alicerces de características como empreendedorismo, autonomia e, principalmente, inovação.

Insights importantes para suas próprias habilidades e aquelas das pessoas ao seu redor incluem o seu portfólio de habilidades com suas devidas interseções, seus superpoderes na interseção daquilo que você gosta e no que é bom em fazer, nossa cegueira frequente em relação às nossas próprias habilidades, e a necessidade de *aprender a aprender* novas habilidades.

O conjunto de habilidades também é um esporte em equipe. Existem quatro características principais das equipes habilidosas, que adquirem importância especial conforme as equipes vão se tornando cada vez mais distribuídas.

O Dia em que Você Nasceu

Imagine se naquele dia em que você entrou no mundo a enfermeira do hospital apresentasse você aos seus pais: "Aqui está o seu lindo filhinho." Então, enquanto seus pais o abraçavam, orgulhosos, a enfermeira acrescenta: "E aqui está o manual de instruções dele."

Seus pais erguem os olhos, intrigados.

A enfermeira está com um livro na mão. "Este manual é o guia que ajudará a criança a aprender por que, o que, onde, quando, com quem e como ela poderá fazer o seu melhor trabalho."

A enfermeira começa a folhear o manual. "Aqui, vocês encontrarão descrições de todas as maneiras pelas quais o seu filho poderá maximizar o seu potencial humano. É assim que a mente dele funcionará. O manual mostrará tudo aquilo que for único em sua cognição.

Aqui estão todas as coisas em que o seu filho será bom durante toda a vida. E aqui estão todos os problemas que ele gostará de solucionar. Aqui, as suas habilidades favoritas.

Essa parte, por sua vez, descreve os tipos de pessoas que o ajudarão a dar o melhor de si no trabalho e no aprendizado. E essa aqui oferece uma descrição do tipo de local de trabalho que a criança mais apreciará quando for adulta.

Ah, sim, e aqui está uma seção que fala sobre o sentido de vida que o seu filho encontrará quando for adulto, o propósito que ele irá seguir e a realização que encontrará por meio do trabalho e ao longo da sua estadia no planeta."

Seus pais estão maravilhados. Que vida incrível o aguarda!

As Quatro Habilidades Flexíveis do Amanhã: SPACE

Só que, provavelmente, não foi bem assim que aconteceu.

Mas por que não? Não deveria haver um "manual de instruções" para você? Quando se adquire uma máquina de distração digital (também conhecida como telefone celular), ela vem com um manual de instruções. Esse manual diz o que, naquele dispositivo, é bom ou não. Por que você não pode ter a mesma referência para si próprio?

Bem, já que ninguém lhe deu um manual de instruções, você precisou seguir em frente e desenvolver suas próprias habilidades. Espero que tenha recebido muita ajuda ao longo do caminho, da sua família, dos seus professores, amigos, colegas de trabalho e mentores. Entretanto, para muitos de nós, nunca nos foi mostrado, explicitamente, *como* desenvolver habilidades nem quais habilidades nos ajudariam a andar melhor por um mundo repleto de incertezas.

Tudo isso mudou. Seja bem-vindo à Era das Habilidades Humanas.

Um pequeno setor de consultores e pesquisadores surgiu, sugerindo quais serão as "habilidades futuras" mais requisitadas. Muitos desses estudos se concentram em habilidades de conhecimento e apontam para corpos de conhecimento tais como o aprendizado de máquina, a programação de inteligência artificial e a neurociência. Eles podem ser muito procurados em, digamos, vinte anos. Todavia, assim como Tom Friedman apontou para a imprevisibilidade do número de empregos no futuro, a mesma incerteza se aplica a áreas específicas.

Os pais sempre me perguntam: em que área o meu filho, quando adulto, deverá entrar para estar a salvo de quaisquer mudanças disruptivas? E eu, honestamente, não posso oferecer quaisquer garantias a eles. Cirurgia plástica, talvez? Provavelmente não.

A *única* coisa previsível é a necessidade de habilidades flexíveis e pessoais. Ainda assim, parece que todo mundo tem uma opinião sobre quais devem ser as habilidades do "século XXI" ou do "futuro". O relatório do Fórum Econômico Mundial intitulado *The Future of Jobs Report 2020*[1] [Relatório "O Futuro do Trabalho 2020", em tradução livre], listou as seguintes habilidades: pensamento analítico e inovação, aprendizagem ativa, resolução de problemas complexos, pensamento crítico, criatividade, liderança, habilidades digitais, resiliência e raciocínio — todas elas habilidades flexíveis e pessoais; nenhuma habilidade de conhecimento.

Entretanto, embora todas elas sejam úteis, precisamos priorizar, identificar e treinar as habilidades que mais importam. Depois de digerir cada estudo referente a habilidades futuras no qual consegui pôr as mãos, e de conversar com vários diretores-executivos de aprendizagem e educadores, descobri que quatro habilidades vêm à tona constantemente.

Cada funcionário precisa se tornar *um solucionador de problemas que é adaptável, criativo, e dotado de empatia*.

FIGURA 6.1   SPACE

Solucionador
de Problemas
(Eficácia)

Adaptável   Criativo
(Alinhamento)   (Crescimento)

Empatia
(Envolvimento)

FONTE © 2021 Charrette LLC. Usado com permissão.

Felizmente, em um mundo atormentado por um ritmo crescente de mudanças no tempo e no espaço, isso se soletra como SPACE. E essas características se alinham muito bem com as Próximas Regras.

A Solução de Problemas
(Parte do Conjunto de Habilidades para a Eficácia)

Como já vimos repetidamente, em um mundo de incertezas, a mentalidade *e* o conjunto de habilidades mais consistentemente importantes para qualquer funcionário envolve pensar em si próprios como solucionadores de problemas. É por isso que as pessoas contratam você, e é por isso que você as contrata: para solucionar problemas. Como vimos na analogia de escalar uma montanha, se abordar novos problemas com a mentalidade de um solucionador de problemas, é muito mais provável que você seja capaz de alavancar ou desenvolver o conjunto de habilidades para solucioná-los. E a nossa cognição nos fornece diversas habilidades de resolução de problemas, tais como reunir e sintetizar dados, elaborar teses, visualizar e testar soluções e desafiar suposições.

A Adaptabilidade
(Parte do Conjunto de Habilidades para o Alinhamento)

A adaptabilidade é, na verdade, uma família de habilidades que inclui pensar com flexibilidade, iterar com rapidez e assumir riscos aceitáveis. Ela é impulsionada por uma mentalidade de crescimento que diz que você pode aprender novas habilidades e métodos continuamente para solucionar novos problemas.

Em *The Adaptation Advantage* ["A Vantagem da Adaptação", em tradução livre][2], as autoras Chris Shipley e Heather McGowan oferecem uma variedade de estratégias para uma adaptação contínua. Uma das principais é a que elas chamaram de mentalidade de aprendizagem ágil, que, segundo elas, inclui agilidade, adaptabilidade e atenção (todas habilidades flexíveis), culminando na autonomia (uma habilidade pessoal). Recomendo fortemente que analisem este livro para obter mais insights sobre a adaptação contínua.

A Criatividade
(Parte do Conjunto de Habilidades para o Crescimento)

Este é um conjunto de habilidades que nos manterá à frente dos robôs e dos softwares. Habilidades como imaginar soluções novas, porém úteis, integrar estratégias de resolução de problemas provenientes de áreas distintas, e projetar novos produtos de forma criativa são, todas elas, habilidades profundamente humanas. Os softwares conseguem, no máximo, imitar alguns desses processos, mas ainda estamos a anos-luz de softwares de uso geral que possam emular a ampla gama de funções criativas presente nos seres humanos.

A Empatia (Parte do Conjunto de Habilidades para o Envolvimento)

Outra habilidade exclusivamente humana é a nossa capacidade de compreender as experiências vivenciadas por outros seres humanos. Isso é essencial, seja quando estamos tendo empatia com os problemas de um cliente, com as ideias e perspectivas dos nossos colegas de equipe ou com os desafios enfrentados por alguém que se encontra em desvantagem no nosso modelo de sociedade. Estudos sobre o cérebro mostram que a empatia é tipicamente aprendida — ou ignorada — muito cedo no desenvolvimento infantil. Ela pode, e deve, ser ensinada nos anos subsequentes, mas idealmente as crianças devem receber um reforço no ensino de comportamentos empáticos o mais cedo possível.

Essas são as quatro habilidades básicas e elementares. Aqui vão alguns contextos nos quais um conjunto de habilidades SPACE pode se tornar extremamente valioso:

- **Empreendedorismo** (ou intraempreendedorismo, quando se trata da parte interna de uma organização): O que um empreendedor faz em uma startup? Primeiro, ele sente *empatia* pelas vivências do cliente; então, elabora uma *resolução criativa* para os problemas desse cliente; por fim, ele se *adapta* continuamente conforme a sua compreensão das necessidades do cliente vai mudando. Ou seja: SPACE, repetidamente.

- **Autonomia:** A *mentalidade* de autonomia é melhor incentivada por meio do *conjunto de habilidades* SPACE. Como a autonomia nada mais é do que *a crença de que tomar uma atitude pode gerar um resultado positivo* (às vezes, é chamada de "esperança"), é muito mais provável você acreditar que consegue subir ao topo da montanha se já tiver demonstrado o conjunto de habilidades para isso. A mentalidade positiva de um funcionário será fortalecida ao desenvolver habilidades para a solução de problemas, a adaptação, a criatividade e a empatia, e será também muito mais provável que ele aja para solucionar problemas futuros.

- **Resiliência:** Em um momento de disrupções contínuas, algumas pessoas se revelam extremamente resilientes, sendo capazes de lidar com contratempos, entraves e descontinuidades frequentes. O SPACE oferece uma mentalidade e um conjunto de habilidades que pode ajudar, continuamente, os funcionários a compreenderem os desafios, responderem a problemas com uma mentalidade positiva e solucioná-los de forma tão eficaz quanto for possível dentro daquelas circunstâncias. A resiliência é mais essencial e mais provável em equipes comprometidas com o SPACE.

- **Aprendizagem na juventude** (que muitas vezes ocorre na escola): Uma aprendizagem colaborativa e baseada em projetos *é, essencialmente*, SPACE. Os jovens são treinados para desenvolver habilidades de resolução de problemas e criatividade, e também para adaptar-se continuamente e ter empatia por aqueles com quem estão cocriando — e quanto mais jovens eles começarem, melhor.

- **Desvantagens:** Funcionários com necessidades especiais ou que tenham nascido com desafios socioeconômicos significativos, ou que estiveram encarcerados anteriormente, podem ser empoderados por meio do desenvolvimento de habilidades SPACE.

E o mais importante para muitas organizações:

- **Inovação:** Embora algumas organizações pensem na inovação como um conjunto de habilidades, prefiro pensar como um *resultado* do SPACE. Se você tem funcionários SPACE, terá também uma organização mais inovadora, já que eles utilizam continuamente suas habilidades criativas para solucionar novos problemas.

Essas quatro Próximas Habilidades básicas são os principais alicerces para o conjunto de habilidades do amanhã. Mas você também tem muitas outras habilidades. Como, então, você pode compreender e desenvolver esse portfólio e, especialmente, os seus "superpoderes", tanto para você quanto para os outros?

Elaborando um Manual de Instruções de Você: Quatro Insights Essenciais

Aqui estão quatro insights importantes sobre as suas habilidades.

Insight 1: Você Possui um Portfólio de Habilidades com Muitas Interseções Possíveis

Você possui uma ampla gama de habilidades que desenvolve continuamente. Algumas surgiram espontaneamente, enquanto outras levaram tempo, dedicação e trabalho para serem desenvolvidas. Algumas foram úteis no seu trabalho anterior, mas já não são habilidades que você utiliza regularmente. Outras ainda estão em desenvolvimento e podem lhe trazer novos recursos no futuro.

Isso é um portfólio de habilidades. Tal como um gerente de investimentos aconselharia, é importante possuir um conjunto de habilidades pelo qual você sabe que as pessoas irão pagar para poderem acessar. E há outros que podem estar mais enraizados em suas paixões, mas que ainda não estão desenvolvidos o suficiente para gerar renda, ou que você não tem problema em manter como hobbies e interesses.

A demanda por novos conjuntos de habilidades estará cada vez mais na interseção entre interesses variados. Pense nisso como um diagrama de Venn de habilidades, mas com uma sobreposição única entre eles, determinando um conjunto de habilidades exclusivo. (Ou melhor, lembre-se das interseções entre as habilidades de John Venn, o próprio inventor do diagrama.) Se você puder conceber uma sobreposição dos seus interesses, não importa quão esotéricos eles sejam, sempre haverá a possibilidade de alguém pagar a você para fazer esse trabalho. Aqui está um exemplo concreto disso.

ESTUDO DE CASO

Uma Interseção Vencedora do Prêmio Nobel: Sir Harry Kroto

Em meados da década de 1980, Harry Kroto era um artista talentoso no Reino Unido e sonhava em abrir o seu próprio estúdio de design gráfico científico. Ele era também um jovem e brilhante químico e pesquisador. Sua equipe na Universidade de Sussex estava realizando pesquisas promissoras sobre as propriedades dos átomos de carbono, que eles achavam que poderiam ser fundidos em uma tela, cuja molécula resultante poderia ser capaz de assumir uma variedade de formas diferentes.

Harry estava em conflito entre suas duas paixões e considerou seriamente desistir do mundo acadêmico pelas artes. Entretanto, ele decidiu continuar com suas pesquisas para ver se elas levariam a algum lugar. Essa equipe de pesquisa foi creditada, posteriormente, pela descoberta do que atualmente é conhecido como um *fulereno*, uma estrutura química nomeada em homenagem a Buckminster Fuller, porque uma forma da molécula se parece com as famosas cúpulas geodésicas de Fuller. Em 1996, a equipe de pesquisa de Harry recebeu o Prêmio Nobel de Química.

Em 2013, Harry foi convidado pelo Google para atuar como jurado na competição internacional Google Science Fair. Nossa empresa, a Charrette LLC, foi solicitada a produzir uma apresentação no Google Hangouts para estimular adolescentes de todo o mundo em relação à ciência e tecnologia, e nós convidamos "Sir Harry" — que já havia sido, então, nomeado cavaleiro pela Rainha — como convidado. Ele disse, durante a apresentação, que, em determinado ponto da sua pesquisa, decidiu criar um modelo artístico de uma molécula de fulereno, e que ver a concepção física da estrutura atômica levou a novos insights sobre as suas propriedades — ou seja, algo como uma interseção de habilidades.

Harry faleceu em 2019. Mas a descoberta de sua equipe, laureada com um Prêmio Nobel, ajudou a impulsionar uma gama de aplicações na criação de nanomateriais, incluindo o grafeno, um material digno da ficção científica, que é cem vezes mais resistente que o aço.

As interseções entre habilidades criarão cada vez mais novas oportunidades. E como essas interseções oferecem um conjunto específico de habilidades, não só há menos competição por este trabalho, como muitas vezes há uma flexibilidade maior para adaptar o trabalho a você, e não o contrário.

Insight 2: Algumas de Suas Habilidades São Superpoderes — A Interseção entre o que Você Ama e as Coisas nas Quais Você É Bom

Uma das partes mais importantes do seu portfólio de habilidades é o conjunto de habilidades que se encontra na interseção entre as habilidades em que você é mais proficiente e aquelas que você mais gosta de aplicar.

Como pude descobrir quando fui treinado como conselheiro de carreira no final da minha adolescência, se nós gostamos de usar certas habilidades e de solucionar certos problemas, teremos muito mais motivação para aprimorar nossas habilidades. Além disso, se praticarmos e aprimorarmos continuamente essas habilidades de que gostamos, no futuro não apenas apreciaremos poder aplicá-las, como também seremos extremamente proficientes com elas.

Isso é um superpoder.

Obviamente, poucas pessoas têm o privilégio de um trabalho que é *sempre* a combinação daquilo em que elas são boas com o que amam fazer. Quase todos os trabalhos têm alguns aspectos que não são perfeitos. Mas a nossa maior satisfação vem do desenvolvimento e do uso de nossos superpoderes. E se você tem o poder de contratar, pode obter uma grande satisfação contratando outros que saibam fazer o mesmo.

Utilizar seus superpoderes pode ser o momento em que o trabalho é mais divertido. Esta não costuma ser uma palavra que as pessoas usam para designar o trabalho. "Afinal, trabalho é trabalho, certo? Não é para ser divertido." Espero que isso pareça tanto uma mentalidade das Regras Antigas para você quanto é para mim. É claro que o trabalho pode e deve ser divertido, sempre que possível. E de qualquer forma, quando não for o caso, você pode usar suas habilidades criativas de resolução de problemas para torná-lo mais divertido.

FIGURA 6.2   No que Você É Bom e o que Ama Fazer

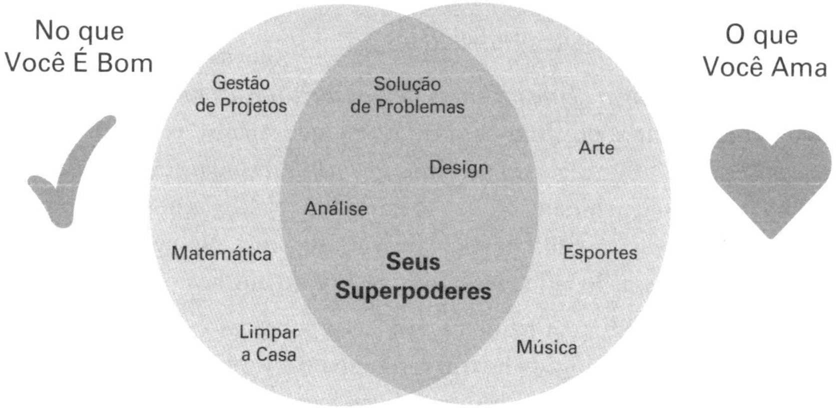

No que Você É Bom

- Gestão de Projetos
- Solução de Problemas
- Design
- Arte
- Análise
- Matemática
- Esportes
- Limpar a Casa
- Música

Seus Superpoderes

O que Você Ama

FONTE © 2021 Charrette LLC. Usado com permissão.

ESTUDO DE CASO

Uma História de Superpoderes: Dean Kamen, Inovador Mestre

Dean Kamen nasceu em Long Island, Nova York. Na escola, ele descobriu que era um talentoso inovador e inventor e, quando adulto, passou a criar algumas invenções revolucionárias que vão desde o diciclo Segway até um braço protético. Quando o nosso grupo, Charrette LLC, produziu uma série de entrevistas pelo Google Hangouts para a competição internacional Google Science Fair, convidamos Dean para falar um pouco sobre sua filosofia de vida para jovens do mundo inteiro.

Fizemos a mesma pergunta para Dean que fizemos a todos os convidados do show: "Se você pudesse voltar no tempo e dar um conselho para o seu eu adolescente, qual seria?"

Dean respondeu que daria o mesmo conselho que seu pai lhe dera; disse que Jack, seu pai, era um brilhante artista e ilustrador, que inspirou Dean a ser diferente. Jack encorajou o filho a seguir as próprias paixões e a trabalhar com algo de que gostasse, mas sempre se assegurando de ser proficiente o suficiente nesse trabalho para que as pessoas o pagassem por isso.

Dean, obviamente, seguiu o conselho do pai. Como a página de Dean na Wikipédia atesta, em meados da década de 1970, ele já ganhava 60 mil dólares por ano — antes de se formar no ensino médio.

Insight 3: Você É um Iceberg, e Provavelmente É Cego para Muitas de Suas Habilidades

Em *Rápido e Devagar: Duas formas de pensar*[3], o psicólogo Dan Kahneman aponta com bastante precisão para o fato de que somos "cegos para a nossa própria cegueira". Ou seja, não sabemos que não sabemos. E, eu acrescentaria, nós não sabemos nem mesmo *o que* sabemos. Em relação às nossas habilidades, ambas as informações estão particularmente corretas. Na verdade, os outros costumam ver nossas habilidades muito melhor do que nós mesmos.

Os psicólogos têm uma maneira de pensar sobre isso já há algumas décadas. Em 1955, os psicólogos Harrington Ingham e Joseph Luft desenvolveram a Janela de Johari, um "quadrante mágico" para ilustrar a interação entre a nossa própria autopercepção e como os outros nos veem. Luft e Ingham afirmam que existem características que são (1) conhecidas por nós, sobre nós mesmos; e (2) que nós não conhecemos. E existem fatores que (A) os outros sabem a respeito de nós, e (B) que eles não sabem. Os seus "pontos cegos" incluem habilidades e comportamentos que os outros veem, mas você não, e habilidades e comportamentos que *ninguém* vê, nem mesmo você — aquilo que costuma ser chamado de "potencial oculto". Você não sabia que era bom em matemática ou desenho, e ninguém sabia, até você esbarrar com essa informação e incorporá-la. E mesmo assim, você pode ter pensado: "Ah, qualquer pessoa pode fazer isso."

Na verdade, não. Muitas não podem.

ESTUDO DE CASO

Ponto Cego: O Barco

Em 2017, a nossa empresa, Charrette LLC — incluindo Heidi Kleinmaus, nossa sócia-gerente (e minha esposa), e eu —, conduziu um workshop sobre o "futuro do trabalho" para um grupo de adolescentes nativos da Nova Zelândia, de uma tribo Maori que veio da Ilha Norte do país para uma jornada de inovação pelo Vale do Silício. Em um workshop na Hasso Plattner School of Design, da Universidade de Stanford (também conhecida como d.school), Heidi e eu conduzimos os adolescentes em um exercício para ajudá-los a compreender suas próprias habilidades.

Percorremos a sala pedindo a cada um para que falassem sobre uma ocasião em que haviam solucionado um problema e explorassem as habilidades utilizadas para isso. Uma das adolescentes, no entanto — vamos chamá-la de Kali —, simplesmente não conseguia pensar em um exemplo que demonstrasse algum tipo de habilidade. Ela achava que não tinha conquistado nada. (Se você é pai de um adolescente, sabe como é: ou eles pensam que sabem tudo, ou que não sabem de nada. Felizmente, você e eu não éramos assim. Ou será que éramos?)

Por fim, pedi a ela para que contasse uma história sobre uma época em que tivesse feito algo divertido, mas que tenha dado pouco trabalho. Tímida no início, Kali começou a falar sobre uma época em que queria visitar um amigo em uma ilha vizinha, mas seus pais não queriam pagar pela viagem de balsa.

Então, ela construiu um barco.

Minha resposta atônita foi: Você construiu um barco? Como?

Demonstrando uma leve exasperação devido à minha pergunta obviamente estúpida, Kali explicou: Você corta uma árvore, a deixa oca, trata a madeira com resina, e assim por diante.

Eu perguntei, incrédulo: Ele flutuou?

Claro que flutuou.

Para Kali, isso não era grande coisa. Todo mundo sabe construir um barco, não? Para vários outros adolescentes em um workshop para jovens no centro de uma cidade da Bay Area, a jovem demonstrou um conjunto de habilidades que eram verdadeiros superpoderes.

CONJUNTO DE HABILIDADES

A mesma analogia do iceberg que utilizamos no Capítulo 5 para a organização se aplica a cada um de nós como indivíduos. A pontinha do iceberg acima da superfície representa as habilidades que você percebe. Mas existem muitas habilidades, interesses, experiências, motivações e expectativas que você esqueceu, ou que não consegue ver, e que estão abaixo da superfície. Como você poderia trazê-las para a luz?

A chave para entender suas próprias habilidades é aquilo que chamamos de autoinventário. (O rótulo das Regras Antigas é "avaliação". Entretanto, você é o único que deveria "avaliar" a si.) O autoinventário surge a partir da mentalidade de que o autoconhecimento permite que você entenda suas próprias forças, interesses e objetivos. No entanto, é necessário fazer pelo menos parte desse processo de autoconhecimento com uma ou mais pessoas para que você possa aproveitar suas percepções, que muitas vezes são capazes de enxergar muito melhor do que você as suas próprias habilidades que estão abaixo da superfície da água.

Exploraremos algumas das ferramentas de autoinventário no Capítulo 8.

Insight 4: Você Pode Aprender a Aprender Habilidades

Uma das maiores oportunidades para os nossos sistemas educacionais da infância à fase adulta não é apenas ajudar as pessoas a aprender, mas a *aprender como aprender*.

Exploramos parte desse processo na nossa jornada ao longo da cognição, neste mesmo capítulo. Esse complexo conjunto de funções em nossas cabeças inclui uma série de mecanismos que podem reforçar a aprendizagem, de forma que ela permaneça conosco por muito tempo. Quando aprendemos *como* aprender, podemos coletar, processar, abstrair, aplicar *e reter* informações com muito mais eficácia.

Esses insights são diretamente úteis para o processo de aprendizagem e do desenvolvimento de habilidades. A menos que uma nova habilidade seja algo que você descubra que pode aprender sem esforço, inevitavelmente surgirão obstáculos no seu caminho de aprendizagem. Compreender o seu próprio sistema de recompensa pode ajudá-lo a elaborar melhor a combinação de incentivos e desincentivos de que você precisa para superar os solavancos e conseguir construir aquelas memórias de longo prazo que permitem que você retenha mais habilidades.

Às vezes, é claro, esse processo também inclui uma *desaprendizagem*. A gestão de guias é um bom exemplo. Se o ensinaram que ser um gerente significava ser a pessoa com as melhores respostas na sala, pode levar algum tempo para você conseguir desaprender essa parte da função, de forma a não dar continuidade a alguns comportamentos menos eficazes e, por fim, aprender como ser a pessoa com as melhores perguntas dentro da sala de reunião.

O Conjunto de Habilidades como um Esporte em Equipe

Agora, vamos aplicar o conjunto de habilidades SPACE a uma equipe.

Pense nos membros de uma equipe como um grupo de pessoas dotadas de superpoderes. Assim como em um filme de super-heróis, cada vez que a equipe se depara com um problema, a pessoa com o superpoder mais adequado é quem deve resolvê-lo.

Lembre-se das principais características de uma equipe, segundo a pesquisa do Google no Projeto Aristóteles: segurança psicológica, confiabilidade, estrutura e transparência, sentido e impacto, aos quais eu acrescentei a diversidade psicológica. Todos esses fatores estabelecem o *contexto* no qual uma equipe realiza seu trabalho.

Mas o que uma equipe *faz*, na verdade? Minha definição favorita das ações de uma equipe é de Rachel Dzombak, pesquisadora do Blum Center for Developing Economies. Ela aponta para três características principais de uma equipe[4]:

- Ela é comprometida com um **propósito comum**, seja algo que possa ser entregue no curto prazo ou uma missão de longo prazo.
- Sua interdependência requer a **coordenação do trabalho**. Isso inclui a responsabilidade de se comunicar e se sincronizar regularmente.
- Seus membros se consideram **mutuamente responsabilizáveis**. Além disso, assumem compromissos uns com os outros, os cumprem, desafiam e apoiam uns aos outros se alguém não fizer o que dizem.

A estas, eu acrescento uma quarta característica para a era de disrupção:

- **Eles se unem em torno dos problemas de maneira dinâmica.** Membros da equipe trabalham juntos para compreender o problema que estão tentando solucionar, alinhar as tarefas a serem realizadas com o conjunto de habilidades mais adequado na equipe, e, por fim, cocriar uma solução para o problema.

CONJUNTO DE HABILIDADES

ESTUDO DE CASO

Um Grupo de Mentes: Aqueles que Lideram na Avito

Mencionei anteriormente que Vladimir Pravdivy, CEO da empresa do mercado online russo Avito, tem um dos conjuntos de líderes executivos mais psicologicamente diversificados que eu já conheci. Imagine ter uma equipe onde:

- O chefe de desenvolvimento organizacional é um ex-consultor de gestão.
- O gerente-geral da unidade de negócios automotivos é um matemático treinado.
- O diretor de pessoal é um sociólogo da Sibéria.
- O CTO tem PhD em ciência da computação.
- O chefe de desenvolvimento corporativo tem mestrado em literatura, PhD em filosofia e fala cinco idiomas.

Vladimir me disse uma vez: "Encorajamos o conflito de opiniões. Quando duas opiniões diferentes se chocam, elas geram uma ideia muito melhor."

Uma pessoa que lidera uma organização e consegue reunir esse tipo de pensamento diverso é rara. No entanto, quem fizer isso garantirá que uma ampla gama de mentalidades e conjuntos de habilidades seja constantemente reunida para solucionar os problemas dos stakeholders da organização.

E quais são as recomendações de Vladimir para outros que, como ele, lideram em uma organização? "Mantenha a mente aberta em relação às vozes da sua equipe. Abrace a diversidade dos seus pensamentos. Tenha fome de novas ideias e procure constantemente por maneiras de [se] aprimorar."

O conjunto de habilidades SPACE se alinha bem com as características e ações de um grupo de trabalho altamente eficaz:

- Lembre-se de que **uma equipe é um grupo de solucionadores de problemas.** (É por isso que são *eficazes*.) Cada membro de uma equipe de alta funcionalidade é um solucionador de problemas. Às vezes, a equipe estará solucionando um problema que conhece bem, mas em muitos casos irá enfrentar um problema novo. Se os membros juntarem suas habilidades complementares de solução de problemas, estarão muito mais propensos a contornar o problema e a resolvê-lo de uma forma dinâmica e efetiva.

- Uma equipe é **incessantemente adaptável**. (Esta é uma forma de as equipes se manterem *alinhadas*.) Seus membros trabalham juntos continuamente para entender e solucionar o problema seguinte, especialmente quando se trata de um desafio único que ainda não haviam encontrado.
- **Uma equipe se vale da sua criatividade coletiva.** (É assim que as equipes continuam *crescendo*.) Mesmo em algumas das situações de trabalho mais repetitivas, uma equipe psicologicamente diversa e que adota e pratica a segurança psicológica terá oportunidades inesgotáveis de utilizar sua criatividade coletiva para solucionar problemas de maneira mais eficaz e criar um ambiente de trabalho mais estimulante e divertido.
- **Empatia.** (É assim que as equipes se *envolvem* continuamente.) Outra habilidade humana singular é a nossa capacidade de compreender a vivência de outros seres humanos. Isso é essencial, quer estejamos sendo empáticos com os problemas de um cliente, quer com as ideias e perspectivas dos nossos colegas de equipe, ou com os desafios de alguém que se encontra em desvantagem na nossa sociedade.

Observe que eu não utilizei os termos "alto desempenho" ou "alta produtividade" para me referir aos grupos de trabalho. Lembre-se de que, na pior das hipóteses, um foco no desempenho pode se tornar um facilitador de comportamentos tóxicos que polarizam os funcionários em "alto desempenho" e "baixo desempenho", privando aqueles que não se enquadram nos índices sem garantir qualquer assistência à melhoria deles. Além disso, ainda na pior das hipóteses, a produtividade é um conjunto de índices voltados para os acionistas e que acaba assegurando um futuro do trabalho robotizado e totalmente voltado a espremer até a última gota de energia do funcionário.

É por isso que uso adjetivos como "altamente eficaz", "alta funcionalidade" e equipes "altamente alinhadas". Uma equipe deve ser capaz de estabelecer seus próprios índices, alinhados aos objetivos da organização e aos objetivos de cada trabalhador individual que faça parte da equipe.

Quando o "Remoto" Vira o Novo Normal: O Conjunto de Habilidades das Equipes Distribuídas

À medida que boa parte do trabalho das equipes se torna distribuída, o conjunto de habilidades SPACE deixa de ser importante e passa a ser crucial.

Embora visionários, como o economista-chefe da Upwork, Adam Ozimek, tenham dito a mim, em dezembro de 2019, que o trabalho distribuído se tornaria, em não muito tempo, uma tendência crescente, até o início de 2020 as políticas de "trabalho em casa" eram relativamente raras nas organizações. As práticas generalizadas de gerenciamento por vigilância incentivavam os gerentes a desconfiarem dos funcionários que eles não pudessem ver trabalhando, e poucas organizações assumiam o risco de permitir que os funcionários trabalhassem remotamente.

Então, apareceu um vírus.

Na conferência virtual mencionada acima, Preissner, da P&G, previu que o funcionário médio estaria trabalhando no escritório da empresa apenas três dias por semana. A nova mentalidade é: todo funcionário é "remoto", até mesmo no escritório. Com este modo padrão laboral, sem amarras, um próximo modelo de trabalho se torna muito mais provável.

É importante, claro, equilibrar o bom e o menos bom das equipes distribuídas a partir de diferentes perspectivas. Se você for muito introvertido, o trabalho distribuído é incrível. Se for alguém extremamente extrovertido, por outro lado, isso pode parecer um exílio. Se você já teve problemas para encontrar talentos, contratar funcionários de qualquer lugar do mundo pode virar o jogo a seu favor.

Porém, se sua função for descobrir como encontrar, contratar e compensar essa rede de trabalho, talvez você sinta que a vida se tornou muito complicada.

Em um mundo pós-pandêmico, muitos trabalhadores que vivenciaram o trabalho distribuído desejarão uma flexibilidade maior quando precisarem estar no escritório. Um estudo[5] da LiveCareer.com, do início de 2021 descobriu que 61% dos mil trabalhadores pesquisados gostariam de continuar a trabalhar em casa, pelo menos parcialmente. Isso significa que habilitar equipes distribuídas é um novo conjunto de habilidades para as Próximas Organizações, exigindo um conjunto de ferramentas técnicas e tecnológicas que, em última análise, permitirá à organização incluir talentos muito mais diversificados do que seria possível em tempos anteriores.

E quais são as habilidades mais importantes para equipes distribuídas? Isso mesmo. Capacitar a eficácia, permitir o crescimento, garantir o envolvimento e encorajar o alinhamento.

Um excelente recurso para coordenar seu grupo de trabalho distribuído vem de John O'Duinn, autor que vive na Bay Area, em São Francisco. Tenho chamado o livro de John, *Distributed Teams*[6], de "a bíblia do trabalhador distribuído." Poucos recursos foram tão oportunos — John lançou o livro mais de um ano antes do confinamento global — ou úteis.

Assim como John, tento evitar o emprego da frase "trabalho remoto", porque isso implica uma hierarquia de trabalho que priva direitos e que não deveria existir. Funcionários que compareçam ao escritório-mãe não são "presenciais", e quem trabalha em outros lugares não é "remoto". A mentalidade do grupo deve sempre pensar a equipe como distribuída, mesmo que apenas um funcionário esteja em um local distinto, caso se proponha a ser verdadeiramente envolvente.

APRENDENDO COM ORGANIZAÇÕES ALTAMENTE DISTRIBUÍDAS E AUTÔNOMAS

Quando uma organização deixa de ser uma organização? Quando ela for distribuída, autônoma, digital, ou todas as opções acima.

Estratégias para mudar os papéis tradicionais daqueles que lideram em organizações e para coordenar organizações altamente distribuídas não são nenhuma novidade. Existem muitos exemplos de organizações que são caracterizadas por alguma forma de holacracia (sem liderança ou autônoma), por serem completamente distribuídas (sem um escritório central), ou ambos: **W.L. Gore**, a empresa que fabrica roupas para atividades ao ar livre usando seus tecidos Gore-Tex, tem funcionado como uma empresa sem liderança desde meados da década de 1970. A Gore também ficou famosa por tentar, durante anos, limitar o número de pessoas no escritório a 150, quantidade estimada pelo antropólogo britânico Robin Dunbar como o máximo de nomes e rostos que uma pessoa comum consegue reter. A Gore tem seguido práticas como incentivar recém-contratados a encontrarem sua função na empresa caminhando e entrevistando colegas de trabalho para encontrar problemas não solucionados, e permitir que os trabalhadores elaborem um nome para suas profissões. (Meu favorito: "Grande Imperatriz do Universo.")

- **The Morning Star Company**, uma empresa avaliada em 700 milhões de dólares que processa um quarto de toda a produção de tomates na Califórnia, e que tem quatrocentos funcionários que operam sem gerentes tradicionais. (Adam Grant, apresentador do podcast WorkLife, tem uma ótima conversa com o colega e autor Dan Pink, intitulada *A World Without Bosses* ["Um Mundo sem Chefes", em tradução livre], na qual trocam ideias sobre a abordagem da Morning Star. A conversa está disponível em TED.com[7], com conteúdo em inglês).

- **Basecamp** (anteriormente, 37signals), a criadora da popular ferramenta de colaboração em equipe, tem sido uma organização totalmente distribuída, sem nem um único escritório desde o seu início. Os cofundadores David Heinemeier Hansson e Jason Fried escreveram juntos um livro sobre trabalho distribuído[8] em 2013, visando ajudar outras pessoas a aprenderem suas estratégias de gerenciamento distribuído. A Basecamp também sugere, notoriamente, que os funcionários limitem o seu tempo de trabalho semanal a quarenta horas, prática que incentiva fortemente as pessoas a colocarem proteções em torno de suas vidas profissionais.
- **Automattic**, a desenvolvedora do serviço de publicação de conteúdo WordPress, possui 1.200 funcionários em 77 países e também é distribuída desde a sua fundação, em 2005. Analogamente, o **GitLab**, criador do projeto e repositório de softwares GitHub, possui 1.300 funcionários em 69 territórios diferentes.
- **Upwork**, a plataforma para trabalhadores autônomos, tem 2 mil funcionários, sendo apenas um quarto deles funcionários em tempo integral e com folha de pagamento. Os outros 1.500 são funcionários distribuídos que operam em sua plataforma, alguns dos quais trabalham com a organização há mais de dez anos.
- A **Valve Software**, fundada em 1996, é um dos exemplos mais visíveis de uma empresa sem uma hierarquia de gestão explícita ou uma equipe de liderança C-suite. A organização postou seu manual de RH online, e as imagens da sua "hierarquia" se parecem com gráficos de node e gráficos em rede — ou seja, algo como uma rede de trabalho. Novos funcionários são contratados frequentemente para atender a um perfil cultural e um conjunto de competências, mas raramente para funções específicas.
- A **Ethereum** é um exemplo do novo e surpreendente tipo de empresa distribuída e sem liderança conhecido como organização autônoma e descentralizada, ou OAD. A Ethereum é um conjunto de ferramentas de software que alimenta um mercado de moeda digital conhecido como Ethereum, que é semelhante ao Bitcoin. Mas a Ethereum também é um serviço de softwares para a criação de OADs, além de ser, ela própria, uma OAD que utiliza seu próprio software para organizar seus funcionários e proprietários distribuídos. A Ethereum é a garota-propaganda para o tipo de empresa de próxima geração à qual o autor Salim Ismail se refere em seu livro *Organizações Exponenciais*[9].

AS HABILIDADES DO AMANHÃ PARA FUNCIONÁRIOS E EQUIPES...

Aqui estão três insights principais que nós podemos aprender com essas organizações que seguem os Próximos Princípios:

1. Há um conjunto de habilidades consistente exibido por aqueles que lideram nestas organizações, tais como abraçar a ambiguidade, se adaptar incessantemente, exibir vulnerabilidades e se alinhar continuamente, todas elas refletidas no conjunto de habilidades das Próximas Regras, especialmente no que se refere ao crescimento e ao alinhamento.

2. Em sua melhor performance, as organizações totalmente distribuídas e autônomas capacitam seus funcionários individualmente, valorizam habilidades, solucionam problemas, criam valor e oferecem oportunidades e prosperidade de maneiras novas. Todavia, uma organização ainda tem seres humanos, com todos os seus pontos fortes e fracos. Um exame das postagens referentes a essas empresas no Glassdoor. com pode revelar que "organizações sem liderança" às vezes não o são, de fato. O poder pessoal toma o lugar do poder hierárquico, e quem tem egos mais fortes e objetivos bem definidos geralmente domina a tomada de decisões. Estas podem ser falhas de design na estrutura social dessas organizações ou podem ser uma dinâmica inevitável das interações humanas. Não obstante, isso é um grande reforço da necessidade de se "envolver" as pessoas que fazem parte da organização com uma mentalidade alinhada.

3. Precisamos ser cada vez mais intencionais em relação à própria natureza de uma organização, desde como ela cria valor, até como canaliza o trabalho humano. Formas de organizações totalmente novas são possíveis em um mundo de mudanças exponenciais.

O Terceiro Componente do Tripé: O Conjunto de Ferramentas

Exploramos a mentalidade e o conjunto de habilidades de sucesso para a organização, bem como para os indivíduos, equipes e líderes de equipe. A seguir, vamos nos aprofundar nos conjuntos de ferramentas — as técnicas e tecnologias para ajudar indivíduos, equipes e organizações a alavancarem as Próximas Regras.

PARTE QUATRO

Conjunto de Ferramentas

Capacitar
a Eficácia →

Objetivos e resultados principais
Recompensas flexíveis
Redução do trabalho pelo trabalho
Práticas flexíveis no local de trabalho
Ferramentas de processamento ágeis
Tecnologia para equipes distribuídas
Aprendizagem em equipe
Ferramentas de eficácia pessoal
Técnicas de alinhamento de equipe
Serviços de aprendizagem online
Mercados de inovação interna
Software de alinhamento organizacional
Ferramentas de autoconhecimento
Mercados de trabalho interno
Pesquisas de cultura
Prototipagem rápida
Promoção inclusiva
Programas inclusivos de desenvolvimento pessoal
Aprendizagem instantânea e contextual
Design thinking inclusivo
Práticas de saúde do trabalhador
Práticas coletivas dos trabalhadores
Softwares eficazes de remoção de preconceitos
Contratação inclusiva

← Encorajar **Alinhamento**

Permitir **o Crescimento** ↑

Garantir
o Envolvimento

FIGURA P4   As Próximas Regras: Conjunto de Ferramentas

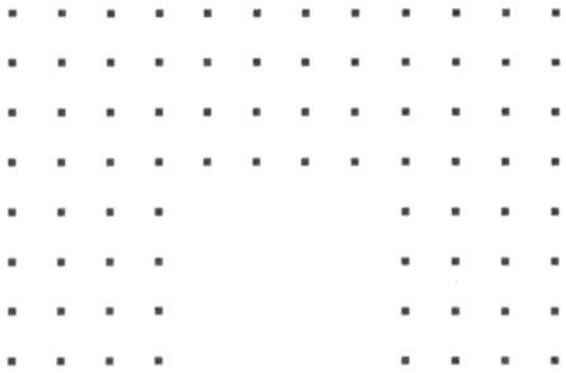

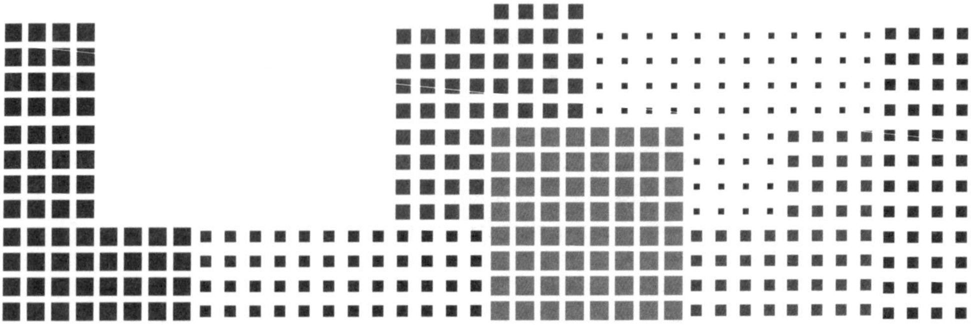

7

O Próximo Conjunto de Ferramentas para as Organizações

Existe uma lista aparentemente interminável de técnicas estratégicas e ferramentas tecnológicas. À medida que vamos migrando cada vez mais para as Próximas Regras do Trabalho, precisamos avaliar nossas ferramentas de acordo com o quanto elas nos ajudam a solucionar problemas e criar valor para os nossos principais stakeholders.

Você pode avaliar a eficácia de muitas das ferramentas destinadas a viabilizar velocidade e alinhamento por meio de alguns princípios simples. Além disso, você pode analisar técnicas e tecnologias específicas por meio da capacidade delas de potencializar as quatro Próximas Regras principais:

- **Ferramentas de crescimento**, que ajudam cada ser humano na rede de trabalho a maximizar continuamente o seu potencial humano e a prosperar enquanto pessoa.
- **Ferramentas de eficácia**, que ajudam as pessoas a inovarem continuamente para solucionar problemas e criar valor para os stakeholders, e combinam incentivos e recompensas que remuneram os funcionários de forma adequada e inclusiva pelas suas contribuições.
- **Ferramentas de alinhamento**, que ajudam uma grande quantidade de pessoas inovadoras e amplamente distribuídas a se manterem continuamente alinhadas entre si, e também com os objetivos estratégicos da organização.
- **Ferramentas de envolvimento**, que permitem à organização contratar, desenvolver e promover de forma inclusiva; incentivar o crescimento, a eficácia e o alinhamento impulsionados por indivíduos e equipes

em todo o ecossistema; e permanecer ancorada nas necessidades dos stakeholders, especialmente as comunidades e sociedades.

Muitos dos que lideram em organizações estão bastante focados nas ferramentas de transformação digital. Entretanto, é importante lembrar que a transformação digital, muitas vezes, tem mais a ver com o empoderamento dos funcionários do que com quaisquer tecnologias específicas.

Momento Varinha Mágica, Novamente

Eu faço um movimento com uma varinha mágica. De repente, você está sentado em um lindo parque com outras seis pessoas, e cada uma delas está sentada em um banquinho individual.

Você se vira em direção à primeira pessoa, à sua esquerda, e pergunta: "Quem é você?"

Ela responde: "Sou seu cliente. Se você atender às minhas necessidades, usarei os produtos e serviços que a sua organização cria e fornece."

Fascinado, você começa a perguntar sobre os problemas mais importantes com os quais seu cliente vem se deparando. Essa investigação busca entender o valor que eles precisam que seja criado. O cliente, é claro, não lhe diz como solucionar esses problemas ou como criar esse valor, de tal forma que você faz um brainstorming em busca de soluções, prototipa suas ideias verbalmente e cocria com eles.

Então, você se volta para a segunda pessoa. "Poderia me dizer quem é você?"

Ela responde: "Eu sou um funcionário. Se você me contratar, irei ajudá-lo a solucionar problemas e a criar valor para o cliente aqui." Seu cliente sorri e acena com a cabeça.

Você fica igualmente fascinado com a oportunidade de falar com esse funcionário. Você começa a explorar aquilo que eles consideram como superpoderes, suas habilidades mais adoradas e eficazes, e também aquilo que eles mais precisam para ser eficazes no trabalho e ter uma vida plena e produtiva. Você investiga um pouco mais para entender sua mentalidade.

Então, sua atenção se volta para a terceira pessoa. Antes que você possa perguntar, ela diz: "Sou seu potencial parceiro e fornecedor. Posso fornecer alguns dos recursos de que você precisa, para que você e seu funcionário possam agregar valor a este cliente. Eu também agrego valor ao cliente diretamente, o que significa que você e eu também somos colaboradores." Você discute com esse fornecedor e parceiro sobre o seu propósito na organização, os tipos de problemas que ele é mais otimizado para resolver, e o valor que ele é mais eficaz para fornecer.

A quarta pessoa, claramente agitada, espera até parecer que a conversa está encerrada, e então deixa escapar: "Desculpe interromper. Eu sou a comunidade na qual você irá operar. Tenho certeza de que você trará muito valor para nós. Mas, honestamente, nem tudo são flores. Eu não acho que você irá contratar de uma forma que reflita a nossa comunidade. Não acho que você assumirá a responsabilidade por algumas das, como se diz... 'externalidades negativas', ou seja, os problemas que suas ofertas podem gerar na sociedade. Na verdade, não acho que estamos nem perto da sincronia de que necessitamos. Tenho muitos desafios, e não creio que você perceba que pode estar contribuindo para a *criação* desses problemas, ao invés de contribuir para a sua solução."

Você ouve com atenção, guardando um momento para processar aquelas palavras. "Entendo o que você quer dizer. Sei que preciso fazer muito mais para refletir as suas necessidades. E também terei alguns dos meus próprios desafios para liderar uma organização, especialmente se não puder contratar o conjunto de habilidades que preciso da sua comunidade. Vamos falar sobre como podemos entender e conhecer melhor as necessidades uns dos outros e permanecer continuamente alinhados." Vocês conversam sobre uma série de ações que cada um pode realizar, e então você firma o compromisso de seguir essas ações.

Você, então, se volta para a quinta pessoa. "Como você deve ter adivinhado, eu sou o planeta. Você e muitos outros como você operaram por muito tempo sem me considerar como um stakeholder, apenas no mínimo possível. Mas nós chegamos a um ponto em que isso não pode continuar. Então, é hora de falar sobre algumas maneiras concretas de seguir em frente." De certa forma, esta é a conversa mais difícil de todas. No entanto, fica claro para você que existem alguns passos significativos e autênticos com os quais você pode se comprometer, e que podem gerar um impacto real.

Esta foi uma série de conversas exaustivas e estimulantes ao mesmo tempo. Mas há mais uma discussão a ser feita. "Por último, mas não menos importante", você diz com um sorriso para a sexta pessoa.

Ela acena com a mão, quase com desdém. "Eu sou seu acionista, mas nós nem precisamos conversar. Se você atender às necessidades de cada um deles..." — ele aponta para as outras cinco pessoas — "tenho certeza de que será bem-sucedido. E, portanto, eu também serei".

Você respira fundo e percebe que esta sessão foi um presente. Com que frequência você ouve, em primeira mão, os stakeholders? E quando é que eles mesmos se ouvem, entre si? De agora em diante, sua estratégia como uma organização e as ferramentas que você irá escolher para executar essa estratégia serão muito mais transparentes. Você resolve, então, ter essa discussão regularmente, para que fique em alinhamento constante com todos os seus stakeholders.

Técnicas e Tecnologias Organizacionais para Agregar Valor aos Stakeholders

Essa visão de uma conexão com os stakeholders proporciona o contexto para as técnicas e tecnologias presentes no conjunto de ferramentas da organização.

Nos capítulos anteriores, focamos a mentalidade e o conjunto de habilidades — os o quê, quem, quando e onde do Quadro Aristotélico. Agora, vamos nos concentrar em *como* o seu conjunto de ferramentas pode habilitar as Próximas Regras.

Tal como acontece ao escalar uma montanha, certamente existem muitos problemas no seu trabalho e na sua organização que podem ser solucionados por seres humanos por meio de suas mentalidades e conjuntos de habilidades alinhados. Muitos problemas, no entanto, podem ser solucionados de forma muito mais eficaz com o conjunto de ferramentas apropriado. Quando você está em uma montanha e olha para cima, vendo aquela parede de gelo enorme, compreende que um paraquedas provavelmente não será de muita valia. Sabemos que uma picareta de gelo é a ferramenta adequada para esse problema.

O terceiro componente do tripé das organizações é o conjunto de ferramentas de técnicas e tecnologias que podem permitir à organização solucionar problemas e criar valor para os stakeholders. O objetivo aqui não é explorar todas as técnicas estratégicas relacionadas à estratégia e execução de negócios nem cobrir todas as principais tecnologias que são utilizadas na organização. Vamos nos concentrar especificamente nas técnicas e tecnologias que permitem práticas que favoreçam as quatro Próximas Regras principais em toda a organização: eficácia, crescimento, envolvimento e alinhamento.

O PRÓXIMO CONJUNTO DE FERRAMENTAS PARA...

Claro, uma ferramenta somente é eficaz no contexto do problema que ela ajuda a solucionar. Quer você esteja considerando uma técnica ou uma tecnologia, tenha o cuidado de evitar "a lei do instrumento". Este é um conceito criado pelo filósofo norte-americano Abraham Kaplan, a quem se atribui essa citação, de 1962: "Dê um martelo a um menino e ele descobrirá que tudo o que encontrar precisa ser martelado."[1] (O trecho é mais comumente ligado à famosa frase do psicólogo norte-americano Abraham Maslow, "Suponho que seja tentador, se a única ferramenta que você tem é um martelo, tratar tudo como se fosse um prego",[2] de quatro anos depois.) Usar uma ferramenta que não corresponde ao problema que você está tentando solucionar é, na melhor das hipóteses, uma perda de tempo e, na pior das hipóteses, o guiará para um resultado péssimo.

Como acontece com todas as ferramentas, a avaliação principal é simples: ela funciona? Você precisará estar alinhado com os outros stakeholders e colaboradores quanto ao significado de "funcionar". Também falaremos sobre como pensar nisso. Porém, se você estiver alinhado com toda a sua organização, estará em vantagem para determinar se uma ferramenta é útil. Se ela não estiver funcionando bem, adapte-a à sua situação ou descarte-a e encontre outra (ou crie uma nova).

O "TESTE RÁPIDO" DAS FERRAMENTAS: O PRINCÍPIO DO ESTORNINHO

O estorninho é um pássaro de tamanho médio com parentes que vivem em seis continentes diferentes. Como tende a ser invasivo, o estorninho não é particularmente apreciado por muitos ornitólogos. Eu normalmente não sugeriria observá-los por qualquer motivo, exceto por uma propriedade excepcional: o alinhamento em tempo real.

Uma revoada de estorninhos é conhecida como *murmuração*, uma palavra evocativa que deveria conferir algum respeito a eles. Todavia, o mais notável é o comportamento desses pássaros em uma murmuração. Observar os movimentos ondulantes de uma revoada é como ver um tecido senciente em movimento, uma configuração que lembra uma aurora boreal de criaturas vivas em pleno voo. As murmurações podem conter até centenas de milhares de pássaros, ocultando o céu. No entanto, mesmo com tantos deles em uma única revoada, eles continuam a se mover juntos de forma orquestrada. Como isso é possível?

Os pesquisadores criaram modelos de computador dessa movimentação dos estorninhos e descobriram que podem replicar os movimentos dos pássaros com base em apenas alguns princípios simples. Os cientistas chamam isso de "rápida transmissão da resposta comportamental local aos vizinhos" (soa como um alinhamento de mentalidades.) Existem três estratégias básicas que eles devem seguir[3]:

- Observar os pássaros ao seu redor e comparar sua velocidade e direção.
- Se estiver muito perto de um pássaro, afastar-se um pouco, em direção ao espaço aberto.
- Se começar a se afastar muito dos pássaros próximos a você, mover-se em direção a eles.

Quantos companheiros um estorninho observa na murmuração? Cerca de meia dúzia. Você observa os seis ou sete vizinhos mais próximos (o que soa como o tamanho ideal para uma Próxima Equipe) e segue esses três princípios básicos.

Há um outro fator importante: os estorninhos respondem *rapidamente*. Em um bater de asas ou dois, eles se ajustam em tempo real aos movimentos do seu vizinho, incessantemente.

O que nós podemos aprender com os estorninhos? De acordo com o Princípio do Estorninho, apenas quatro palavras: simplicidade, sincronia, velocidade e escala:

- As ferramentas devem ser **simples de aprender e utilizar**, sem serem simplistas, bastando que sejam suficientemente sofisticadas para permitir que as pessoas tomem decisões consistentes e autênticas, e que tomem atitudes eficazes.
- As ferramentas devem encorajar a **sincronia**, de forma a ajudar as pessoas a ficarem alinhadas umas com as outras.
- As ferramentas devem possibilitar a **velocidade**, mas sem encorajar reações automáticas. O movimento rápido em conjunto com outros membros da equipe garante que uma equipe responda rapidamente para solucionar problemas.
- As ferramentas devem ser **dimensionadas (escala)** em toda a organização. Uma ferramenta que pode ser usada somente em uma parte da organização pode ajudar a solucionar um problema específico. No entanto, para ser amplamente útil, ela também deve ser amplamente aplicável.

Há um insight desta metáfora que é bastante útil para a *inovação*: dirigir-se a um espaço aberto. Pessoas inovadoras dentro das organizações não voltam para os mesmos problemas repetidamente nem utilizam o mesmo tipo de pensamento que foi usado antes. Elas se dirigem para um espaço aberto, correndo riscos e procurando maneiras de executar soluções 10x.

Requisitos de Design para o Conjunto de Ferramentas Organizacional para o Trabalho

Que tipos de técnicas e tecnologias ajudam a habilitar a mentalidade e o conjunto de habilidades necessários para dar suporte às Próximas Regras, para solucionar problemas e criar valor para os principais stakeholders da organização?

Ilustrarei isso como um conjunto de requisitos e oferecerei sugestões para os tipos de processos estratégicos (técnicas) e softwares (tecnologias) que serão necessários. Alguns deles existem, e muitos deles não. Ainda. Como o cenário muda velozmente, separei um conjunto de exemplos específicos para algumas dessas ferramentas. Você pode encontrá-los em gbolles.com/toolset [conteúdo em inglês].

Ferramentas para Capacitar a Eficácia em Toda a Organização

A organização entende a singularidade de cada funcionário, incluindo seu processo cognitivo e estilo de aprendizagem. O software funciona perfeitamente com outras tecnologias, tais como a realidade virtual, óculos e headsets de realidade aumentada, headsets de sensoriamento neural e plataformas de aprendizagem online. Um coach de inteligência artificial complementa as habilidades que eles já detêm com ferramentas para expandi-las, e ajuda cada funcionário a aprender novas habilidades rapidamente.

A organização ajuda continuamente os trabalhadores a compreenderem a própria eficácia em seu trabalho e a enxergarem a conexão entre o seu trabalho e o valor que está sendo criado para os stakeholders. Ela reúne anonimamente a contribuição de outros membros da equipe, inserindo essas informações em um conjunto de sugestões para discussões lideradas por funcionários com os líderes de equipe. As conversas entre funcionários e líderes de equipe sobre a eficácia (que costumava ser chamada de "desempenho") possuem suporte impecável do software, e ele também auxilia quem lidera as equipes a realizar um coaching eficaz.

A organização monitora como todos os funcionários preferem ser recompensados, incluindo pagamento versus benefícios específicos. Ela trafega microbenefícios para garantir que até mesmo os trabalhadores contratados e de serviços autônomos sejam remunerados de forma adequada. Ela também monitora as necessidades dos funcionários referentes a serviços auxiliares, como ajuda com cuidados infantis, e também quando suas prioridades mudam, como quando um filho nasce ou sai de casa e a remuneração do trabalhador é alterada de acordo. A organização realiza esse monitoramento com todos, sejam funcionários em tempo integral, autônomos ou aprendizes.

Os princípios de propósito da organização também impulsionam incentivos. Aqueles que lideram equipes são recompensados quando todos os membros da equipe seguem os planos de aprendizagem ou quando tiram folgas planejadas, como no caso das férias e dos períodos microssabáticos de aprendizagem. Quem lidera equipes também recebe recompensas quando encoraja membros da equipe a contribuírem para projetos interdisciplinares, e quando disponibilizam esses projetos para outros em todo o ecossistema corporativo. A organização ajuda quem lidera equipes a encontrar facilmente os talentos necessários em outras partes da empresa, tornando desnecessárias tradicionais mentalidades no sentido "propriedade sobre talentos". Por fim, quem lidera equipes é recompensado sempre que cria deliberadamente funções de trabalho significativas, bem-remuneradas e estáveis, uma vez que este é um dos princípios de propósito dedicados a criar um "bom" trabalho para a sua comunidade.

ESTUDO DE CASO

Um Conjunto de Ferramentas de Inovação Multifuncional: ExO Sprints

Um mantra frequente na Singularity University (SU) é a necessidade de se pensar e agir exponencialmente. Um processo para catalisar uma mentalidade e um conjunto de habilidades exponenciais ocorre por meio de um conjunto de ferramentas conhecido como *ExO sprint*.

Salim Ismail é um empresário canadense que foi o diretor-executivo fundador da SU, ex-chefe da incubadora Brickhouse, do Yahoo!, e é coautor de *Organizações Exponenciais*[4]. Hoje, a organização de Salim, a ExO Works, une uma rede global de catalisadores treinados para conduzir exercícios de inovação destinados a mudar mentalidades, acelerar a inovação e impulsionar o crescimento de organizações.

Salim e outras pessoas conduziram sprints para empresas e governos em todo o mundo, ajudando conjuntos de stakeholders a cocriarem planos viáveis para catalisar mudanças transformadoras. Os sprints guiam grupos colaborativos por uma série de exercícios para aplicar o Moonshot Thinking e técnicas 10x, visando amplificar e dimensionar as melhores ideias para a resolução de problemas complexos. As etapas do sprint incluem a *preparação* (planejar, despertar, alinhar), a *execução* (descobrir, perturbar, construir, lançar) e o *acompanhamento*.

Você pode ler mais sobre as técnicas para ExO Sprints no livro de Salim, *Transformações Exponenciais: O manual ExO Sprint para que sua organização evolua navegando na indústria disruptiva e mude o mundo para melhor.*[5]

Ferramentas para Permitir o Crescimento em Toda a Organização

Cada funcionário pode gerenciar o próprio portfólio de trabalho. Eles conhecem suas habilidades preferidas e têm um processo contínuo para identificar suas prioridades quanto a como gostariam de trabalhar, quais os tipos de problemas que mais gostam de resolver, onde querem estar, geograficamente falando, que tipo de ambiente profissional os ajuda a realizar o seu melhor trabalho e quais são os turnos de sua preferência.

A organização ajuda cada funcionário a ter uma visão holística, mas completamente privada de sua própria prosperidade, incluindo sua saúde mental, física, emocional e social. Ela faz sugestões gentis e úteis para melhorias contínuas, ideias para técnicas, como o mindfulness (ou atenção plena), além de oferecer a cada funcionário maneiras fáceis de obter acesso a serviços auxiliares sem qualquer tipo de julgamento.

A organização permite que cada funcionário gerencie um portfólio de aprendizagem. Todos possuem um inventário abrangente e atualizado de suas próprias habilidades, entre outras características e interesses. Cada pessoa tem uma estrela-guia para o sentido ou o propósito que orienta seu trabalho e seu processo de aprendizagem. Atualmente, as ferramentas de software para coordenar atividades de aprendizagem são frequentemente chamadas de sistemas de gerenciamento de aprendizagem. Contudo, o Próximo Conjunto de Ferramentas se parecerá muito mais com um sistema de coaching baseado em IA, dotado de um conhecimento profundo sobre as habilidades e aspirações de cada funcionário.

A organização coordena processos de inovação, como *hackathons* internos, *process-a-thons*, *fail camps* e competições de inovação. Ela garante que boas ideias não caiam por terra e que, em vez disso, circulem por uma cadeia de valor que aprimore e teste essas ideias com os stakeholders. A organização constantemente reconhece e recompensa o cometimento de novos erros.

CONJUNTO DE FERRAMENTAS

Ferramentas para Garantir o Envolvimento em Toda a Organização

A organização permite processos de contratação inclusivos e colaborativos. Seja no caso de um projeto breve ou de uma função em longo prazo, a organização acompanha as equipes e seus guias durante o processo de articular os problemas a serem resolvidos. A organização está perfeitamente conectada aos mercados de talentos online, desde os autônomos até aqueles em tempo integral, assim como as redes de trabalho de seus funcionários. A organização garante que o processo de contratação seja inclusivo e que as equipes obterão os melhores talentos disponíveis. Esses processos são projetados para eliminar qualquer tipo de preconceito, evitando os erros dos primeiros aplicativos de aprendizado de máquina que, na verdade, reforçavam os antigos preconceitos. A organização também garante que os funcionários receberão a remuneração mais apropriada possível, indexando continuamente não apenas em oposição aos padrões de mercado em tempo real, mas por meio dos princípios de propósito da própria organização — encorajar a contratação de trabalhadores sub-representados, por exemplo. E a organização garante que a contratação seja um verdadeiro esporte em equipe, com colegas de trabalho cocriando funções junto aos guias de equipe e candidatos.

A organização envia, continuamente, fortes sinais de demanda em todo o ecossistema da rede de trabalho, identificando os problemas que seguem não resolvidos, os projetos que precisam de energia humana. As ferramentas de software que a organização utiliza agregam informações sobre os conjuntos de habilidades usados e que são necessários, além de disponibilizar essas informações em toda a rede de trabalho, inclusive para escolas, faculdades e plataformas de aprendizagem. Os próprios materiais de treinamento da organização são disponibilizados para esses grupos, para que eles estejam muito mais bem preparados para ajudar a atender às necessidades da organização, hoje e amanhã. Esses sinais de mercado são agregados aos de outras organizações, incluindo as concorrentes, e utilizados por comunidades, educadores e governos para determinar as necessidades e oportunidades da sociedade. Sua organização compartilha informações anônimas sobre seu ecossistema e sua ontologia de habilidades em uma malha global aberta. (Para mais informações, consulte "Decifrando o Código das Habilidades Humanas: Precisamos de um Genoma do Trabalho", no Apêndice.)

A organização sugere correspondências entre as habilidades mais apreciadas pelo funcionário e alguns dos problemas mais desafiadores enfrentados por ela. Além do mais, ajuda os funcionários a explorarem possíveis cenários de carreira para o futuro, visando encontrar oportunidades de aprendizagem que correspondam a esses cenários, e a desenvolverem novas habilidades regularmente. O software incentiva a curiosidade e a criatividade constantes. Ele capta informações sobre aquilo que o funcionário aprende e as habilidades que desenvolve, e reflete esses ganhos em emblemas e outros índices de reconhecimento, dados que se tornam instantaneamente disponíveis para outras pessoas no ecossistema da rede de trabalho, e que por sua vez podem estar à procura desses talentos. O software ajuda os trabalhadores a administrarem experiências de aprendizagem instantâneas e contextuais, bem como a aprendizagem de longo prazo, transformando-a em um esporte em equipe com outros funcionários sempre que eles preferirem este caminho.

ESTUDO DE CASO

Envolvimento desde a Concepção

A Ultranauts é uma empresa onshore de engenharia de qualidade de dados e softwares sediada em Nova York, que realiza testes de sites para grandes clientes, como Bloomberg, Berkshire Hathaway, BNY Mellon, Cigna, Comcast-NBCU, WarnerMedia e Slack. Conheci o CEO da Ultranauts, Rajesh Anandan, em uma conferência em 2018.

Fundada em 2013, a Ultranauts tem membros de equipes em 29 estados dos Estados Unidos, 75% dos quais são autistas. Desde o início, a empresa vem reimaginando como uma organização contrata talentos, gerencia equipes e possibilita o desenvolvimento de carreiras. A Ultranauts utiliza o recrutamento baseado em dados para avaliar objetivamente talentos e práticas de negócios flexíveis, que lhe permitem desenvolver-se a partir dos pontos fortes singulares de cada funcionário e, também, ter uma cultura "psicologicamente segura", que promove a aprendizagem contínua. Por seguir fornecendo um valor altamente competitivo aos seus clientes, a organização tem crescido mais de 50% ao ano.

Segundo Rajesh, "Se você conseguir criar um ambiente no qual possa levar um monte de pessoas muito diferentes entre si e criar condições em que elas possam se valer dos seus pontos fortes, você acabará se aprimorando. É o melhor para as equipes, para os negócios e para os clientes".

Ferramentas para Encorajar o Alinhamento em Toda a Organização

A visão e a missão da organização são explícitas, além de serem frequentemente comunicadas e reforçadas. O propósito autêntico da organização é refletido em um conjunto de metas e índices, sendo sempre comparado com outras organizações. Nos dias de hoje, isso é normalmente conhecido como ESG — o monitoramento de questões ambientais, sociais e de governança (em inglês, "Environmental, Social and Governance"). Estes são cada vez mais vistos como indicadores essenciais no que se refere ao propósito da organização, beneficiando as empresas em diversos quesitos, desde os investidores focados em ESG até o recrutamento e a retenção de funcionários.

A organização tem conhecimento e consenso incessantes e precisos referentes aos problemas centrais enfrentados pelos seus principais stakeholders. Isso inclui clientes atuais e futuros, bem como outros stakeholders: funcionários, parceiros, fornecedores, as comunidades em que opera e o próprio planeta. (Lembre-se de que seus acionistas devem estar convencidos de que, se as necessidades dos outros stakeholders forem atendidas, suas próprias necessidades também o serão.)

A organização possui uma visão abrangente do conjunto de habilidades atual da sua rede de trabalho e oferece a possibilidade de realizar um planejamento de cenários que vise otimizar o conjunto de habilidades atual, bem como um planejamento para habilidades futuras. Ela recomenda planos de carreira, identifica lacunas de aprendizagem e sugere oportunidades de treinamento.

Mencionei, no Capítulo 3, o balanced scorecard, uma ferramenta técnica útil para encorajar o alinhamento. O scorecard foi reformulado[6] para a era dos múltiplos stakeholders, visando incentivar as organizações a projetarem o "ecossistema de saldo positivo" de uma organização e de seus parceiros, fornecedores e comunidades interconectados. Uma boa ferramenta a se considerar para ajudar aqueles que lideram a imaginar estratégias que estejam alinhadas com os principais stakeholders da organização é o "mapa estratégico do ecossistema". Você pode aprender mais a respeito em balancedscorecard.org [conteúdo em inglês].

E a Transformação *Digital*?

A transformação digital é a *estratégia da vez* para muitos que veem as práticas bem-sucedidas das empresas de tecnologia e desejam essa mesma receita para as suas organizações. Elas acreditam que, ao encorajar os funcionários a potencializarem a tecnologia que é infundida em toda a organização, conseguirão emular o Vale do Silício e, assim, tornarem-se bem-sucedidas.

Uma pesquisa realizada pela McKinsey and Company com oitocentos executivos em uma série de setores, no final de 2020[7], descobriu que 85% deles relatavam ter acelerado seus esforços de digitalização em áreas como colaboração e interação entre funcionários, muitos devido ao impacto da pandemia global. Embora alguns acreditem que mudar de telefonemas para chamadas de vídeo se qualifique como "transformação digital", muitas organizações relataram uma aceleração de iniciativas que vão desde a digitalização da cadeia de abastecimento ao desenvolvimento de softwares de inteligência artificial.

Não há dúvida de que as organizações com uma infraestrutura digital moderna estão em crescente vantagem. Um conjunto de habilidades "digital-first" apoiado por um conjunto de ferramentas de tecnologia flexível significa que uma organização pode reagir com muito mais agilidade. Empresas que já haviam investido em conexões de banda larga residenciais, computadores desktop potentes e softwares de colaboração em equipe estavam muito mais bem preparadas para adaptar-se diante da pandemia global.

No entanto, como eu já mencionei, grande parte do foco da transformação digital tem sido em automatizar tarefas humanas para reduzir custos e aumentar a eficiência. Precisamos alterar completamente essa mentalidade para podermos desenvolver um conjunto de ferramentas diferente — uma tecnologia que aprimore os seres humanos e lhes dê superpoderes.

> **Precisamos alterar completamente essa mentalidade para podermos desenvolver um conjunto de ferramentas diferente — uma tecnologia que aprimore os seres humanos e lhes dê superpoderes.**

Talvez esse seja o maior investimento possível que uma Próxima Organização pode fazer. Ao concentrar-se em tecnologias que podem ajudar os funcionários a compreenderem as próprias habilidades, aprenderem mais rapidamente, solucionarem problemas de forma mais eficaz, colaborarem mais rápida e efetivamente — especialmente no caso das equipes distribuídas — e expandirem suas capacidades, as organizações conseguirão obter uma rede de trabalho muito mais eficaz.

Lembre-se, no entanto, de que a transformação digital tem muito menos a ver com um conjunto de ferramentas tecnológicas do que com uma *mentalidade* voltada para as Próximas Regras. O lado tecnológico da organização deve realmente fornecer os tipos de ferramentas que são necessárias para permitir que a organização continue a abraçar as Próximas Regras. Mas uma vez que a transformação digital é muito mais uma mudança de mentalidade do que qualquer conjunto particular de tecnologias, quem lidera nas organizações deve abordar as iniciativas digitais primeiramente como uma mudança cultural e, em segundo lugar, como um requisito de treinamento de habilidades. A tecnologia, evidentemente, é necessária, mas por si só não é suficiente.

Para uma referência prática sobre as etapas que podem ser seguidas para uma transformação digital no contexto do trabalho, consulte o livro *Trabalho na Era da IA*[8], de Ravin Jesuthasan, parceiro sênior e líder global em serviços de transformação para a empresa de consultoria global Mercer.

Próximo: De Quais Ferramentas os Funcionários e as Equipes Precisam?

Compreender as oportunidades trazidas pelas ferramentas multifuncionais que podem viabilizar a eficácia, o crescimento, o envolvimento e o alinhamento em toda a organização é importante. Mas o verdadeiro teste para essas técnicas e tecnologias é como elas possibilitam a cada funcionário e equipe solucionarem problemas e criarem valor para os stakeholders da organização. No próximo capítulo, examinaremos uma variedade de abordagens destinadas a impulsionar a adoção das Próximas Regras no nível de base.

8

O Próximo Conjunto de Ferramentas para Funcionários e Equipes

Os inovadores estão criando continuamente uma gama de novas tecnologias de tirar o fôlego para impulsionar o Próximo Trabalho dos funcionários e das equipes. Embora as ferramentas e fornecedores específicos mudem constantemente, os kits de ferramentas dos funcionários e das equipes incluem:

- Eficácia, tais como os OKRs e a redução do "trabalho pelo trabalho".
- Crescimento, tais como o autoconhecimento e a aprendizagem instantânea/contextual.
- Envolvimento, tais como o design thinking e a contratação inclusiva.
- Alinhamento, tais como a prototipagem rápida e o alinhamento distribuído da equipe.

Capacitar trabalhadores e equipes com o conjunto de ferramentas de que precisam para solucionar problemas e criar valor para os stakeholders da organização deve ser a maior prioridade da organização.

Ao terminar este capítulo, você terá concluído o tour das Próximas Regras pelo viés da mentalidade, do conjunto de habilidades e do conjunto de ferramentas. Você terá, então, a oportunidade de conectar todos os pontos utilizando a Seta Estratégica para mapear as interconexões entre todos esses elementos.

De Volta à Máquina do Tempo

Agora, nós ajustaremos o marcador para daqui a vinte anos. Nosso destino: São Paulo, Brasil.

Você e eu estamos parados em um parque no centro da cidade. É aí que conhecemos Gia, uma mulher, talvez na casa dos vinte e poucos anos. Pedimos a ela para descrever a rotina de trabalho do dia anterior.

Gia diz que ontem, depois de um sono reparador, reforçado por um travesseiro ajustado para as suas ondas cerebrais, a primeira coisa que fez na manhã foi colocar lentes de contato de realidade aumentada. Então, uma inteligência artificial coach ficou online e repassou a rotina de Gia, oferecendo sugestões com base na sua compreensão dos interesses, habilidades, portfólio de trabalho e aprendizagem dela. (Gia não é fã do modismo atual de implantar um chip de computador no pescoço para ter acesso online imediato.)

Gia é fascinada pela Grécia Antiga, e a IA coach disse que em uma determinada hora haveria uma reunião rápida de estudantes de grego em um parque da região. A IA chamou um táxi autônomo e, no trajeto em direção ao encontro, uma série de informações foi exibida nas lentes de IA de Gia, referente à história dos edifícios pelos quais o veículo estava passando.

Gia se juntou a meia dúzia de colegas estudantes, cada um dos quais também utilizava óculos ou lentes de contato com IA. Todas as suas lentes mudaram, simultaneamente, para o modo de realidade virtual, e, de repente, era como se todos estivessem caminhando por uma rua virtual de uma cidade grega povoada pelos avatares de pessoas do mundo inteiro. O grupo de Gia, então, explorou a antiga cidade virtual, ensinando uns aos outros sobre a arquitetura, as roupas e o comércio.

Depois de uma hora, Gia se despediu desses novos amigos e parou em um café de coworking nas proximidades para trabalhar em diversos projetos. O café tinha uma conexão instável com a internet, então Gia utilizou uma conexão gigabit sem fio por meio de uma rede de satélites.

Desde a juventude, Gia é fascinada por assuntos muito variados, como o espaço sideral, plantas, inteligência artificial e robôs. A interseção desses tópicos é a astrobotânica, que Gia já havia estudado extensivamente, orientada pela IA coach por intermédio de uma variedade de projetos de aprendizagem instantânea e contextual, tanto online quanto presenciais.

Gia sabe que um dos desafios da futura colônia em Marte será cultivar alimentos projetados para crescer no ambiente hostil desse planeta, algo que provavelmente terá que acontecer no subsolo. Acontece que uma nova organização autônoma digital (DAO, ou "digital autonomous organization", em inglês) enviou uma solicitação de propostas para os mercados de trabalho online em busca de novos projetos para fazendas verticais em Marte. Com base em um perfil verificado de habilidades digitais, a IA de Gia foi capaz de negociar e garantir um projeto remunerado para criar sistemas robóticos que preservem plantas na estação espacial que orbita a Terra, no foguete para Marte e no próprio planeta vermelho.

No café, Gia usou uma ferramenta de software para gerar projetos de robôs automaticamente, sempre ajustando os critérios de design para aumentar a combinação de precisão e cuidado com as plantas. De vez em quando, Gia enviava perguntas e respostas para colaboradores em todo o mundo, respectivamente traduzidas pela sua IA coach de acordo com os idiomas locais.

Finalmente satisfeita após várias horas de design, Gia fez o upload das novas especificações do robô e deslogou, não mais se reconectando naquele dia. Tendo atingido os requisitos para o projeto, a conta bancária de Gia foi automaticamente atualizada com uma combinação de pagamentos diretos e créditos na moeda digital da DAO.

Agradecemos a Gia pela ótima história. Enquanto vamos nos afastando, você e eu sorrimos um para o outro. Essa visão do futuro foi de tirar o fôlego.

Em seguida, olhamos para o marcador na máquina do tempo, e percebemos que ele mostra o ano atual. Novamente, nós não fomos a nenhum outro período. (Talvez nossa máquina do tempo tenha um problema a ser resolvido.)

Na verdade, todas as tecnologias que acabei de mencionar existem neste momento em que escrevo estas palavras:

- Travesseiros smart com monitoramento de sono e sons tranquilizantes integrados.
- Óculos smart com IA incorporada, como os óculos da Amazon com Alexa embutida, bem como lentes de contato de realidade aumentada de várias startups, que fornecem displays visuais informativos, já estão disponíveis.
- Uma variedade de pesquisadores de universidades tem utilizado chips implantados para permitir que indivíduos paraplégicos controlem bra-

ços e mãos robóticos, mediante uma combinação de impulsos mentais e motores, e vários pesquisadores demonstraram a possibilidade de transferências de informações simples entre cérebro e computador.

- Um "mundo virtual" imersivo da Grécia Antiga é fornecido pela Ubisoft, empresa de jogos de videogame, com sua série "Assassin's Creed", permitindo que educadores ao redor do mundo criem suas próprias excursões narradas.

- Táxis totalmente autônomos, sem motoristas, já operam em cidades como São Francisco.

- A astrobotânica de fato existe.

- Organizações digitais autônomas construídas com base no software Ethereum também existem.

- A Space Exploration Technologies Corp. (SpaceX) de Elon Musk já tem um programa chamado "Mars & Beyond", com o slogan "The road to making humanity multiplanetary" ["A estrada para uma humanidade multiplanetária", em tradução livre].

- A rede de satélites Starlink, da SpaceX, já fornece um acesso à internet a mais de cem megabits por segundo.

- Empresas como a Autodesk possuem softwares que executam "design generativo" para criar milhares de iterações de modelo arquitetônico com base em necessidades humanas.

- A Emirates Airlines está construindo a maior fazenda vertical do mundo no aeroporto de Dubai para que seus aviões possam ter verduras frescas durante os voos.

- Uma variedade de serviços online já fornece credenciais de verificação de experiência em trabalho digital, tradução de idiomas em tempo real e conversão digital para moedas como o bitcoin.

De fato, o futuro já chegou. Mas atualmente ele não é distribuído de maneira uniforme, e provavelmente nunca o será.

Um Próximo Conjunto de Ferramentas para Indivíduos e Equipes

Como vimos em nosso breve passeio pelo futuro do trabalho na Introdução, o ritmo e a escala das tecnologias disruptivas continuam a acelerar e expandir.

Um conjunto de habilidades importante que as Próximas Organizações precisam desenvolver é a capacidade de encontrar continuamente as ferramentas certas para solucionar problemas específicos para os stakeholders. Não há uma distinção clara entre técnicas e tecnologias. Se uma técnica for bem-sucedida, algum inovador invariavelmente criará o software para habilitá-la.

A amostragem de técnicas e tecnologias listada abaixo não é, de forma alguma, completa. Ela deve ajudar a catalisar o seu pensamento e as suas pesquisas para determinar quais ferramentas adicionais serão úteis para você e especificamente na sua organização e para ajudar a impulsionar a adoção das Próximas Regras.

Se existe uma categoria de ferramentas tecnológicas que oferece um futuro melhor para as Próximas Regras, é o aprendizado de máquina e a inteligência artificial. Na melhor das hipóteses, ferramentas de última geração que ajudem a reduzir tarefas simples e a impulsionar o aprendizado, o desenvolvimento pessoal, a colaboração em equipe e o cumprimento de metas terão um impacto transformador nas pessoas e nas organizações. Na pior das hipóteses, porém, tecnologias, que vão desde a automação de processos robóticos até softwares antipreconceito defeituosos, podem descapacitar funcionários e, inclusive, reforçar os próprios comportamentos que tentam modificar. É por isso que é tão importante que você ancore suas escolhas nas ferramentas que sua organização utiliza em práticas centradas no ser humano e que realmente entregam a capacitação que você está buscando.

Ferramentas para Capacitar a *Eficácia* para Funcionários e Equipes

Objetivos e Resultados-chave (OKRs)

Há uma razão simples para que os OKRs tenham tomado conta do Vale do Silício: atualmente, eles são uma das maneiras mais eficazes de garantir que (1) conversas regulares ocorram entre quem lidera as equipes e os seus membros; (2) haja um acordo alinhado em relação aos objetivos esperados; e (3) haja um acordo alinhado em relação aos sinais para o cumprimento de etapas importantes ao longo do caminho que leva a esses objetivos. Muitas organizações utilizam OKRs para garantir que objetivos claros sigam em vigor, que haja uma compreensão de como medir o progresso e que aconteça discussões frequentes sobre esse progresso. Os OKRs foram inicialmente manejados como um conjunto de técnicas e práticas, mas há uma categoria crescente de ferramentas de software que torna mais fácil estruturar seus processos de planejamento e de discussão para as equipes e seus guias.

Os OKRs costumam ser vinculados a indicadores-chave de desempenho (KPIs). Os funcionários precisam saber quais índices preestabelecidos vinculam seu trabalho aos problemas solucionados e ao valor criado para os stakeholders, para que possam então monitorar seus próprios resultados. No entanto, eu prefiro chamá-los de indicadores-chave de *eficácia*, já que muitos objetivos e indicadores — como atender às necessidades das comunidades locais — podem não apenas ser difíceis de se associar a índices de desempenho tradicionais, como também podem forçar um viés com fins lucrativos para resultados que não possuem uma correlação direta, mas que ainda são essenciais para o propósito da organização.

Uma boa referência para quem quiser saber mais a respeito é o livro *Measure What Matters: How Google, Bono, and the Gates Foundation rock the world with OKRs* ["Avalie o que Importa: Como o Google, Bono e a Fundação Gates agitaram o mundo com OKRs", em tradução livre][1] do lendário capitalista de risco John Doerr, cuja posição como um dos primeiros investidores em algumas das empresas mais icônicas do Vale do Silício permitiu que ele fizesse referência a uma série de marcas conhecidas para mostrar como o trabalho estruturado pode ajudar a construir um motor de eficácia para uma organização.

Reduzindo o "Trabalho pelo Trabalho"

Um dos desafios para os funcionários e guias de equipe é a imensa sobrecarga de comunicação e coordenação, que tem seus piores exemplos nas organizações burocráticas. Empresas como a Asana e a Atlassian fornecem ferramentas para reduzir a quantidade de trabalho pelo trabalho, tornando a comunicação e a coordenação em uma parte natural das atividades de uma equipe. Por reduzir as penalidades de se trabalhar remotamente, canalizando o trabalho por meio de softwares de colaboração, essa abordagem não só aumenta a capacidade de uma equipe em ser distribuída, como aumenta potencialmente o envolvimento dos funcionários distribuídos e o alinhamento dos esforços da equipe.

Ferramentas para Permitir o *Crescimento* dos Funcionários e Equipes

Autoconhecimento

Cada organização deve assumir o compromisso de ajudar os funcionários a obterem continuamente novos insights sobre suas habilidades, experiências e interesses. Quais são as suas habilidades preferidas — seus superpoderes? Que assuntos você conhece melhor? O que mais o motiva no trabalho e na aprendizagem? Quais são os seus valores? Nós exploramos alguns desses problemas com o Quadro Aristotélico.

Softwares de autoinventário podem ajudá-lo a obter novos insights sobre suas habilidades flexíveis, pessoais e de conhecimento. Por exemplo, nós postamos no site eParachute.com um exercício simples de card sorting que ajuda jovens a fazerem um inventário de habilidades básicas em apenas alguns minutos e, em seguida, sugere campos que podem ser do seu interesse e que valem a pena serem verificados para que se obtenha mais informações. O popular *CliftonStrengths*, anteriormente conhecido como *Strengthfinders*, funciona por meio de exercícios que visam ajudar a inventariar uma variedade de habilidades flexíveis, pessoais e de conhecimento (embora se valha dessas categorias para tal), oferecendo, em seguida, insights sobre possíveis pontos fortes com base no modelo de habilidades do seu proprietário. Outra ferramenta que muitos consideram útil é o livro *O Design da Sua Vida*[2], um material de previsão de carreira criado por instrutores da d.school — a Hasso Plattner School of Design da Universidade de Stanford.

Você encontrará outros exercícios para diversos tópicos do Quadro Aristotélico incluídos na seção "A Flor", no livro *De que Cor É o Seu Paraquedas?* Como você deve lembrar, meu pai escreveu esse livro pela primeira vez em 1970, atualizando-o posteriormente dezenas de vezes até falecer em 2017. Eu cofundei a eParachute, Inc. com ele e o nosso parceiro de negócios Eric Barnett, em 2014. A Flor mostra uma série de sete "aspectos seus" que são também as partes principais de um trabalho. Eu gravei um curso online que orienta as pessoas para os exercícios d'A Flor. Você pode encontrar o link para este e para os meus outros cursos online em gbolles.com/toolset [conteúdo em inglês].

Hackeando Seu Próprio Comportamento

A mudança de mentalidade em toda a organização, tal como discutida no Capítulo 3, pode ser habilitada não apenas por técnicas de resolução de problemas colaborativa, mas pela tecnologia que pode ajudar a encorajar novos comportamentos. No Capítulo 4, eu falei sobre técnicas da Cognitas Thinking Solutions e do autor B.J. Fogg, do Stanford Behavior Design Lab. Outra empresa que oferece suporte para mudanças de comportamento autodirigidas é a Cognician.com, que fornece experiências de aprendizagem personalizadas para ajudar aqueles que lideram em organizações, bem como funcionários em toda a organização, a se comprometerem com a adoção de uma nova mentalidade e a receberem apoio para isso.

Aprendizagem "Instantânea" e "Contextual"

Essas ferramentas podem ajudar os funcionários a aprenderem o que precisam saber para solucionar o problema que se encontra à sua frente e, também, a fazer isso enquanto estão solucionando-o. Essas tecnologias são mais bem utilizadas quando há um problema bem definido a ser solucionado. Muitos serviços de aprendizagem online — LinkedIn Learning, Pluralsight, Edcast, EdX etc. — oferecem "caminhos de aprendizagem" que agregam cursos em experiências análogas, fornecendo impulsos breves de aprendizagem com técnicas que podem ser colocadas em prática imediatamente. Para adaptá-los ainda mais às recomendações específicas, a Pluralsight é equipada com uma "ontologia de habilidades" subjacente que sugere oportunidades de aprendizagem personalizadas com base na compreensão das suas habilidades. Alguns serviços de aprendizagem online estão começando a oferecer "selos" que nada mais são do que credenciais que funcionam como microdiplomas, "certificam" que você aprendeu algo e serão cada vez mais "acumuláveis", permitindo-lhe os sobrepor, para demonstrar que adquiriu um conjunto de habilidades que pode vir a ser útil no seu trabalho atual ou futuro.

Ferramentas para Garantir o *Envolvimento* de Funcionários e Equipes

Design Thinking Inclusivo

Solucionadores de problemas necessitam de técnicas que os capacitem a compreender melhor os problemas que estão trabalhando para solucionar e a desenvolver mais soluções eficazes. Originalmente desenvolvido e defendido pela empresa de consultoria IDEO, o design thinking oferece uma abordagem de resolução de problemas que leva um determinado grupo a ter empatia com o problema dos stakeholders, definindo a sua necessidade e, em seguida, idealizando, prototipando e testando soluções em potencial.

O que muitas vezes falta nessas práticas é torná-las inclusivas, de forma a envolver os verdadeiros stakeholders ou as pessoas que têm um profundo conhecimento da experiência vivenciada por eles. Segue um exemplo.

ESTUDO DE CASO

Uma Incitadora da Empatia: Virginia Hamilton

Virginia Hamilton é uma "catalisadora de inovação do setor público". Para alguns, isso pode soar como um oximoro, uma vez que o governo não é frequentemente considerado como um viveiro de inovação. No entanto, tendo sido ex-administradora regional do Departamento de Trabalho dos EUA para os oito estados do Oeste, Virginia sabe como utilizar o design thinking inclusivo para ajudar os funcionários públicos e outros trabalhadores a melhorarem drasticamente as suas formas de agregar valor aos cidadãos e clientes.

Virginia me descreveu uma ocasião em que orientou uma sessão de design thinking para um grupo de profissionais de orientação de carreiras em um órgão de desenvolvimento de empregos públicos em Long Beach, Califórnia. O grupo queria melhorar a capacidade do órgão para atender às necessidades de carreira de jovens em situação de rua. A maior preocupação deles era que esses jovens, frequentemente vistos entrando no órgão, só ficavam dentro dele por pouco tempo. Por que não estavam usando os serviços que foram preparados para eles? Como o órgão poderia se tornar mais hospitaleiro para esse público?

Enquanto se reuniam para a sessão, um membro da equipe sugeriu trazer um participante incomum: um segurança. O guarda observava o comportamento dos adolescentes o tempo inteiro, e talvez tivesse uma ou duas observações úteis a fazer.

Quando o grupo deu início ao exercício de design thinking, o segurança saltou imediatamente para a fonte principal do problema, dizendo: eles são pessoas em situação de rua. Eles trazem todos os seus bens materiais consigo quando entram. Quando veem que não há lugar seguro para deixar seus pertences, tendo tão poucas coisas, eles ficam profundamente preocupados em perder alguma coisa. E como o mundo não foi nada gentil com eles, estão certos em ficarem preocupados que alguém tome qualquer coisa que lhes tenha valor. Portanto, eles dão meia-volta e vão embora.

Com base nessa contribuição do segurança, a equipe de design desenvolveu uma solução que reaproveitaria imediatamente uma sala perto da recepção, colocando uma etiqueta bem visível na porta e oferecendo um local seguro para guardar os pertences desses jovens. Resultado: um aumento significativo no número de jovens em situação de rua que utilizam os serviços.

Você pode usar essa mesma mentalidade inclusiva em seus exercícios de design thinking, como quando cocria a definição da mentalidade desejada para o futuro da organização. Qualquer workshop tem muito mais probabilidade de ser bem-sucedido com representantes do grupo de stakeholders presentes na sala. E mesmo nas reuniões de resolução de problemas tradicionais, se você olhar ao redor da sala e todos se parecerem com você, isso caracteriza uma falha de design fatal, já que é bastante provável que você se depare sempre com as mesmas soluções. Pare a reunião e encontre outras pessoas que possam ajudá-lo a expandir a diversidade psicológica do grupo, incluindo aquelas que têm a experiência vivenciada por seus stakeholders.

Tecnologias que podem dar suporte ao design thinking inclusivo por meio de grupos no local incluem os onipresentes quadros brancos e notas adesivas. Tecnologias online para uma colaboração distribuída que tente emular a mesma experiência podem ser encontradas em empresas como Miro.com e Lucidspark.com [conteúdo em inglês].

Contratação, Desenvolvimento e Promoção Inclusivos

No Capítulo 5, analisamos um processo de contratação inclusivo. Um número crescente de inovadores vem criando softwares projetados para identificar potenciais requisitos, linguagens e pressupostos preconceituosos em descrições de cargo e comunicações corporativas. Pode ser difícil para qualquer um de nós admitir ou mesmo estar ciente dos preconceitos que infundimos em processos como contratação, promoção e desenvolvimento profissional. E pode ser mais difícil ainda arrancá-los dos processos burocráticos que acabam por limitar o acesso aos cargos para os menos favorecidos.

Primeiro, vamos concordar que adicionar algum software que permita que você melhore um pouco a diversidade das suas contratações, apenas para que a organização possa atender a algumas metas de diversidade anunciadas, é um fracasso generalizado: para a organização, para a sociedade e, principalmente, para os candidatos. Você precisa ter processos de envolvimento autênticos embutidos no DNA da sua organização. É essencial corrigir isso primeiro em seu conjunto de ferramentas estratégico, que deve estar ancorado na missão, nos valores e na mentalidade da organização.

Mesmo depois disso, as ferramentas de software não resolverão o problema sozinhas. Demasiadas ferramentas "antipreconceito" trazem algum preconceito embutido, porque utilizam práticas de contratação anteriores (e, portanto, preconceituosas) no seu conjunto de dados. As organizações precisam se comprometer com um treinamento contínuo para ajudar os stakeholders de toda a organização e, para além disso, aprenderem como criar e manter práticas inclusivas que não se limitem a tentar, e sim a *assegurar* a diversidade, a equidade e a inclusão.

Ferramentas para Encorajar o *Alinhamento* de Funcionários e Equipes

Prototipagem Rápida

Um dos desafios mais difíceis para as equipes é estarem alinhadas quanto à solução para um problema. O que passa batido por muitos é que você pode alavancar o design thinking para desenvolver insights acionáveis em tempo real através da prototipagem rápida.

Assim como a prática de longa data de desenvolvimento de produtos de software em larga escala costumava seguir o modelo "cascata" de processos de design e de produção que podem durar meses, muitos desenvolvimentos de produtos não técnicos tradicionais podem ser extremamente enfadonhos. Em uma era com menos mudanças disruptivas, as necessidades dos clientes em potencial podem ter permanecido estáticas por tempo suficiente para que estes pudessem esperar meses ou anos até que um novo produto chegasse. Mas a combinação da competição ágil com as mudanças rápidas nas demandas dos clientes exige um ritmo acelerado de inovação.

A prototipagem eficaz e em tempo real comporta um conjunto diversificado de pensadores para o exercício, cada um deles se comprometendo com a tomada de decisão rápida; ter recursos de suporte disponíveis para solucionar problemas específicos, como designers que podem adotar uma visão de produto e modelar rapidamente um produto ou uma interface de usuário; e aplicar restrições de tempo, visando encorajar insights rápidos e implementação imediata.

A prototipagem em tempo real não se aplica apenas a produtos. Ela também pode ser extremamente útil para *processos*. E de fato, eu utilizei o design thinking e a prototipagem em tempo real para processos como acelerar o tempo de integração de consultores em uma organização. Você pode usar essa abordagem para realizar eventos para resolver processos na sua organização, levando os já existentes e que são amplamente conhecidos por consumir mais tempo ou recursos do que o necessário e renová-los com os stakeholders que de fato implementam o processo.

ESTUDO DE CASO

O Sr. Prototipagem em Tempo Real: Tom Chi

Tom Chi era o funcionário nº 6 do Google X, a "fábrica moonshot" da empresa que gerou novos produtos, a exemplo da tecnologia de veículos autônomos Waymo. Quando a nova equipe do X inicialmente imaginou uma tela de computador embutida em um par de óculos, ela poderia ter seguido um processo de design que levaria semanas ou até meses. Mas Tom montou um protótipo em poucas horas, permitindo que membros da equipe — como o cofundador do Google, Sergey Brin — testassem suas suposições em tempo real. (Podemos, é claro, argumentar que o Google Glass não atendeu, enquanto produto, a uma necessidade crítica do mercado na época. Mas é provável que o produto estivesse à frente de seu tempo, já que uma série de empresas como a Amazon está criando, atualmente, óculos contendo tecnologias interativas.)

Tom, desde então, utilizou essa mentalidade de prototipagem em tempo real para ajudar a catalisar uma gama de inovações. Ele me contou uma história sobre um cliente que estava projetando uma embalagem para um produto doméstico sofisticado que pretendia vender em grandes lojas, como a Target. Embora a equipe de design da empresa tenha passado meses no projeto, o progresso era lento e a equipe simplesmente não conseguiu chegar a um acordo sobre a abordagem certa a ser tomada.

Tom perguntou a eles onde poderiam encontrar o seu cliente-alvo. Resposta: na Whole Foods e nas lojas da Apple. Logo, Tom fez com que a empresa enviasse várias equipes pequenas de entrevista ao mesmo tempo, e em várias cidades diferentes, para que ficassem com tablets do lado de fora dessas lojas, testando seus projetos com os clientes que estivessem saindo. O que o cliente gostava no produto cujo design de embalagem estava sendo mostrado no tablet? Eles comprariam este produto?

As primeiras rodadas de respostas foram um tanto desanimadoras, visto que poucos dos entrevistados entenderam o que era o produto ou disseram que teriam interesse em comprá-lo. No entanto, conforme os clientes iam sugerindo mudanças, uma equipe de design na sede da empresa ia ouvindo esses feedbacks em tempo real, trabalhando nessas ideias para novos designs em alguns minutos e enviando-as para os tablets das equipes de teste, que então solicitavam novos feedbacks de outros clientes, poucos momentos depois.

Depois de várias iterações ao longo de algumas horas, a empresa não apenas conseguiu chegar a um design de sucesso que muitos clientes em potencial disseram que comprariam, como também montou um site em que as pessoas poderiam solicitar a pré-venda do produto — e muitos clientes o fizeram.

Como, então, essa abordagem funciona com *processos*?

Tom me contou outra história sobre um cliente do ramo de equipamentos industriais que teve dores de cabeça por mais de dois anos com o design de um processo de planejamento de sucessão para executivos que foram preteridos para o cargo de chefe de divisão. Em um workshop, Tom fez com que eles trabalhassem em cima da ideia que a maioria dos executivos achava que funcionaria, organizassem a equipe principal em pequenos grupos e fizessem com que cada equipe prototipasse esse processo em poucos minutos. Em seguida, cada equipe "pegaria emprestado" um membro de outra equipe de design e realizaria uma entrevista simulada descrevendo o programa para aquela cobaia.

Em todos os casos, o executivo cobaia "saía" da empresa.

Ok, então esse programa não preservaria executivos. Mas pelo menos a equipe principal descobriu isso em apenas uma hora, após anos de indecisão. Tom, então, fez com que eles passassem por outro exercício para prototipar um conjunto de ideias novas, e, dentro de mais algumas horas, o grupo projetou um novo programa, que então foi lançado com grande sucesso.

Ambos os exemplos ilustram que o ciclo de tempo entre a ideia e o teste pode e deve ser medido em minutos, não em anos. Com a preparação adequada e o envolvimento dos stakeholders no processo de prototipagem, resultados incríveis podem ser gerados rapidamente. E ao conferir experiência aos funcionários por meio de uma prototipagem rápida, eles podem não apenas aprender um novo conjunto de ferramentas utilizável nas situações mais diversas, como também podem experimentar técnicas criativas de resolução de problemas que podem ter um enorme efeito cascata positivo em toda a organização.

> O ciclo de tempo entre a ideia e o teste pode e deve ser medido em minutos, não em anos.

Alinhamento da Equipe

Da mesma forma que os OKRs são a *estratégia da vez* para obter uma eficácia individual e em equipe, as práticas de gerenciamento de projetos ágeis têm se expandido do mundo do desenvolvimento de softwares para uma gama de processos de alinhamento de equipes e projetos em todas as organizações.

O Ágil é, em suma, o filho adotivo estratégico do design thinking e dos OKRs. Trata-se de um conjunto de práticas para determinar as necessidades de um stakeholder, definir os objetivos e as atividades do projeto, distribuir as funções da equipe de forma colaborativa, iterar continuamente os objetivos e critérios de design com base nas contribuições dos stakeholders, sincronizar as atividades da equipe diariamente e ir em direção a um produto finalizado como o principal material entregável. O ágil tem a sua própria linguagem, a exemplo dos sprints, cerimônias, gráficos de burndown, scrum, scrum masters e o scrum dos scrums. Procure online pelo *Manifesto Ágil*, para aprender alguns dos seus fundamentos.

O Ágil é tanto uma mentalidade quanto um conjunto de ferramentas. Como Adilson Borges, diretor de aprendizagem do Carrefour, a varejista multinacional francesa com mais de 300 mil funcionários e 22 mil lojas, me disse: "Perguntamos aos nossos líderes: o que vocês estão fazendo para se tornar mais ágeis? O que estão fazendo para ajudar suas equipes a se tornarem mais ágeis?" Ele prosseguiu: "Para nós, trata-se de nos certificarmos de que temos a capacidade de reagir a tudo o que surgir, e de fazê-lo de uma forma fácil e rápida." Adilson também aponta para o uso frequente de processos de "teste e aprendizado", como a prototipagem rápida, e inclusive está escrevendo um livro a respeito.

As mesmas técnicas de equipe e ferramentas de software que aumentam a eficácia muitas vezes também são excelentes para um alinhamento contínuo, com empresas de software que vão desde a IBM até pequenos desenvolvedores oferecendo ferramentas que viabilizam práticas ágeis de gerenciamento de projetos. Para uma excelente visão geral de como essas práticas podem ser usadas em toda a organização, leia *The Age of Agile* ["A Era da Gestão Ágil", em tradução livre][3], de Stephen Denning.

ESTUDO DE CASO

Um Conjunto Integrado de Ferramentas para as Próximas Regras: A Catalyte contra o Sistema

Capacitar a eficácia, permitir o crescimento, garantir o envolvimento e encorajar o alinhamento soa como um conjunto impossivelmente amplo de funções para integrar em um conjunto de ferramentas. Mas existe uma startup norte-americana que fez exatamente isso. A Catalyte foi literalmente contra o sistema com o seu conjunto de ferramentas integradas de tecnologias e técnicas para as Próximas Regras. O CEO Jacob Hsu e sua equipe desenvolveram um software que combina eficácia, crescimento, envolvimento e alinhamento desde o início das interações de um candidato com a empresa.

Fundada em 2000, a Catalyte é uma empresa de programação por contrato com sede em Baltimore, Maryland. A organização oferece um programa de aprendizes que treina funcionários de todos os Estados Unidos para se tornarem programadores "full-stack". Os trainees que se saem melhor são, então, contratados para a rede de trabalho da empresa, que conta com seiscentas pessoas, e seus serviços são contratados por empresas como a Disney e a Nike. Isso é possível da seguinte maneira:

- ***Envolvimento***: Para permitir a busca constante por novos programadores, a empresa criou uma série de questionários de software. Os candidatos são testados não apenas quanto à sua compreensão de programação; como a série de questionários apresenta alguns desafios verdadeiramente difíceis, uma variedade de habilidades flexíveis, como a agilidade cognitiva, também é avaliada, bem como habilidades pessoais, como perseverança e determinação. Jake afirma que um candidato pode responder a 80% das perguntas do questionário corretamente e ainda assim não passar, se não demonstrar tenacidade o suficiente. Eles também podem responder a 50% das perguntas incorretamente — habilidades específicas de conhecimento sobre programação, por exemplo —, mas ainda assim passar, porque perseveraram. Isso significa que mesmo os candidatos com treinamento mínimo ainda podem concluir os testes com êxito e ingressar no programa. A Catalyte também está comprometida em envolver uma rede de trabalho diversificada, com iniciativas de treinamento em diversas cidades, inclusive em Baltimore, onde foi fundada.
- ***Crescimento***: Uma vez aceito no programa, utilizando o aprendizado baseado em evidências, Jake diz que sua empresa pode treinar um programador em seis meses, capacitando-o a um nível de proficiência equivalente a um diploma tradicional de quatro anos em ciência da computação. Uma das razões para o seu sucesso: os alunos/estagiários são aprendizes desde o primeiro dia, recebendo problemas concretos para solucionar assim que passam pela porta. Eles aprendem instantânea e contextualmente.
- ***Eficácia***: Ao longo do programa de treinamento e depois de contratados, os funcionários recebem constantemente, por meio de software, feedbacks de suporte do seu líder de equipe e de seus colegas de tra-

balho, não em um processo tradicional e assustador de revisão de 360 graus, mas como uma parte autêntica do desenvolvimento contínuo de suas habilidades.
- **Alinhamento**: O mesmo software serve como um conjunto de serviços de gerenciamento de projetos, ajudando as equipes a se manterem sincronizadas em relação às metas e aos resultados finais. E como a Catalyte contrata funcionários não importando onde vivem, eles aprendem desde o início a como operar como parte de uma equipe distribuída.

A Prioridade nº 1 para as Próximas Organizações: Empoderar o Funcionário e a Equipe

O que deve ficar bem claro a partir dos insights e das práticas mencionados ao longo deste livro é que o principal resultado para *toda e qualquer* organização é a capacitação de seus funcionários e equipes para solucionar problemas e criar valor continuamente para os stakeholders. E como os funcionários e as equipes da organização *também são* um grupo central de stakeholders, é responsabilidade da Próxima Organização oferecer as melhores técnicas e tecnologias necessárias para garantir o seu sucesso.

Parece uma tarefa constante, eu sei. Mas há um conjunto de perguntas muito simples para orientar esse trabalho devidamente:

- Todos os funcionários e equipes da organização sentem que são mais eficazes em seu trabalho do que eram um ano antes? Se a resposta for não, você deve consertar isso.
- Cada funcionário e equipe na organização se encontram em um caminho de crescimento, tanto pessoal, quanto em grupo? Se a resposta for não, você deve consertar isso.
- Todos os funcionários e equipes da organização sentem que estão envolvidos em um trabalho que potencializa seus superpoderes — as habilidades que eles preferem usar e nas quais são melhores? Se a resposta for não, você deve consertar isso.
- E, por fim, todos os funcionários e equipes estão alinhados com a visão, a missão e a estratégia da organização? Eles podem listar seus próprios objetivos pessoais e aqueles da equipe, e descrever como esses objetivos estão alinhados com um ou mais dos objetivos estratégicos da organização? Se a resposta for não, você deve consertar isso.

Agora, vamos juntar tudo o que vimos até aqui em um esquema prático.

TABELA 8.1 O Panorama das Próximas Regras

As 3 Lentes para as Próximas Regras	As 4 Próximas Regras Principais	As Próximas Habilidades para Indivíduos e Equipes	As 6 Questões: Insights do Quadro Aristotélico
Mentalidade Conjunto de Habilidades Conjunto de Ferramentas	• Capacitar a **Eficácia** • Permitir o **Crescimento** • Garantir o **Envolvimento** • Encorajar o **Alinhamento**	Solucionadores de **P**roblemas *que são* **A**daptáveis *e* **C**riativos, *e têm* **E**mpatia	O quê Por quê Quem Onde Quando Como

FONTE © 2021 Charrette LLC. Usado com permissão.

Juntando Todas as Peças

Bem, andamos um bocado até aqui.

Ao longo do livro, exploramos muitos tópicos relacionados às Próximas Regras, pelas lentes da mentalidade, do conjunto de habilidades e do conjunto de ferramentas. Agora, vamos conectar todos os pontos para ilustrar o ecossistema de trabalho da organização.

Uma maneira de visualizar todos esses elementos trabalhando juntos é aquela que eu chamo de Seta Estratégica. Você verá muitos elementos familiares já discutidos aqui, tais como o propósito da organização (sua visão e missão), sua estratégia, objetivos da organização e da equipe, seus resultados e seus projetos. (As operações caracterizam o conjunto de funções básicas de "bloqueio e ataque" na organização que não são baseadas em projetos, como a manutenção das instalações e dos equipamentos funcionando. Ainda é um trabalho a ser feito, mesmo para as Próximas Organizações.)

Operações > Projetos > Resultados > Objetivos > Estratégia > Missão > Visão

CONJUNTO DE FERRAMENTAS

Este é um "mapa" que aqueles que lideram nas Próximas Organizações podem usar continuamente para encorajar uma *mentalidade*, um *conjunto de habilidades* e um *conjunto de ferramentas* alinhados para a organização.

Pense nas quatro Próximas Regras principais como os cilindros que alimentam o motor humano da organização:

- A eficácia é possibilitada pela combinação de resultados e objetivos e pelos projetos para entregá-los.
- O alinhamento surge por meio da conexão dos objetivos com a estratégia da organização para solucionar problemas e agregar valor para os stakeholders (missão).
- O envolvimento é um aspecto fundamental do valor criado para os funcionários da organização — que são, naturalmente, um dos principais conjuntos de stakeholders. Outro elemento importante de envolvimento é o incentivo de "fluxos de talentos" para dentro e por toda a organização, por meio de práticas que vão desde programas de estágio até o trabalho baseado em projetos.
- O crescimento é estimulado pelo desenvolvimento contínuo da mentalidade e do conjunto de habilidades necessários para solucionar problemas e criar valor.

As seis questões do Quadro Aristotélico fornecem ideias que podem se inserir em toda a Seta Estratégica, trazendo profundidade e nuances a muitos destes elementos:

- O *por quê* reside principalmente no âmbito da visão e da missão da organização, bem como nas necessidades de seus principais stakeholders.
- O *quem* reside na missão da organização, conforme as características dos funcionários stakeholders.
- O *como* reside principalmente no domínio da estratégia.
- O *quando* normalmente é definido na estratégia, nos objetivos e resultados da organização, e também nos objetivos e resultados das equipes.
- O *quê* é o conjunto de problemas e de habilidades necessárias para entregar resultados.

- O *onde* se encontra no conjunto de projetos a serem entregues.

Se você os enxerga de forma diferente, pode mapeá-los de acordo com a sua própria perspectiva.

Aqui estão alguns insights gerais da Seta Estratégica:

- Geralmente, quanto mais estratégica uma função — a missão e visão da organização, por exemplo —, mais uma mentalidade consistente está envolvida. *Comunicar* essa visão é um conjunto de habilidades, enquanto trabalhar para incentivar uma organização inteira a se alinhar em torno da sua visão e missão caracteriza uma *mentalidade.*

- Quanto mais tática uma função — como a execução de projetos e de operações de base —, mais um conjunto de habilidades está envolvido.

- Quanto mais repetitiva uma atividade — como no caso do compartimento de operações —, maior a probabilidade de ela se situar na esfera dos robôs, na qual uma máquina ou um software executará uma quantidade crescente dessas funções. Ou ela será terceirizada, uma vez que não é fundamental para o valor dos stakeholders que a organização entrega.

A Figura 8.1 mostra o ecossistema de trabalho organizacional em toda a sua maravilhosa riqueza.

Você encontrará uma cópia em branco da Seta Estratégica, em PDF, no site gbolles.com/strategy [conteúdo em inglês]. Recomendo que você a baixe e imprima para preencher os variados elementos que são relevantes para a sua organização e sua equipe. Você também pode usá-la com outras pessoas da organização para ajudá-las a trazer diversos elementos do seu trabalho para uma única folha.

Vou reiterar aqui a maneira como começamos o livro. Aprender e vivenciar as Próximas Regras é uma jornada. Em um mundo de mudanças disruptivas e de incerteza, será sempre um trabalho em andamento, assim como nós mesmos, enquanto seres humanos.

Escolha a região do ecossistema de trabalho em que você tenha mais autonomia — seja o seu próprio trabalho ou o de uma ou mais equipes. Construa a partir desta atividade. Recrute uma "coalizão de dispostos" para se juntar a você.

Lembre-se: nenhum ser humano será deixado para trás.

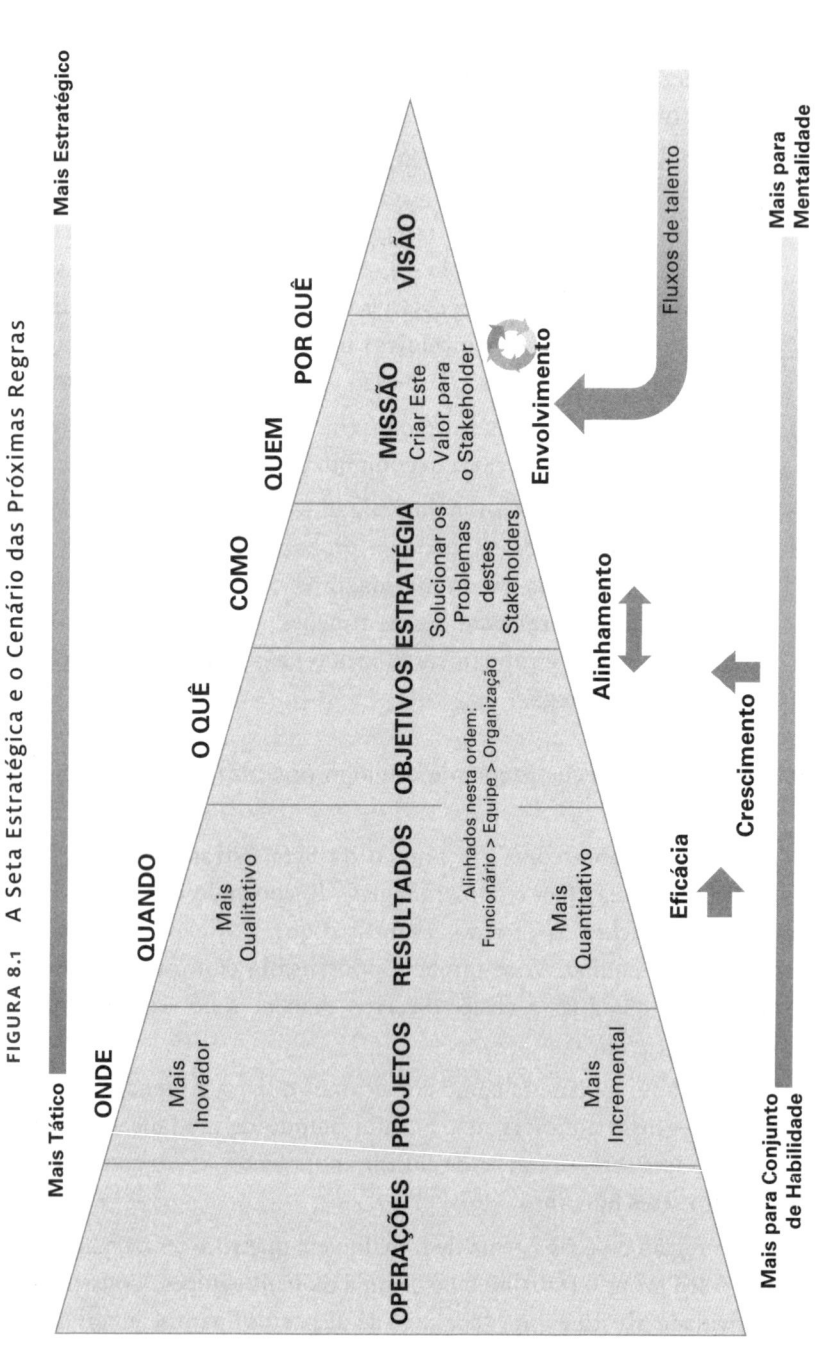

FIGURA 8.1 A Seta Estratégica e o Cenário das Próximas Regras

Mais Tático → Mais Estratégico

ONDE · QUANDO · O QUÊ · COMO · QUEM · POR QUÊ

| OPERAÇÕES | PROJETOS | RESULTADOS | OBJETIVOS | ESTRATÉGIA | MISSÃO | VISÃO |

- Projetos: Mais Inovador / Mais Incremental
- Resultados: Mais Qualitativo / Mais Quantitativo
- Objetivos: Alinhados nesta ordem: Funcionário > Equipe > Organização
- Estratégia: Solucionar os Problemas destes Stakeholders
- Missão: Criar Este Valor para o Stakeholder

Eficácia ↑ · Crescimento ← · Alinhamento ↕ · Envolvimento ↻

Fluxos de talento

Mais para Conjunto de Habilidade → Mais para Mentalidade

FONTE © 2021 Charrette LLC. Usado com permissão.

Este É o Começo do Futuro que Todos Nós Queremos

Fazer isso em seu próprio trabalho e no trabalho da organização é certamente um passo fundamental para a construção de um futuro do trabalho mais inclusivo.

Agora, como podemos alcançar isso, mas em 10×?

Continue lendo.

CONCLUSÃO

O Futuro que Todos Nós Queremos

Existem quatro domínios para a criação de um futuro inclusivo do trabalho: indivíduos, organizações, comunidades e países. Cada organização e cada funcionário operam em uma ou mais comunidades, e em uma ou mais regiões ou países. Só podemos cocriar o futuro que todos desejamos por meio de coordenação e colaboração profundas, dentro e entre cada um desses domínios.

Na interseção das sociedades e economias encontra-se um conjunto de decisões sobre as prioridades das *economias do trabalho*, definindo o equilíbrio de poder entre organizações e funcionários. Os líderes devem cocriar práticas adaptativas e inclusivas nos países onde operam, para que os funcionários tenham a capacidade de encontrar ou criar um trabalho significativo e bem-remunerado, e que as organizações tenham os funcionários talentosos de que precisam, hoje e amanhã.

Você tem o enorme poder de usar sua mentalidade e seu conjunto de habilidades para ajudar a cocriar esse futuro. Vejamos como.

Hora da Varinha Mágica, de Novo

Eu faço um movimento com uma varinha mágica. De repente, estamos no momento logo antes de você existir no planeta.

Eu lhe digo que você nascerá em uma família cuja renda está em um dos cinco níveis da pirâmide econômica, desde o quinto e mais pobre, das pessoas com a renda mais baixa, passando pelos três níveis intermediários, até o mais rico — o um quinto sentado no topo da pirâmide.

Você não poderá escolher em qual desses "quintos" (como os economistas gostam de chamá-los) nascerá, mas *poderá* decidir uma, e somente uma, regra que torne a sociedade mais justa, para você e para os outros. Que regra você escolheria para determinar como esta sociedade pode ser justa e equitativa?

Após ponderar sobre essa questão por algum tempo, de repente, uma ideia lhe ocorre, e você me diz:

"Não importa em qual dos cinco níveis da economia eu venha a nascer. Na minha vida, eu deveria ter a mesma chance que qualquer outra pessoa de subir um degrau na escada econômica. Se eu nascer na base da pirâmide, devo ter uma chance igual de pelo menos aumentar a minha renda até o segundo nível. E se eu nascer no segundo nível, devo ter a mesma chance de passar para o terceiro. E assim por diante."

Eu assinto com a cabeça: "Fale mais."

Você prossegue: "Eu deveria ter acesso a um trabalho significativo e bem-remunerado. Se eu trabalhar duro, desenvolvo as minhas habilidades, sou eficaz no meu trabalho e estou alinhado com os objetivos das organizações com as quais trabalho, devo ser capaz de ganhar e economizar mais dinheiro e, futuramente, ter feitos maiores que meus pais. E os meus filhos teriam a mesma oportunidade depois de mim."

Eu aplaudo o argumento. "Brilhante. Se todos pudessem ter esses resultados assegurados, a sociedade seria de fato muito mais justa e equitativa. *Este é o mundo que todos nós queremos.*"

Os Quatro Domínios de um Futuro Inclusivo do Trabalho

É claro que essa não é a economia do trabalho em que a maioria das pessoas vive.

E por que não? Bem, trata-se de um problema perverso[1].

Problemas perversos são uma classe de desafios complexos, com ecossistemas que abrangem vários setores, resistem a soluções fáceis e, muitas vezes, continuam a existir porque algumas pessoas ganham muito dinheiro com a forma pela qual as coisas funcionam hoje. Isso se aplica a problemas como o alto custo da saúde nos EUA, o custo crescente da educação universitária e o impacto humano nas mudanças climáticas.

O mesmo vale para as economias do trabalho. Existem dezenas de problemas tão entrelaçados que parecem fios emaranhados, muitas vezes tão complexos que a história e os dados podem ser distorcidos para qualquer perspectiva.

Precisamos abraçar as questões centrais para conseguirmos entender como resolvê-las para o amanhã. Por isso eu destilei todas as dezenas e mais dezenas de questões relacionadas ao futuro do trabalho em quatro domínios: *indivíduos, organizações, comunidades* e *países*.

CONCLUSÃO

Pense nos quatro domínios como uma nova lente. Mesmo que o problema que você queira impactar envolva ajudar uma única pessoa na sua comunidade a tomar boas decisões de carreira em um mundo de mudanças disruptivas, você dará uma assistência muito melhor se tiver uma visão bem informada do cenário em que essa pessoa vive. E se você estiver tentando encorajar sua organização a seguir seu propósito autêntico, no contexto do trabalho, você pode criar argumentos muito mais persuasivos se tiver uma visão abrangente do ecossistema do trabalho e da aprendizagem.

Cada um dos quatro domínios apresenta um problema central a ser solucionado:

- **Para indivíduos:** No passar dos anos, conforme fui conversando com as pessoas, desde jovens refugiados em Amã, na Jordânia, até ex-presidiários adultos em São Francisco, Califórnia, eu posso declarar suas necessidades articuladas em um único pedido: **como eu posso encontrar ou criar um trabalho significativo, bem-remunerado e estável, hoje e amanhã?** Existem muitas outras coisas que nós precisamos em nossas vidas para prosperar. Mas se todos no planeta tivessem esse tipo de oportunidade, do ponto de vista do trabalho, nós já estaríamos muito bem.

- **Para organizações:** A partir das aulas que dei e das coisas que ouvi consultando aqueles que lideram em organizações, desde startups a grandes corporações multinacionais, e de gerentes de projeto a CEOs e conselhos de administração, eu sintetizaria suas perspectivas no seguinte enunciado: **como podemos ter os funcionários talentosos dos quais precisamos para solucionar problemas e criar valor para os nossos stakeholders, hoje e amanhã?** Existem muitas outras coisas que aqueles que lideram nas organizações desejam. Mas se cada organização tivesse pessoas com uma mentalidade e um conjunto de habilidades alinhados, essas organizações poderiam lidar com *qualquer* problema e criar *qualquer* valor para seus stakeholders.

- **Para comunidades:** Quando converso com pessoas em comunidades rurais e urbanas ao redor do mundo — de cidadezinhas no interior dos EUA a grandes cidades em economias em desenvolvimento —, descubro que aquelas que estão tentando cocriar soluções para suas comunidades estão efetivamente se perguntando: **como podemos funcionar como ecossistemas, nos quais todos os nossos membros possam prosperar?**

- **Para países:** A partir do meu diálogo com todos os tipos de gestores públicos, desde ministros do Trabalho e da Educação, passando por legisladores que tentam elaborar leis eficientes, até agentes de mudança que tentam catalisar mudanças em escala, posso afirmar uma coisa que eles querem saber consistentemente: **como obter uma economia inclusiva?**

Ao longo deste livro, já nos concentramos extensivamente em indivíduos e organizações. Agora, no entanto, temos um novo prisma a considerar: como podemos criar um futuro mais inclusivo do trabalho e da aprendizagem para todos, e fazer isso como parte integrante dos nossos trabalhos e das nossas organizações?

Pode até parecer surpreendente, mas eu descobri que praticamente todos os problemas que você consegue nomear relacionados ao mercado de trabalho já foram solucionados em algum lugar. Acontece que a solução não é muito conhecida nem facilmente transferível ou altamente dimensionada — ainda.

Algumas dessas estratégias estão listadas a seguir, de acordo com o respectivo domínio. Dadas as complexidades dos ecossistemas de trabalho, elas pretendem ser inspiradoras, mas não abrangentes. Nós continuamos a atualizar listas mais amplas de insights e a incentivar os seus próprios insights e sugestões no site gbolles.com/domains [conteúdo em inglês].

FIGURA 9.1   Os Quatro Domínios do Futuro do Trabalho

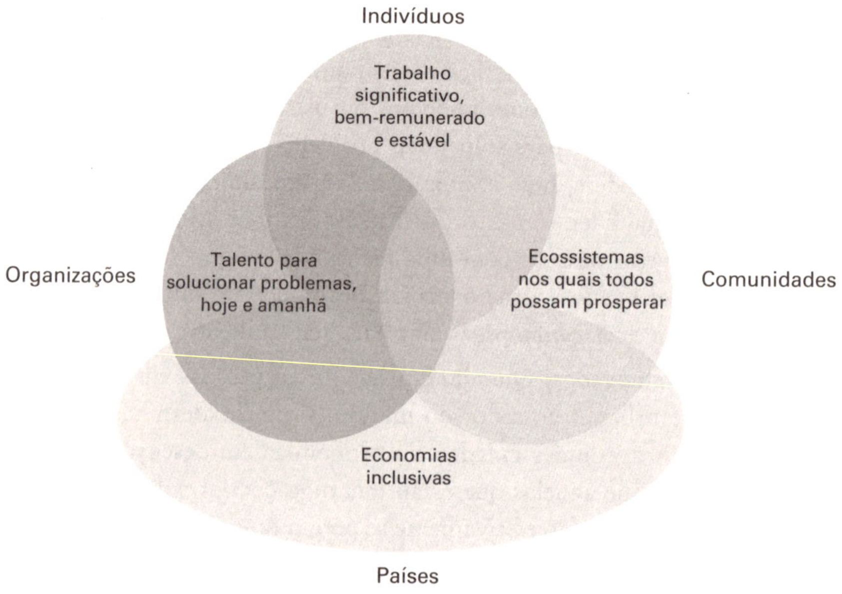

Indivíduos

Trabalho significativo, bem-remunerado e estável

Organizações

Talento para solucionar problemas, hoje e amanhã

Ecossistemas nos quais todos possam prosperar

Comunidades

Economias inclusivas

Países

FONTE © 2021 Charrette LLC. Usado com permissão.

CONCLUSÃO

Essas são questões complicadas: recomendo que você não deixe de prestar atenção. Eu incluí uma série de estatísticas a seguir: encorajo você a ver os padrões que elas destacam. E, embora eu sugira algumas soluções, também o convido a aprimorá-las e a criar as suas próprias.

> Praticamente todos os problemas relacionados ao mercado de trabalho dos quais você consegue se lembrar já foram solucionados em algum lugar. Acontece que a solução não é muito conhecida nem facilmente transferível ou altamente escalonada — ainda.

Indivíduos: Equilibrando a Mesa

Muitas vezes me perguntam: precisamos empoderar os indivíduos para que eles possam ter sucesso contínuo, hoje e amanhã, ou devemos mudar um sistema que ainda não é justo e equitativo para todos?

A resposta, evidentemente, é: devemos fazer ambos. Um ou outro isolado não é o suficiente. As mudanças não diminuirão a marcha, e os sistemas existentes não se tornarão subitamente justos e equitativos. Mas precisamos reconhecer que a falta de equilíbrio entre as necessidades dos indivíduos e as funções dos mercados de trabalho caracterizam uma dinâmica de poder.

No seu livro de 1988, *In the Age of the Smart Machine* ["A Era da Máquina Inteligente", em tradução livre][2], a autora Shoshana Zuboff apropriadamente deu o subtítulo "The Future of Work and Power" ["O Futuro do Trabalho e do Poder", em tradução livre]. Afinal, os sistemas de trabalho *sempre* se basearam fundamentalmente nas dinâmicas de poder.

Imagine que a dinâmica entre os funcionários e a organização é uma mesa. A estrutura e os ativos de uma organização — seus recursos físicos e seu status legal — existem independentemente de seus funcionários, e qualquer funcionário pode ser independente de uma organização. Mas as organizações precisam de pessoas para solucionar problemas e criar valor para os stakeholders (incluindo esses funcionários), e os funcionários, muitas vezes, precisam de organizações para ajudá-los a canalizar suas energias coletivas.

Algumas pessoas rejeitam essa estrutura por ser demasiadamente negocial. Organizações são, em parte, como pessoas e, portanto, é uma falsa dicotomia imaginar os funcionários de um lado e "a organização" do outro. Entretanto, quanto mais exaltado for um cargo executivo em uma organização, mais um funcionário se insere na dinâmica de poder dessa empresa. Assim como a natureza nebulosa do trabalho, os executivos ganham, ao longo do tempo, *um grau maior de adesão* a essa estrutura de poder. Isso é muito claro nas empresas de plataformas gig, que sempre têm três players: a demanda (o cliente), a plataforma e o suprimento (seres humanos em condições de vida ruins e custosos). Dois de três sempre vencem: o cliente e a plataforma. O trabalhador autônomo é a commodity.

E as pessoas trabalham *de verdade*, e as organizações as pagam por esse trabalho. Isso é negocial. Não se trata de algo ruim ou errado. Muitas vezes, é simplesmente um jogo, no qual um dos jogadores não só possui mais cartas, como também influencia muitas das regras do jogo.

Organizações e funcionários podem e devem ter uma relação simbiótica. Sua interdependência é definida por cada um de seus objetivos. Os funcionários desejam um trabalho significativo, bem-remunerado e confiável, com boas condições trabalhistas. As organizações, por sua vez, precisam de funcionários talentosos para solucionar os problemas de hoje e amanhã, a um custo alinhado com o seu modelo de negócios. Se os funcionários estiverem aprendendo a solucionar novos problemas continuamente, terão incentivos para solicitar recompensas cada vez melhores. Todavia, em um mundo competitivo como o nosso, no qual os acionistas estão sempre de olho naqueles que lideram, as organizações são continuamente incentivadas a reduzirem esses custos. Isso significa pagar menos às pessoas, ou transferi-las para vínculos que podem ser mais facilmente rompidos, como o trabalho autônomo.

Essa é uma dinâmica de poder.

Eu trabalho no Vale do Silício desde o início dos anos 1980. Pude ver em primeira mão o quanto o mundo foi infectado pelo fervor empresarial das altas tecnologias. Eu mesmo caí na retórica de que qualquer pessoa pode ser um empresário; que ela só precisa trabalhar duro, de forma inteligente e ter um pouco de sorte para ser bem-sucedida. Eu achava que haveria um novo crescimento econômico, e que todos se beneficiariam dele com equidade.

Todavia, eu estava equivocado — *muito* equivocado. E o país que tem sido mais afetado por essa desconexão são os Estados Unidos, onde a mesa passou de razoavelmente nivelada na década de 1950 para um desnível tão acentuado que já nem pode ser considerada a mesma. Além disso, a tecnologia e a globalização estão forçando ainda mais esse desequilíbrio.

Na economia gig, algoritmos poderosíssimos determinam quem faz dinheiro ou não, e as formas pelas quais as empresas de tecnologia administram seus processos de caixa preta implicam que, muitas vezes, haja poucos recursos para as pessoas presas nas suas engrenagens de IA. Um motorista de aplicativos pode receber repentinamente uma avaliação injustificada que destrói sua renda ou não conseguir mais acesso a trabalho algum, e os dados que orientam essas "decisões" estão profundamente enterrados em códigos poderosos. E quando esse código pode ultrapassar as fronteiras de um país, se torna ainda mais poderoso, já que pode encontrar funcionários ainda mais baratos.

Acontece que existem consequências para o mantra do Vale do Silício, "avance rápido e quebre as coisas" (no original, "move fast and break things"). Coisas como partes da sociedade, por exemplo.

Veja a quantidade de trabalhadores que está ganhando menos na economia moderna. Os economistas medem o tamanho de uma economia (com indicadores como o PIB), comparam esse total com a quantia de dinheiro que as pessoas ganham pelo seu trabalho, e chamam isso de "renda média do trabalho", a porcentagem de dinheiro no bolso dos trabalhadores. De 1945 até a década de 1990, a renda média do trabalho nos Estados Unidos era basicamente a mesma. Já entre 1998 e 2016, a economia dos EUA dobrou[3] — e a renda média do trabalho *caiu* cerca de 10% em dólares reais.[4]

Essa é uma mesa *consideravelmente* desnivelada.

O que mudou? A dinâmica de poder.

A Organização para a Cooperação e Desenvolvimento Econômico (OCDE) é um consórcio de 37 países ocidentais que rastreia e acompanha uma variedade de índices para economias saudáveis. Em média, nos países da OCDE atualmente, mais de 50% de todos os trabalhadores assalariados estão amparados por algum tipo de acordo coletivo de trabalho, muitas vezes por meio de sindicatos. De acordo com o Pew Research Center, em 1954, mais de um terço dos trabalhadores dos EUA estava amparado por acordos trabalhistas. Já em 2019, apenas cerca de um em cada dez detinha esse respaldo[5]. Levando-se em conta somente o setor privado, esse benefício contemplava apenas cerca de 6% dos trabalhadores assalariados.

A enorme queda no coletivismo dos trabalhadores não ocorreu porque a pessoa média detestava sindicatos (embora o comportamento sindical às vezes seja difícil de defender). Uma pesquisa da Gallup, de agosto de 2019, avaliou que a aprovação pública dos sindicatos nos EUA estava em 64%. Por que, então, essa discrepância? Por que quase dois terços de todos os adultos aprovam sindicatos, mas apenas um em cada quinze trabalhadores do setor privado é protegido por eles?

Novamente, devido a dinâmicas de poder.

Sendo assim, como nivelamos essa mesa? Precisamos de uma "governança de IA" que torne os algoritmos visíveis e os dados pertencentes a humanos, para que o trabalho orientado por plataformas seja cada vez mais realizado de forma transparente. Precisamos reinventar as maneiras pelas quais os seres humanos colaboram para aumentar o seu poder individual — sindicatos de freelancers e organizações cooperativas, por exemplo. E aqueles que lideram organizações precisam *convocar* as vozes, a representação e a ação coletivas, porque os trabalhadores que se sentem mais engajados com a missão da organização — e que são melhor remunerados por meio de pagamentos negociados em caráter coletivo e de microbenefícios — serão muito mais eficazes na resolução de problemas e na criação de valores para a organização, para os clientes e para outros stakeholders.

Isso é, simplesmente, um bom negócio.

O BOM TRABALHO É UM BOM NEGÓCIO; O TRABALHO FANTASMA, NÃO

De acordo com Mary L. Gray, pesquisadora principal sênior da Microsoft Research e professora associada na Universidade de Harvard, cerca de um quarto dos norte-americanos trabalha em tempo integral, mas ganha menos do que um salário mínimo. Em seu livro, *Ghost Work* ["Trabalho Fantasma", em tradução livre][6], ela demonstra que, embora a tendência impulsionada pela tecnologia em direção ao contrato e ao trabalho autônomo aumente a flexibilidade do horário de trabalho para alguns, para muitos representa um trabalho não confiável. Em 2020, Mary foi nomeada como MacArthur Fellow por sua pesquisa sobre as interseções entre tecnologia e sociedade. Quando perguntei a Mary sobre o que os trabalhadores mais precisam, ela respondeu: "Dê às pessoas a capacidade de controlar seu tempo, no que trabalham e com quem trabalham." E, obviamente, pague um salário justo, com benefícios adequados.

Existem razões comerciais muito boas para fazer isso. Em *The Good Jobs Strategy: How the smartest companies invest in employees to lower costs and boost profits* ["Uma Estratégia para Bons Empregos: Como as empresas mais inteligentes investem em funcionários para reduzir custos e amplificar os lucros", em tradução livre]⁷, Zeynep Ton, da Universidade de Harvard, oferece uma justificativa para as organizações tratarem os funcionários como stakeholders. Zeynep aponta para exemplos como a varejista e rede de postos de gasolina Quiktrip, que possui mais de 800 unidades e 11 bilhões de dólares em vendas anuais, e que paga bem os funcionários, além de oferecer excelentes benefícios. Mesmo assim, suas vendas por metro quadrado superaram a média da indústria, em cerca de 50%, e o seu lucro por loja foi mais do que o *dobro* dessa mesma média. Como? A Quiktrip trata os funcionários como stakeholders, como profissionais dedicados a fazer clientes felizes. Este é um exemplo de uma inserção de propósito no modelo comercial da organização: os funcionários oferecem um excelente atendimento ao cliente por serem bem-remunerados, o que, por sua vez, gera uma lucratividade enorme. Isso é um bom negócio.

Organizações: Movidas pelo Propósito desde Seu DNA

Dedicamos uma parte significativa deste livro mergulhando em práticas destinadas a ajudar sua organização a reforçar a eficácia, o crescimento, o envolvimento e o alinhamento com o seu propósito autêntico. Assim como óculos de realidade aumentada, as Próximas Regras oferecem um conjunto de filtros para compreender e alinhar a mentalidade, o conjunto de habilidades e o conjunto de ferramentas em toda a organização.

Agora, eu gostaria de oferecer uma nova lente. Você terá muito mais probabilidade de ser bem-sucedido em alcançar o propósito da sua organização se o seu *próprio modelo comercial* entregar resultados baseados nesse propósito.

A apreciação da ironia é uma característica exclusivamente humana. No entanto, se uma organização usar seus lucros com a venda de cigarros para financiar pesquisas relacionadas ao câncer, isso torna o mundo um lugar melhor? As tentativas de uma organização em definir um propósito autêntico que beneficie as pessoas ou o planeta são muito mais seguras quando o seu modelo de negócios principal se encontra diretamente conectado ao valor que está sendo criado. Fazer menos mal não é equivalente a fazer o bem. Fazer o bem para mitigar um mal inevitável, tampouco. Quando um modelo de negócios depende, digamos, da manipulação da nossa atenção, é muito difícil manter um impacto líquido positivo na sociedade.

Você pode até perdoar a seguinte pergunta, se feita por alguém que lidera uma organização que ainda se encontra ancorada nas Regras Antigas: "Não estamos colocando responsabilidades demais nas organizações e aumentando muito o trabalho a ser feito por aqueles que as lideram?" É uma lista infinita de coisas: diversidade e inclusão. Atenção com o meio ambiente. Ser responsável pela vida plena dos funcionários. E por aí vai.

A verdade, no entanto, é o oposto disso; as organizações podem fazer muito mais. Sendo a Próxima Organização uma plataforma dedicada a canalizar energia humana para criar valor para os clientes e outros stakeholders, há muito mais que pode ser feito para transformar essa organização em um ecossistema vivo, que entrega continuamente valores integrados a uma lista expandida de stakeholders, garantindo que sua missão permaneça sendo executada de fato. Todavia, isso também força aqueles que lideram Organizações Orientadas para as Regras Antigas a olhar para algumas questões fundamentais referentes a como, onde e por que eles ganham dinheiro.

Você poderia simplesmente colocar o propósito da sua organização em algumas apresentações de PowerPoint e nas paredes dos refeitórios. Ou você pode optar por lançar raízes profundas no solo, garantindo que esse compromisso permaneça forte e sustentável. Como são essas práticas?

- **As Próximas Organizações são movidas pelo propósito desde seu DNA.** Há uma lista exponencialmente crescente de pessoas e organizações que estão se comprometendo com um conjunto expandido de stakeholders, desde a declaração de políticas da Business Roundtable de 2019[8] até a carta Profit & Purpose ["Lucro e Propósito"][9], escrita nesse mesmo ano por Larry Fink, CEO da BlackRock, um dos maiores fundos de cobertura do mundo. Na Singularity University, um modelo comum recomendado para aqueles que lideram organizações é identificar um Propósito Enorme e Transformador [do inglês "Massive Transformative Purpose" — MTP] — um propósito tão grande que pode ajudar a mover o mundo.

- **As Próximas Organizações assumem compromissos contratuais com suas respectivas missões.** Um dos movimentos que mais cresceu desde meados dos anos 2000 foi o das "corporações de benefícios". Quem deseja alinhar a missão de longo prazo da sua organização com os interesses de outros stakeholders pode iniciar ou alterar sua estrutura legal para definir, explicitamente, o valor a ser criado para as pessoas ou para o planeta. Conforme descrito no site benefcorp.net [conteúdo em inglês], trata-se de uma estrutura legal apoiada em

21 estados e no Distrito de Columbia, nos EUA, e uma abordagem semelhante é usada em determinados países europeus. Exemplos bem conhecidos de corporações de benefícios incluem a Patagonia, a Ben & Jerry's, que pertence à Unilever, algumas divisões da Seventh Generation, a divisão New Chapter da Procter & Gamble, Allbirds e a Danone North America.

- **As Próximas Organizações se orientam por indicadores.** Seus impactos específicos são explícitos e monitorados. Por exemplo, o banco latino-americano Bancolombia, avaliado em 55 bilhões de dólares, utiliza as Ferramentas de Avaliação de Impacto B para avaliar seu propósito e impacto, não apenas por seus indicadores ambientais, sociais e de governança, mas em todo o seu ecossistema de negócios. Existem mais de seiscentos indicadores ESG usados ao redor do mundo; e, embora esse campo pudesse se valer de muito mais consistência, não faltam oportunidades para as Próximas Organizações orientarem suas decisões e ações por meio de indicadores aprovados por investidores, mercados e governos.

- **As Próximas Organizações tratam seus funcionários como stakeholders fundamentais.** Isso significa tratá-los como pessoas em caráter pleno, sempre possibilitando o seu bem-estar. Ao assegurar que parte do propósito da organização envolve garantir um trabalho significativo e bem remunerado, a organização trata seus funcionários como fatores *essenciais* para a sua missão.

- **As Próximas Organizações rejeitam "externalidades negativas" e assumem responsabilidade por seus impactos no mundo.** Elas estão comprometidas a colaborar com as comunidades e com outros stakeholders para compreender as consequências de suas ações. Uma empresa tecnológica movida pelo propósito não desenvolve algum software de inteligência artificial e simplesmente o lança em um mundo desavisado. Em vez disso, ela cocria produtos de forma inclusiva junto aos stakeholders, testa-os incessantemente, analisa o seu impacto, admite quando comete erros e os corrige imediatamente, se necessário.

- **Idealmente, as Próximas Organizações lucram *em razão* de sua missão.** A maneira mais eficaz de garantir o propósito em longo prazo é garantir que a empresa cumpra seu propósito à medida que gera receita. Se o modelo de negócios da organização é dependente da coleta de quantidades imensas de informações sobre clientes em potencial, utilizando as redes sociais para bombardeá-los com mensagens persuasivas para comprar produtos que eles não necessariamente querem e espremendo cada centavo das margens da sua cadeia de suprimento, seria autêntico dizer que a missão dessa empresa é tornar a vida melhor? No entanto, se você souber que, a cada vez que uma pessoa compra e usa seu produto, ela tem mais bem-estar, entregar seu propósito será algo inevitável.

- **As Próximas Organizações incutem o propósito em seus produtos e em sua produção.** Em alguns casos, o propósito autêntico se apresenta na forma "pague um, leve dois", como no caso da TOMS, da WarbyParker e da Allbirds. Em outros casos, ele é fundido na cadeia de abastecimento da empresa, como o compromisso da Unilever em construir mercados de produção nas economias em desenvolvimento em que vendem seus produtos.

À medida que marchamos inexoravelmente em direção a um capitalismo mais inclusivo, os investidores exortarão, cada vez mais, as pessoas que conduzem as empresas a aumentar o seu compromisso com o propósito, especialmente em relação ao seu impacto social, à gestão ambiental e à governança interna. Por exemplo, no final de 2020, a bolsa de valores Nasdaq anunciou uma proposta de regra que exigiria pelo menos uma mulher e um diretor de conselho diversificado em cada uma das 2.500 empresas nela listadas. E no início de 2021, Larry Fink, da BlackRock, disse aos CEOs que eles devem começar a fatorar os custos comerciais e as oportunidades das mudanças climáticas em seus modelos de negócios e relatórios. Essas são etapas incrementais, que precisam ser 10×.

Comunidades: Ecossistemas nos quais Todos Podem Prosperar

Sua organização e seus funcionários operam em uma ou mais comunidades. Como sua organização pode ajudar de fato essas comunidades a prosperarem?

Imagine um modelo inovador de empoderamento das comunidades, com base no pressuposto de que as famílias e comunidades que enfrentam dificuldades econômicas sabem do que precisam para melhorar suas vidas e pode-se confiar que farão exatamente isso.

Parece radical, não? Mas funciona, e incrivelmente bem.

CONCLUSÃO

Mauricio Lim Miller teve uma criação de baixa renda na Bay Area, em São Francisco, filho de uma mãe imigrante que nunca terminou o ensino fundamental. Ele observou como muitos programas públicos contra a pobreza simplesmente reforçavam a mesma dinâmica econômica que incentivava aquelas condições. Depois de conseguir atrair a atenção do então prefeito de Oakland, Califórnia, Jerry Brown, Mauricio criou a Family Independence Initiative (FII) ["Iniciativa de Independência da Família", em tradução livre].

A "alternativa" da FII é inspiradoramente simples. Pergunte às pessoas o que elas precisam e dê a elas o dinheiro para fazer isso. Você quer que seu filho seja o primeiro na família a ir para a faculdade? Excelente. Elabore um plano. Publique o seu plano no site da comunidade FII. Receba um subsídio, sem maiores indagações, de incentivo ao seu plano — coaching depois das aulas, por exemplo. Relate no site o progresso da sua família rumo ao objetivo. Receba o conselho de outras famílias que alcançaram objetivos semelhantes. Dê apoio a outras famílias da comunidade. E contribua se voluntariando para apoiar as operações do FII, de forma que a organização continue precisando de poucos funcionários.

Não há supervisão do governo, nem pessoas bem-intencionadas de organizações sem fins lucrativos, nem barreiras a supera, nem timidez alguma.

Mauricio e sua equipe expandiram o modelo de suporte entre pares da FII para a Community Independence Initiative (Iniciativa de Independência da Comunidade), uma plataforma de cooperação global movida inteiramente pelas decisões tomadas entre os membros da comunidade. Comunidades situadas em países que vão desde a Libéria até as Filipinas lançaram projetos que alavancaram o modelo de mutualidade para abordar desafios que variam da resposta à pandemia até a criação de novos negócios. Pelo seu trabalho, Mauricio recebeu uma bolsa *genius grant* da Fundação MacArthur.

Se você quiser usar um par completamente novo de óculos de realidade virtual para ver o mundo sob uma luz diferente, leia o livro de Mauricio, *The Alternative: Most of what you believe about poverty is wrong* ["A Alternativa: a maior parte do que você sabe sobre a pobreza está errado", em tradução livre][10].

Esse tipo de *mutualidade* não é novidade alguma. Por séculos, diversas comunidades souberam decidir o que é importante para elas e direcionaram recursos para solucionar seus problemas mais desafiadores. O diferencial da abordagem de Mauricio para a mutualidade é que ela começa com o pressuposto de que as famílias e as comunidades sabem do que precisam, e que essa crença nunca se desvia. Fundações e organizações apoiam esse trabalho porque os resultados falam por si só.

O que muitas vezes falta é o compromisso com a mutualidade por parte daqueles que lideram organizações.

Sua organização atua em uma ou mais comunidades. Ela emprega trabalhadores, alavanca as cadeias de suprimento, trabalha com parceiros, soluciona problemas e cria valor para os clientes, e cada um deles vive e trabalha em uma ou mais comunidades. Você pode acreditar que simplesmente oferecer emprego para algumas pessoas nessas comunidades é uma contribuição suficiente. Mas existem externalidades negativas, mesmo nessas relações básicas. Mesmo que as empresas de tecnologia sejam, de longe, as maiores empregadoras da indústria na Bay Area, em São Francisco, algumas das maiores reações contra as empresas do Vale do Silício vêm da rápida gentrificação, do uso extensivo de trabalhos fantasmas e de uma profunda falta de diversidade, tanto na contratação quanto no desenvolvimento. Estes não são resultados inevitáveis; eles se deram devido a uma impressionante falta de cocriação com as comunidades.

A mutualidade oferece um caminho para enfrentar esses desafios. Ao se unirem com os membros da comunidade, as organizações podem compreender melhor as externalidades negativas para as quais contribuem e cocriar soluções autênticas ancoradas em compromissos inabaláveis, que não serão facilmente esquecidos pela próxima equipe de executivos.

Para dois grandes exemplos de organizações que estão ajudando comunidades na colaboração para um futuro melhor, confira o Innovation Collective e o Center on Rural Innovation. E para algumas histórias excelentes sobre como as comunidades trabalharam para formular juntas os seus próprios ecossistemas de trabalho, leia *Our Towns: A 100,000-mile journey into the heart of America* ["Nossas Cidades: uma jornada de 150 mil quilômetros no coração dos Estados Unidos", em tradução livre][11], de Deborah Fallows e James Fallows.

Países: Mesma Tempestade, Barcos Diferentes

Você pode estar muito concentrado no futuro da sua organização, da sua equipe e do seu trabalho. Você pode sentir que, ao ajudar a construir uma organização que deixa os clientes satisfeitos, está contribuindo para a economia e, portanto, para a sociedade. Pode sentir que isso é o bastante. Nas Regras Antigas poderia ter sido, de fato.

Porém, você, sua equipe e sua organização funcionam dentro dos ecossistemas que nós chamamos de sociedade e economia. Sua sociedade tem certas normas, leis e regulamentações. Sua economia tem heurísticas de design definidas que determinam quem se beneficia e quanto.

No Ocidente, nós chamamos de "capitalismo" a nossa forma peculiar de economia, e de "democracia" a nossa forma peculiar de tomadas de decisão em sociedade. Certamente, nenhuma democracia é ideal. Como Winston Churchill é citado, em 1947: "Ninguém pretende que a democracia seja perfeita ou sem defeito. Tem-se dito que a democracia é a pior forma de governo, salvo todas as demais formas que têm sido experimentadas de tempos em tempos..."[12]

Podemos dizer que o mesmo se aplica ao capitalismo. Historicamente falando, este tem sido de longe o pior sistema de distribuição de benefícios econômicos — salvo, é claro, todos os outros sistemas. Muitas pessoas se beneficiaram tremendamente do potencial de oportunidades que o capitalismo oferece. Entretanto, isso não significa que o capitalismo não precise ser seriamente revisado. Ou que não possamos hackeá-lo de uma vez por todas.

As falhas do capitalismo são sistêmicas *e* sistemáticas. Não são acidentes. Não são bugs. São características. O sistema foi construído e reconstruído ao longo dos anos como uma mesa desnivelada. E a própria complexidade do sistema torna difícil concordar sobre as fontes desse desnível ou mesmo se isso é, de fato, um problema, ou até mesmo se esse problema existe ou não, quem dirá suas soluções.

A boa notícia é que as regras das sociedades e economias não são leis da natureza. São decisões humanas. E nós podemos tomar decisões diferentes.

> **As regras das sociedades e economias não são leis da natureza. São decisões humanas. E nós podemos tomar decisões diferentes.**

O Sistema Justo e Equitativo que Todos Nós Queremos

Você se lembra do exercício mental no início do capítulo? Na verdade, trata-se de uma teoria apresentada pelo influente economista John Rawls em seu livro *Uma Teoria da Justiça*[13]. Rawls chamou-a de "Véu da Ignorância". Você não consegue saber em qual "quinto" estará quando surgir no planeta. Você sabe apenas que, se trabalhar duro, as coisas devem melhorar ao longo da vida, para você e para seus filhos.

Mas espere um minuto. Há muito dinheiro espalhado pelo mundo. Como poderíamos, todos nós, acreditar na mesma coisa em relação à maneira como ele deve ser distribuído? E ainda assim, muito estranhamente, é exatamente isso que acontece.

A prova disso está em uma pesquisa do economista comportamental Dan Ariely, que, como eu mencionei no Capítulo 4, é o especialista mundial nas razões pelas quais fazemos coisas contra os nossos próprios interesses. Em 2012, Dan conduziu um de seus estudos mais importantes, com o pesquisador Mike Norton. Eles fizeram duas perguntas simples para mais de 5 mil pessoas. A primeira: como você acredita que a riqueza se distribui na economia norte-americana? (Ou seja, dinheiro no banco e outros ativos, não a receita.) As respostas foram notavelmente semelhantes. Os entrevistados achavam que as pessoas no "quinto" mais alto da economia acumulavam 59% da riqueza, e que o "quinto" mais baixo acumulava 9%.

A segunda pergunta: como *deveria* ser distribuída?

Rico ou pobre, republicano ou democrata, as respostas foram novamente consistentes. O "quinto" mais alto do país deveria acumular 32% de toda a riqueza, e quem está na base da pirâmide deve acumular 11%. (A propósito, a mesma pesquisa foi realizada na Austrália, com ouvintes da National Public Radio dos EUA, e com leitores afluentes da revista *Forbes*, todas chegando aos mesmos resultados.)

No entanto, nenhum país no mundo atual chega nem perto dessas porcentagens, sobretudo os EUA. No momento deste estudo, o quinto mais rico dos EUA, na verdade, acumulava 2,5 vezes mais riquezas — cerca de 84% — acima do cenário "ideal". E quanto ao quinto mais pobre? Cerca de *1/36* do cenário ideal, ou cerca de 0,3% da riqueza acumulada em todo o país. Em 2020, o quinto mais rico acumulava 96% da riqueza. (Ao mesmo tempo, 84% de todo o valor das ações no país era detido apenas pelas 10 famílias mais ricas.[14])

A abundância, portanto, já existe. Ela só não é distribuída de maneira uniforme.

Dois anos após o estudo de Dan, em O *Capital no Século XXI*[15], o economista Thomas Piketty desencadeou uma tempestade com sua pesquisa apontando para aquilo que ele chamou de desigualdade sistêmica na última metade

CONCLUSÃO

do segundo milênio. Mas nada disso era exatamente novidade. O coeficiente de Gini da OCDE — cujo nome homenageia o estatístico italiano Corrado Gini — mede a distribuição de renda ou riqueza em uma economia. A taxa dos EUA, em 2020, ficou em 0,48 — quase a mesma da Turquia.

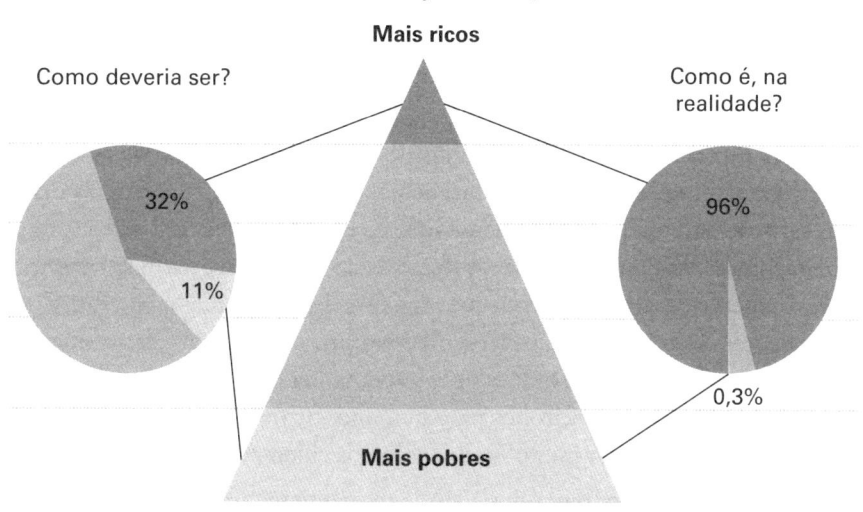

FIGURA 9.2 Distribuição de Riqueza nos EUA

Mais ricos

Como deveria ser? — 32% / 11%

Como é, na realidade? — 96% / 0,3%

Mais pobres

FONTE © 2021 Charrette LLC. Usado com permissão.
FONTE DE DADOS © Dan Ariely. Usado com permissão.

(A da Holanda marcou 0,90, uma taxa tão igualitária quanto possível.) O que muitos consideram controverso não é o fato de que a mesa esteja tão desnivelada; é o fato de que possíveis correções para o sistema precisam combinar a concordância coletiva de que isso é um problema com a vontade coletiva de mudar essa situação. Os inimigos do futuro têm apenas uma estratégia: o atraso. Assim, nós continuamos a debater se a mesa realmente está desnivelada, quando deveríamos estar nos concentrando nos ganhos de todos com um capitalismo mais inclusivo.

> A abundância já existe. Ela só não é distribuída de maneira uniforme.

Os domínios dos indivíduos, das organizações e das comunidades estão todos entrelaçados com as economias de trabalho em que atuam. O sistema econômico de qualquer país estabelece as regras básicas das quais (e o quanto) se beneficiam seus membros, em qualquer economia do trabalho.

Veja, por exemplo, o impacto que a resposta inicial à pandemia global causou nos empregos. Em apenas três meses, o desemprego oficial nos EUA *triplicou*, passando de 5% em janeiro de 2020 para quase 15% em abril. Ao passo que, na Alemanha, o desemprego para o mesmo período quase não mudou, passando de 5% para 6,4%.

Por quê? Mesma tempestade, barcos diferentes.

Em 2003, os gestores públicos da Alemanha lançaram as chamadas Reformas Hartz para fortalecer as políticas laborais do país, criando uma série de incentivos para manter as pessoas empregadas, desencorajar demissões em massa e qualificar pessoas para quando essas demissões forem inevitáveis. Existem custos, é claro, incluindo dificultar a rescisão, mesmo as daqueles que podem se encontrar implacavelmente desalinhados com suas funções de trabalho. No entanto, o sistema alemão evidentemente se provou mais resiliente em face da pandemia global, que parece um ótimo caso de teste. (A Alemanha também tem *quatro vezes* a quantidade proporcional de robôs para humanos quando comparada aos EUA, mas vivenciou um impacto muito *menor* sobre os empregos.[16])

E à medida que a economia dos EUA lentamente se corrige, a dinâmica de poder que eu havia apontado no artigo "O Grande Reset", de abril de 2020[17], tornou-se muito clara. Muitos daqueles que já estavam em desvantagem se prejudicaram ainda mais durante a recuperação.

Portanto, mesmo que você tente mudar a mentalidade de uma organização para ter um propósito maior, pouca coisa poderá ser verdadeiramente realizada nesse sentido se as Regras Antigas da sua economia de trabalho lutarem contra os seus esforços. Suponha que a sua organização tenha investido pesadamente em tecnologias que permitem evitar a poluição do oceano, mas que não haja custos sobre a sujeira que seus concorrentes levam ao planeta. Seus produtos e serviços provavelmente serão mais caros do que os deles, limitando a sua capacidade de competir e também de manter seus funcionários empregados.

Você encontrará desafios semelhantes em muitas economias quando se trata de encontrar funcionários qualificados. Se você deseja contratar uma ampla gama de pessoas para a sua organização — que tem a Próxima Mentalidade e o Próximo Conjunto de Habilidades necessários — e que todas elas tenham formações diversas, você pode encontrar desafios substanciais, dependendo da forma como uma economia funciona. Esses desafios são frequentemente chamados de "problemas em pipeline", como se certas populações simplesmente não tivessem interesse suficiente nos empregos mais procurados. Mas a educação e os sistemas econômicos em muitas sociedades colocam inúmeras barreiras na jornada de suas populações à obtenção da mentalidade, do conjunto de habilidades e da rede de trabalho de que precisam para ter sucesso.

Todos esses são problemas solucionáveis. Porém, eles demandam pensamento e ação voltados para o ecossistema.

ESTUDO DE CASO

Hackeando de vez o Capitalismo

No final dos anos 1990, conheci Kevin Jones, redator da equipe da *Inter@ctive Week*, revista na qual eu já havia sido diretor editorial. Kevin e eu nos tornamos bons amigos, e observei quando ele e sua esposa, Rosa Lee Harden, criaram um boletim informativo sobre a área, então emergente, dos mercados online. Aquele boletim informativo cresceu e se tornou um negócio de conferências em rápido crescimento, até que eles conseguiram vendê-lo pouco antes do colapso do mercado, em 2000.

Kevin e eu passamos muito tempo no início dos anos 2000 falando sobre as falhas fundamentais de um sistema econômico norte-americano que claramente beneficiava cada vez menos pessoas. Nós, então, juntamos forças com Mark Beam, o ex-banqueiro de investimentos que conheci em uma aula de preparação para o parto, quando ambas as nossas esposas estavam grávidas. Kevin, Mark e eu iniciamos uma pequena organização de consultoria sem fins lucrativos chamada Collective Intelligence ("Inteligência Coletiva"). Nossa questão principal era: *como podemos ajudar a acelerar o fluxo de capital para o bem?*

Historicamente, nos Estados Unidos, pouco mais de 2% da economia[18] é filantrópica, e as organizações sem fins lucrativos compõem um pouco menos de 6%.[19] O governo compreende 36% dela.[20] Isso, portanto, situa mais da metade da atividade econômica dos EUA no reino dos fins lucrativos. Poderíamos ter tentado aperfeiçoar a seara dos impactos, mas isso compunha, no total, menos do que o sétimo de toda a área comercial. Se pudéssemos ajudar a catalisar comportamentos mais positivos por parte de organizações e investidores, mesmo um pequeno aumento percentual no bem social e ambiental que eles causam poderia trazer benefícios enormes para a sociedade.

Nossos esforços não foram bem-sucedidos.

À medida que a economia dos EUA se reconstruía no início dos anos 2000, a maioria dos executivos de empresas com quem conversamos rejeitou a nossa tese de que os negócios poderiam ter um bom desempenho e ao mesmo tempo fazer o bem para a sociedade. As firmas de consultoria de investimentos riram da nossa sugestão de que um dia elas teriam clientes de alto patrimônio clamando por investimentos com um impacto social positivo. Os diretores de investimentos em filantropia nos disseram que nunca poriam em risco a maior parte do dinheiro da fundação investindo em empresas que se encaixassem em sua teoria de mudança.

Contudo, depois de alguns anos, descobrimos que um bom número de pessoas estava interessado no assunto, e pensamos que poderíamos, pelo menos, reunir algumas delas para uma pequena conferência. Assim, em 2008, Kevin, Mark e eu, junto com minha esposa e sócia Heidi Kleinmaus, Rosa Lee e Tim Freundlich, o guru do capital social, anunciamos que fundaríamos a *SoCap: Social Capital Markets*, uma conferência que faria uma ponte entre silos tradicionais para reunir investidores, empresários, fundações, consultores, governo e pesquisadores para falar sobre "a interseção entre dinheiro e significado".

E então, três semanas antes do nosso pequeno evento, o Lehman Brothers estourou e o mundo financeiro desmoronou. Centenas de executivos fugiram da carnificina econômica em Nova York para se juntar a nós em Fort Mason, São Francisco.

A SoCap se expandiu para um evento anual. Depois de vários anos, Heidi e eu passamos o bastão aos nossos cofundadores; anos depois, eles fizeram o mesmo com uma empresa adquirente. A comunidade SoCap continuou a crescer rapidamente e, em 2019, o evento atraiu mais de 4 mil participantes. Em 2020, o mercado global de investimento de impacto havia crescido para 715 bilhões de dólares. O "investimento na missão" dos principais ativos financeiros de uma fundação havia se tornado a grande tendência no mundo filantrópico. O movimento das corporações de benefícios continuou a ganhar impulso. No futuro, a Deloitte estimou[21] que as ações de empresas com fortes compromissos ambientais, sociais e de governança podem representar até a metade de todos os ativos em 2025, totalizando 35 trilhões de dólares.

Pessoalmente, eu não levo crédito por nenhum sucesso nos movimentos por um capitalismo mais inclusivo. Mas resolvi contar a história da SoCap por dois motivos.

Primeiramente, embora os meus cofundadores da SoCap fossem todos agentes de mudança de primeira linha, éramos todos pessoas comuns, apenas.

CONCLUSÃO

Simplesmente vimos que poderia haver um futuro melhor e canalizamos nossas energias para reunir uma "coalizão de dispostos". Ao fazer a ponte entre os silos dos negócios, das finanças, dos filantropos, das organizações sem fins lucrativos e das ONGs, dos empresários, e do governo, fomos capazes de encontrar outras pessoas com ideias semelhantes e igualmente comprometidas em cocriar o futuro que todos queríamos. Tivemos a sorte de fazer isso durante um período turbulento, no qual muitas pessoas estavam prontas para uma mudança sistêmica. Se você é um investidor, e "zero é a nova alta", você está muito mais aberto a novas possibilidades.

A segunda razão para essa história é que temos provas inegáveis de que os mercados *podem* ser hackeados de uma vez por todas. Aqueles que lideram em organizações *podem* pensar e agir de forma diferente. Pessoas que têm dinheiro *podem* pensar e agir de maneira diferente. Os governos *podem* incentivar as organizações e investidores a pensar e agir de forma diferente. O capitalismo inclusivo não é uma teoria seca em um livro de economia. É um futuro vivo, respirável e positivo que todos nós estamos cocriando.

Se a mudança que você deseja ver for atraente o suficiente, há outros em sua organização, em sua comunidade, em seu país e ao redor do mundo que também veem esse futuro potencial, e que se unirão a uma coalizão de dispostos para cocriá-lo. Basta escolher uma área na qual você acredita que possa ter um impacto, seja capacitar uma única pessoa a mudar de vida, catalisar o compromisso da sua organização com um propósito, ou hackear os mercados de trabalho de uma vez por todas.

O QUINTO DOMÍNIO: COLABORAÇÃO REGIONAL E GLOBAL

Para aqueles interessados em "10xar" suas perspectivas, existe um quinto domínio, como você já deve ter deduzido. Vários países, setores e instituições podem colaborar além das fronteiras do país, em larga escala. As regiões podem construir estratégias integradas. Ecossistemas econômicos e sociais e comunidades com propósito podem construir conexões mais estreitas através das fronteiras geopolíticas e físicas.

Pense nisso como uma "globalização radicalmente inclusiva". Nós sabemos que a globalização tradicional criou uma ampla gama de benefícios, especialmente nos mercados em desenvolvimento. Mas ela também gera um efeito cascata negativo sobre as comunidades e setores que não foram capazes de se mover com agilidade o suficiente para aproveitar as vantagens oferecidas pelas novas oportunidades de mercado.

Em vez da globalização tradicional "tunada", a colaboração disruptiva no quinto domínio utiliza o mesmo tipo de pensamento do ecossistema que alimenta a cooperação local em comunidades, expandindo-se exponencialmente para envolver um conjunto crescente de stakeholders na reformulação e nos incentivos embutidos nos novos sistemas econômicos. Pense nos Objetivos de Desenvolvimento Sustentável como um exemplo de motor desse quinto domínio.

Você pode optar por concentrar suas energias simplesmente em criar um futuro de trabalho melhor para você e sua família, ou pode escolher se lançar nos problemas relacionados ao quinto domínio. Ou pode optar por um meio termo das duas opções.

Os mercados de trabalho *podem* ser hackeados de uma vez por todas. Para um bom exemplo de um pensamento ecossistêmico a nível nacional, confira o resumo do Centre for Public Impact (CPI) das Reformas Hartz, na Alemanha.[22] Ao avaliar a iniciativa em temas como comprometimento de stakeholders, alinhamento e evidências/objetivos/medição (tudo isso soa como algo das Próximas Regras?), o CPI fornece um excelente estudo de caso ilustrando como algo tão complexo como um mercado de trabalho pode ser movimentado. As reformas não foram amplamente populares quando instituídas, mas serviram como uma espécie de desfibrilador para reiniciar a economia alemã após o marasmo da sua pós-unificação.

Você *pode* hackear os mercados de trabalho de uma vez por todas.

O capitalismo *pode* ser hackeado de uma vez por todas. Estamos em um momento único da história econômica moderna, no qual os tambores do capitalismo inclusivo estão rufando cada vez mais altos. Nossos sistemas econômicos podem e devem ser profundamente ancorados nas necessidades do conjunto mais amplo de stakeholders da sociedade, e não apenas nas dos acionistas.

Para uma excelente exploração dessas estratégias, recomendo que você mergulhe no livro *Reimagining Capitalism in a World on Fire* ["Reimaginando o Capitalismo em um Mundo em Chamas", em tradução livre].[23] A autora

Rebecca Henderson, professora John and Natty McArthur University na Harvard Business School, oferece exemplos específicos de como aqueles que lideram organizações podem expandir, de forma eficaz e lucrativa, seus conjuntos de stakeholders para incluir as comunidades e o planeta, ancorando-se profundamente em estruturas morais e éticas. Rebecca sugere uma variedade de abordagens para "construir uma cooperação em escala", apontando para centenas de esforços de autorregulação em todo o mundo que conectam ecossistemas de stakeholders que trabalham juntos para seu benefício mútuo.

Próximo

A ironia de chamar este capítulo de "Conclusão" é que eu pretendo que ele seja exatamente o oposto: o começo de uma nova forma de pensar e agir. Espero que ele tenha ajudado a proporcionar uma visão das maneiras pelas quais indivíduos, organizações, comunidades e países podem ser vistos enquanto ecossistemas interconectados. E espero que você tenha uma noção de onde utilizar sua mentalidade e suas habilidades, visando contribuir para um processo de cocriação que ajude a causar um impacto nos problemas perversos dos mercados de trabalho. Como Tim Brown, presidente da icônica empresa de design IDEO, me disse: "Nos momentos de maior ruptura é que são criados os maiores exemplos de soluções coletivas." Ele chama esta nova oportunidade para colaborar em escala de "design por coletivismo".

A pandemia global nos deu uma nova data inicial. Agindo da forma que puder para ajudar a criar um futuro do trabalho mais inclusivo, você pode ajudar a construir a próxima economia.

> **De acordo com Tim Brown, da IDEO, "Nos momentos de maior ruptura é que são criados os maiores exemplos de soluções coletivas."**

Acima de tudo, espero que você tenha esperança. O que alcançamos juntos como seres humanos é incrível. Nós erradicamos doenças. Estimulamos condições sob as quais bilhões puderam sair da pobreza. As informações do mundo estão ao alcance da mão. Conectamos metade das pessoas do planeta digitalmente, e estamos usando satélites para começar a conectar a outra metade. Cada vez mais, softwares inteligentes solucionam mais problemas complexos e desafiadores que têm atormentado os humanos por milênios. Os carros autônomos e voadores dos nossos sonhos de ficção científica logo estarão às nossas portas. Estamos à beira de descobertas inovadoras sobre a nossa cognição humana, que remodelarão completamente a nossa forma de trabalhar e aprender. E é provável que visitemos outro planeta do nosso sistema solar ainda durante esta vida.

Durante todas essas mudanças disruptivas, as Regras Antigas continuarão se desgastando. Os conjuntos de habilidades tradicionais não serão mais recompensados pelos mercados de trabalho, e novas habilidades serão sempre necessárias. Todos nós precisaremos compreender e impulsionar continuamente as Próximas Regras, que por sua vez nos permitirão solucionar os problemas de hoje e de amanhã.

Espero que muitos dos insights e das técnicas sugeridas neste livro sejam úteis para você, sua equipe e sua organização. Quero reiterar que tudo isso é uma jornada. Da mesma forma que a visão de mundo que uma organização deseja criar nunca poderá ser alcançada por completo, nós nunca incorporaremos completamente as Próximas Regras — e isso se deve, é claro, ao fato de que muitas dessas regras continuarão mudando à medida que formos cocriando novas.

O que *nunca* mudará é a necessidade de ancorar as regras do trabalho e as organizações em valores centrados no ser humano.

Quero que você se junte a mim na cocriação de um mundo de trabalho inclusivo. Acredito que seja possível fazer isso, e também fazer o bem. Indivíduos, organizações, comunidades e países podem construir esse futuro juntos. Podemos, todos nós, assumir um compromisso simples, mas poderoso, para hoje e amanhã.

Nenhum ser humano será deixado para trás.

APÊNDICE
RH Estratégico: Construa uma Nova Mesa

Se você procurar nas páginas deste livro, perceberá que eu quase não mencionei o RH. Não dei nenhum nome novo para esse departamento nem sugeri nenhuma resposta para aquela frequente pergunta que ouço daqueles que lideram o RH: "Como faço para conseguir um lugar à mesa junto à C-suite?"

Há várias razões para isso.

A primeira é que cada pessoa dentro da organização precisa compreender, adotar e ajudar a ensinar as Próximas Regras do Trabalho. Esse processo não deve ser terceirizado para o RH, mas impregnado em toda a organização. O RH é o ponto crítico, mas isso ocorre porque este setor é o nexo tradicional entre processos de pessoas na organização. Isso não significa que o RH esteja necessariamente preparado para assumir o manto das Próximas Regras.

A segunda razão é que nós já passamos por isso antes, e estamos fazendo tudo errado.

No início da década de 1990, eu era o editor-chefe da *Network Computing Magazine*, publicação mensal impressa que focava redes informáticas em grandes organizações. Eu conversava frequentemente com diversos CIOs, os quais muitas vezes lamentavam por se sentirem líderes de segunda classe em suas empresas. Eles queriam ser vistos como membros estratégicos, vistos por seus CEOs como tendo "um assento à mesa" dos outros líderes de divisão da organização. (Isso foi bem antes do título "CxO" entrar em voga.)

Eu disse a eles que havia diversos entraves para esse tipo de objetivo.

O primeiro desafio era que seria muito difícil para eles terem uma largura de banda cognitiva para realmente contribuir para uma estratégia organizacional. Na época, a computação e as comunicações eram extremamente complicadas. Muitas organizações grandes tinham mainframes, microcomputadores, estações de trabalho, PCs e um imenso emaranhado de fios de rede para conectar toda essa tecnologia. Ainda assim, poucas organizações grandes da época terceirizavam a maior parte da sua infraestrutura de TI. Parecia haver algum limite mítico em torno dos 15%; além disso, os CIOs decidiram que era uma competência central custear e manter toda essa tecnologia. Ainda com o compromisso de "99,99% de produtividade", era improvável que esses CIOs se libertassem da vida caótica que a tecnologia exigia. Eles acreditavam que se agarrar firmemente a essas funções era uma vantagem competitiva, apesar do fato de tantos CIOs em outras organizações estarem fazendo *exatamente* as mesmas coisas, com pouquíssima diferença nos resultados.

O outro grande desafio para os CIOs da época era que poucos tinham experiência com negócios. Em muitos casos, eles começavam suas carreiras como engenheiros ou técnicos, e não tinham experiência em outras áreas de negócios. Assim, seus CEOs raramente os procuravam em busca de conselhos estratégicos. Para a C-suite, eles não tinham muita serventia. O jargão deles era o tecnológico, não o dos negócios.

Avancemos até os dias de hoje. Muitos executivos de TI já trabalharam em outras partes do negócio que não dizem respeito à TI. Muitos entregaram suas infraestruturas de computação para provedores de nuvem. Os CIOs fizeram o cálculo sobre "o que é central e o que é contexto", como Geoffrey Moore, autor do venerável *Atravessando o Abismo* (Editora Alta Books)[1], gostava de dizer, transferindo muitas das distrações operacionais de "contexto" que não diferenciavam realmente o "centro" dos seus negócios.

Isso coincidiu com o aumento da necessidade de que a tecnologia se tornasse uma competência central de praticamente todas as organizações. O CIO não precisa mais pedir um lugar à mesa, já que muitas organizações estariam em desvantagem competitiva se os seus CIOs ainda não estivessem sentados nela. E uma vez que muitos CIOs têm experiência em diversas facetas da organização, eles conhecem bem os desafios e as oportunidades.

O diretor de recursos humanos (CHRO) atual pede um lugar à mesa de uma forma assombrosamente parecida. Mas os CHROs precisam parar de pedir um assento; precisam criar uma nova mesa.

Nós já vimos do que isso se trata: *transformar a organização em uma plataforma para canalizar a energia humana a fim de criar valor para os clientes e outros stakeholders.*

No entanto, muitos CHROs têm muitas responsabilidades operacionais, tão repetitivas e indiferenciadas quanto os CIOs tinham com aquelas primeiras redes informáticas. E como muitos dos líderes de RH cresceram no próprio RH, eles muitas vezes são vistos na C-suite como burocratas.

A prioridade nº 1 daqueles que lideram pessoas deve ser cocriar uma visão da rede de trabalho humana da organização, pintando um quadro claro das maneiras de se tornar uma Próxima Organização que possa aumentar perpetuamente o potencial humano, sempre criando valor para os clientes e outros stakeholders. A visão nessa nova mesa tem que ser tão convincente que os outros que lideram na organização se rastejarão sobre vidro para ajudar a tornar essa visão uma realidade.

A segunda prioridade é expandir o conjunto de funcionários e experiências. Comece a recrutar em peso pessoas das outras partes da organização. Assuma pessoalmente tarefas que irão incorporá-lo às unidades do negócio. Aprenda em primeira mão sobre as vivências dos seres humanos nessas partes da organização.

A prioridade seguinte deve ser automatizar ou reduzir a quantidade de processos, para que a burocracia exaustiva de administrar coisas como benefícios e processar solicitações de férias possa ser manejada com muito menos procedimentos e carga cognitiva. Não é que essas atividades não sejam importantes para os funcionários — longe disso. Elas precisam ser executadas com eficácia e confiabilidade. Mas o processo de concretizá-las não é, nem de longe, um fator diferencial da sua organização.

Automatizar essas tarefas é, obviamente, um desafio cíclico. Você está automatizando um trabalho outrora humano, mas as pessoas "de verdade" não podem simplesmente robotizar uma série de empregos que a partir daí deixam de existir. Isso seria uma falha profundamente irônica.

No entanto, este é um momento único para aqueles que lideram no RH terem a possibilidade de remodelar completamente o diálogo. Eles podem levar a organização a compreender uma oportunidade enorme de aumentar drasticamente a sua capacidade, promovendo práticas profundamente centradas no ser humano. Como Kelley Steven-Waiss, ex-CHRO da HERE Technologies e coautor do livro *The Inside Gig* ["O Trabalho Interno", em tradução livre][2] me disse uma vez, se você for o CHRO, "[você] precisa liderar a agenda de transformação de toda a empresa."

Não é que alguém com uma formação tradicional de RH não possa fazer isso. Mas é muito mais difícil. Comece a contratar experiências não tradicionais agora para trazer uma diversidade psicológica para a sua equipe o mais rápido possível. Empodere-os para assumir riscos e dê-lhes a segurança psicológica para mover-se rapidamente e cometer novos erros. Incorpore-os em unidades de negócios sempre que possível.

Você tem uma oportunidade histórica. Estamos em um ponto de inflexão na história da organização, no qual estamos redefinindo o que significa, para os seres humanos, colaborar e criar valor. Muitas das principais estratégias que já utilizamos para organizar nossas atividades — hierarquias corporativas, gerentes "feudais", ativos guardados cuidadosamente, colocar pessoas em vagas predeterminadas — estão desaparecendo, como Regras Antigas. Você pode e deve ser o defensor e o cocriador das Próximas Regras para a sua organização.

Canalizando as Funções de RH Existentes para as Próximas Regras

Já que nosso mecanismo de energia humana (ainda) não existe, somos dependentes de um catálogo aparentemente interminável de técnicas e tecnologias relacionadas a pessoas e ao trabalho. Veja como essas ofertas tradicionais se encaixam nas quatro Próximas Regras principais:

- **Crescimento.** Sistemas de aprendizagem online. Sistemas de gestão de aprendizagem. Treinamentos baseados em realidade virtual e aumentada. Planejamento e ferramentas de gestão de carreira. "Reskilling, upskilling, cross-skilling, outskilling." Treinamento de habilidades futuras. Autoinventário. Testes. Avaliações. Monitoramento do engajamento dos funcionários. Treinamento de gestão. Desenvolvimento de liderança. Saúde, bem-estar e satisfação. Desenvolvimento de pessoas como um todo.

- **Eficácia.** Ferramentas de produtividade. Técnicas e ferramentas de processamento ágil. Sistemas de gestão de desempenho. Gestão de competências. Negociação e gestão de remunerações e recompensas. Gestão de benefícios. Sistemas de reconhecimento. Gerenciamento de sucessão. Aplicativos de relocação. Ferramentas de processos de inovação. Mercados internos de inovação. Design do ambiente de trabalho. Instalações de coworking.

- **Alinhamento.** Comunicação sincronizada e assíncrona e ferramentas de coordenação. Ferramentas de colaboração. Gestão de Projetos. Pesquisas de cultura. Softwares de alinhamento organizacional. Tecnologias de trabalho distribuídas. Conscientização do impacto ambiental. Monitoramento de práticas de sustentabilidade.

- **Envolvimento.** Recrutamento. Gestão de currículos. Entrevistas digitais. Integração. Experiência do funcionário. Diversidade/equidade/inclusão. Contratação de detecção e prevenção de preconceitos. Treinamentos para assédio, com monitoramento e relatórios. Mercados digitais. Voz, representatividade e ação coletivas dos trabalhadores. Levantamentos. Dados analíticos. Gerenciamento de segurança dos funcionários.

E essa nem é a lista completa.

Estou escrevendo isso apenas para ajudar a mostrar o quão confuso o cenário das ferramentas relacionadas às pessoas se tornou, forçando algumas práticas das Regras Antigas nas categorias das Próximas Regras. Claro, sua organização precisa de muitas dessas tecnologias para manejar de forma básica questões relacionadas ao trabalho humano. Todavia, da mesma forma que as organizações de TI descartaram muitas das funções operacionais que uma vez consumiram sua atenção, as Próximas Organizações devem estar comprometidas a um processo constante de foco nas necessidades mais estratégicas da sua rede de trabalho humana. E isso significa priorizar o conjunto de ferramentas tecnológico para se concentrar naqueles que habilitarão a Próxima Organização e, também, otimizarão e entregarão processos nos quais não sejam realizadas diferenciações a respeito de você.

Mas o trabalho mais importante a ser realizado é decifrar o código das habilidades humanas. Veja como.

Decifrando o Código das Habilidades Humanas: Precisamos de um Genoma do Trabalho

Imagine que você tem acesso a informações precisas sobre todo o potencial humano em sua organização e um conhecimento perfeito dos problemas a serem solucionados hoje e amanhã. Com a tecnologia certa, você poderia ajudar as pessoas a entenderem mais rapidamente suas próprias habilidades e a desenvolver novas habilidades e solucionarem continuamente os problemas dos stakeholders da organização. Como o software pode modelar os tipos de planos de carreira que poderiam ser interessantes para os funcionários, as pessoas teriam dados excelentes para basear seus objetivos de carreira. Todo mundo sairia ganhando. Todos os seres humanos recebem informações excelentes sobre si mesmos e suas oportunidades futuras, a organização consegue otimizar sua rede de trabalho, os educadores compreendem melhor as habilidades necessárias aos funcionários no futuro, e os governos terão mão de obra auto-otimizável. Todo o universo das qualificações mudaria com o tempo, de grandes experiências plurianuais chamadas de graduação para qualificações mais detalhadas e acumuláveis baseadas na experiência e no aprendizado. As pessoas possuiriam seus próprios dados de habilidades, levando-os consigo de forma flexível, partindo das escolas até empregadores ou programas governamentais.

Tive essa visão pela primeira vez em 1995, quando era diretor de operações em uma startup de sistemas informacionais de recursos humanos que por fim foi nomeada como Evolve Software. No entanto, a tecnologia da época não era capaz de concretizar isso, então isso acabou ficando no campo das ideias.

Tem havido um problema persistente relacionado a essa visão. A maioria de nós não consegue concordar sobre o que é uma habilidade, muito menos sobre o que as diferentes denominações de habilidades significam. Muitas vezes, não concordamos sobre o que um determinado nível de proficiência deve ser, ou como medi-lo. E essa falta de consistência é real não apenas entre funcionários, instituições educacionais, comunidades e governos, mas também *dentro* de muitas dessas organizações e instituições.

É necessário que haja uma *ontologia* flexível, aberta e global, que sirva como um espaço vivo de informações baseadas em dados, aglutinando-se em torno de denominações para habilidades baseadas em análises de uso rigorosas. Olhando para as habilidades e para outros atributos dos funcionários, tanto do presente quanto do passado, e para as funções de trabalho de hoje e de amanhã, uma organização poderia ajudar seus funcionários a se alinharem dinamicamente com os problemas mais apropriados de uma forma muito mais eficaz.

Eu chamo isso de genoma do trabalho. Pense nas nossas habilidades humanas e outros atributos sendo dotados de características muito semelhantes ao nosso DNA. Os alicerces básicos do DNA são recombinantes, permitindo variações e mutações praticamente infinitas. E o mesmo vale para as capacidades humanas.

Naturalmente, deve haver algum mecanismo que permita que diferentes organizações, instituições de ensino, governos e linguagens tenham o seu próprio conjunto adaptado desse espaço de informações dessas habilidades. Portanto, nós precisamos do que eu gosto de chamar de "pedra de Roseta das habilidades", um espaço aberto e virtual para a troca de informações que permita que as inovações continuem a ocorrer sempre que possível. Já existem inúmeros consórcios, startups e iniciativas focando algum aspecto do genoma do trabalho e da pedra de Roseta das habilidades. Acredito que, no futuro, nós olharemos para esta época como a época em que, assim como conseguimos decifrar o código do DNA humano, deciframos também o código das habilidades humanas.

Se essa visão for do seu interesse, você pode aprofundá-la em gbolles.com/genome [conteúdo em inglês].

Atualmente, aqueles que lideram em RH têm a habilidade — ou melhor, a responsabilidade — de redefinir como os seres humanos criam valor juntos ao canalizarem suas energias. E o mesmo acontece com cada pessoa que lidera na organização.

NOTAS

Introdução

1. Kurzweil, R. (2005). *The Singularity is Near: When humans transcend biology*, The Viking Press, Nova York.
2. Seba, T. e Arbib, J. (2020). *Rethinking Humanity: Five foundational sector disruptions, the lifecycle of civilizations, and the coming age of freedom*. Tony Seba.
3. Desjardins, J (2018). The rising speed of technological adoption. *Visual Capitalist,* 14 de fevereiro. https://bit.ly/2MLocbl (arquivado em: https://perma.cc/NT5T-AX9T).
4. Toffler, A. and Farrell, A. (1970). *Future Shock*, Random House, Nova York.
5. Aristóteles (350 BCE). *Politics*, traduzido por Jowett, B, https://bit.ly/3reAcBp (arquivado em: https://perma.cc/M6WZ-TJ6S).
6. Keynes, J.M. (1930). *Economic Possibilities for our Grandchildren*, https://bit.ly/3opWdeD (Disponível em: https://perma.cc/RHE3-T6UG).
7. Keynes, J.M. (1930). *Economic Possibilities for our Grandchildren*, https://bit.ly/3opWdeD (arquivado em: https://perma.cc/RHE3-T6UG).
8. Keynes, J.M. (1930). *Economic Possibilities for our Grandchildren*, https://bit.ly/3opWdeD (arquivado em: https://perma.cc/RHE3-T6UG).
9. Wiener, N. (1961). *Cybernetics: Or control and communication in the animal and the machine*, MIT Press, Cambridge, Massachusetts.
10. Pauling, L. et al (1964). *The Triple Revolution*. https://bit.ly/36uhJbS (arquivado em: https://perma.cc/6TKH-36AR).
11. King, Jr., M.L. (1964). Prospects for '64 in the civil rights struggle: The leaders speak, *Negro Digest*. Janeiro, https://bit.ly/3pDKCKr (arquivado em: https://perma.cc/34M7-9KD4).
12. Fullerton, H (1999). *Labor Force Participation: 75 years of change, 1950–90 and 1998–2025*. Departamento de Estatísticas do Trabalho dos EUA, Monthly Labor Review. https://bit.ly/3j4fD7K (arquivado em: https://perma.cc/X7P4-9JZE).
13. Ford, H (sem data). *Henry Ford 150 Quotes*. Ford Motor Co., https://ford.to/3suoROO (arquivado em: https://perma.cc/G3MH-BSW3).

NOTAS

14 Steincke, K.K. (1948). https://bit.ly/3ulWNhQ (arquivado em: https://perma.cc/D25B-2HVU).

15 Wilde, O. (1891). *The Soul of Man under Socialism*, https://bit.ly/3slpeeM (arquivada em https://perma.cc/FN2Y-ZWKJ).

16 Ford, M. (2015). *Rise of the Robots: Technology and the threat of a jobless future*, Basic Books, Nova York.

17 Gates, B. (2014). Bill Gates: People don't realize how many jobs will soon be replaced by software bots. *Business Insider*, https://bit.ly/2Xs8Ivi (arquivado em: https://perma.cc/6QZW-JJ38).

18 Hawking, S. (2016). This is the most dangerous time for our planet. *The Guardian*, 1 de dezembro. https://bit.ly/35tROAy (arquivado em: https://perma.cc/SRP8-JXFZ).

19 Wiles, J. (2021). *Gartner Top 3 Priorities for HR Leaders in 2021*. Gartner, Inc., https://gtnr.it/2LX8DNV (arquivado em: https://perma.cc/HF4D-B2XP).

20 Vardi, M. (2016). AI and robots threaten to unleash mass unemployment, scientists warn. *Financial Times*, 14 de fevereiro. https://on.ft.com/3q0BdMw (arquivado em: https://perma.cc/SGJ3-PM5V).

21 Citação verificada e permissão concedida.

22 Musk, E. (2019). Elon Musk and Jack Ma debate AI at China summit. *Bloomberg News*. https://bloom.bg/2LBnhtA (arquivado em: https://perma.cc/UY9W-A74M).

23 Frey, C.B. e Osborne, M. (2013). *The Future of Unemployment*. Oxford Martin School, https://bit.ly/3oALoHu (arquivado em: https://perma.cc/8UQ6-7DWR).

24 Markoff, J. (2015). *Machines of Loving Grace: The quest for common ground between humans and robots*. Ecco Press, Nova York.

25 Knight, D. (1950). *To Serve Man*. Galaxy Science Fiction, https://en.wikipedia.org/wiki/To_Serve_Man (arquivado em: https://perma.cc/QQ3V-5F6S).

26 Andreessen, M. (2014). This is probably a good time to say that I don't believe robots will eat all the jobs..., *The Robot Tweetstorm by @PMARCA*, https://bit.ly/2L87T8p (arquivado em: https://perma.cc/8XHN-WSAC).

27 Pollak, J. et al (2018). *The Future of Work*. ZipRecruiter, https://bit.ly/3oJ5DmB (arquivado em: https://perma.cc/P78T-UEAQ).

28 Reese, B. (2019). AI will create millions more jobs than it will destroy. Here's how. *Singularity Hub*, https://bit.ly/38qdpfh (arquivado em: https://perma.cc/3L3S-X8AF).

29 *Employment Projections 2019–2029 – Occupations with the Most Growth*. Departamento de Estatísticas do Trabalho dos EUA. https://bit.ly/3il4hf7 (arquivado em: https://perma.cc/5JKB-MQ2M).

30 Zuboff, S. (1988). *In the Age of the Smart Machine: The future of work and power*. Basic Books, Nova York.

31 *Future of Work Talent Crunch*. Korn Ferry, https://bit.ly/3iU2FsY (arquivado em: https://perma.cc/KJ7Y-UASQ).

32 Fórum Econômico Mundial (2016). *The Future of Jobs*. Fórum Econômico Mundial. 18 de janeiro, https://bit.ly/2KSiCDy (arquivado em: https://perma.cc/F23M-PML3).

33 Forrester Research (2017). *The Top Emerging Technologies to Watch: 2017 to 2021*. Forrester Research, https://bit.ly/3j3C6lz (arquivado em: https://perma.cc/9LT5-3JQW).

34 Susskind, D. (2020). *A World Without Work: Technology, automation, and how we should respond*, Metropolitan Books, Nova York.

35 Schumpeter, J. (1950). *Capitalism, Socialism, and Democracy*. Harper & Brothers, Nova York.

36 OIT (2021) *ILO Monitor: COVID-19 and the world of work*, 7th edition, https://bit.ly/2M73DXb (arquivado em: https://perma.cc/DN6THR27).

37 Oxfam (2021). *The Inequality Virus: Bringing together a world torn apart by coronavirus through a fair, just and sustainable economy*. https://bit.ly/3iYXt7n (arquivado em: https://perma.cc/9ZAF-V77M).

38 *NAHB (2020). Labor Shortages Remain Top Concern for Builders*. National Association of Home Builders, https://bit.ly/3ptzZty (arquivado em: https://perma.cc/L97W-MQ9N).

39 Ludwig Institute for Shared Economic Prosperity, lisep.org (arquivado em: https://perma.cc/44TJ-3YGK).

40 Manyika, J., Lund, S., Chui, M. et al (2017) *Jobs Lost, Jobs Gained: What the future of work will mean for jobs, skills, and wages*. McKinsey Global Institute, https://mck.co/3q3BwX6 (arquivado em: https://perma.cc/F8L7-SPQ2).

Capítulo 1

1 Tilgher, A. (1977). *Work: What it has meant to men through the ages*. Ayer Co., Nova York.

2 Smith, V. (2013) *Sociology of Work: An encyclopedia*. Sage Publications, Thousand Oaks, CA.

3 Hill, R. (1992). *Historical Context of the Work Ethic*, https://bit.ly/39p4KtQ (arquivado em: https://perma.cc/B3NP-4FQR).

4 Acemoglu, D. e Robinson, J. (2012). *Why Nations Fail: The origins of power, prosperity, and poverty*, p. 182. Random House, Nova York.

5 https://www.britannica.com/biography/Jethro-Tull (arquivado em: https://perma.cc/G3X8-T9WV).

6 https://www.historycrunch.com/enclosure-movement.html/ (arquivado em: https://perma.cc/PHK7-T9KW).

7 Clark, G. (2018). Média de ganhos e preços de varejo no Reino Unido, 1209–1217. *MeasuringWorth.com*, https://bit.ly/2JXaH7t (arquivado em: https://perma.cc/DSB8-BW96).

8 Taylor, F.W. (2010). *The Principles of Scientific Management*. Cosimo Classics, Nova York.

9 Drucker, P. (1946). *Concept of the Corporation*. John Day, Nova York.

10 Suzman, J. (2021). *Work: A deep history, from the stone age to the age of robots*. Penguin Press, Londres.

11 Wojcicki, E. e Izumi, L. (2015). *Moonshots in Education: Launching blended learning in the classroom*, Pacific Research Institute, São Francisco, Califórnia.

12 Bolles, R.N. (1970). *What Color Is Your Parachute?* Ten Speed Press, Berkeley, CA.

13 Gratton, L. e Scott, A. (2016). *The 100 Year Life: Living and working in an age of longevity*. Bloomsbury Information, Londres.

14 Bolles, R. (1976). *The Three Boxes of Life, and How to Get Out of Them*. Ten Speed Press, Berkeley, Califórnia.

15 Denning, S. (2010). *The Leader's Guide to Radical Management: Reinventing the workplace for the 21st century*. Jossey-Bass, São Francisco, Califórnia.

16 Schlosser, J. (2006). Trapped in cubicles. *Money.cnn.com*, https://cnn.it/30ZFaqB (arquivado em: https://perma.cc/PNR8-KWEE).

17 US Census Bureau (2021). Resultados de busca por Departamento de Censos dos EUA, https://bit.ly/2MmZbDE (arquivado em: https://perma.cc/6EBD-Q7UW).

18 Orwell, G. (1945). *Animal Farm*, Secker and Warburg, Londres.

19 Mishel, L. e Wolfe, J. (2019). CEO compensation has grown 940 percent since 1978. *Economic Policy Institute*, 14 de agosto, https://bit.ly/3nQ17B7 (arquivado em: https://perma.cc/PR57-X8C8).

Capítulo 2

1 Gibson, W., conforme atribuído pelo site Quote Investigator, https://bit.ly/39skEnj (arquivado em: https://perma.cc/Z5WA-65UK).

2 Li, C. (2019). *The Disruption Mindset: Why some organizations transform while others fail*, IdeaPress Publishing, Washington, DC. Publicado no Brasil com o título *Mindset da Disrupção*. Editora Alta Books.

3 Bridges, W. (1994). The end of the job: As a way of organizing work, it is a social artifact that has outlived its usefulness. Its demise confronts everyone with unfamiliar risks—and rich opportunities. *Fortune*, 19 de setembro. https://bit.ly/3nFFzaA (arquivado em: https://perma.cc/8PS7-Q483).

4 Bridges, W. (1994). *Jobshift: How to prosper in a workplace without jobs*, Addison-Wesley Publishing Co., Boston.

5 Levinson, J.C. (1979). *Earning Money Without a Job*. Holt, Rinehart & Winston, Nova York.
6 Johnston, D. (1978). Scientists become managers: The 'T'-shaped man. *IEEE Engineering Management Review*, 3, pp. 67–68, https://bit.ly/3pzWf5b (arquivado em: https://perma.cc/ZUJ2-AMLB).
7 Moghaddam, Y., Demirkan, H. e Spohrer, J. (2018). *T-Shaped Professionals*. Business Expert Press. Nova York, https://bit.ly/3t2VbbM (arquivado em: https://perma.cc/4JDE-D56R).
8 Wojcicki, E. e Izumi, L. (2015). *Moonshots in Education: Launching blended learning in the classroom*, Pacific Research Institute, São Francisco, Califórnia.
9 Jones Lang LaSalle (2020). *The Impact of COVID-19 on Flexible Space: What the future holds in a fast-paced world affected by the pandemic*. https://bit.ly/2LtKAFW (arquivado em: https://perma.cc/J2ZS-PWNJ).
10 Kahneman, D. (2011). Thinking, Fast and Slow, Farrar, Straus and Giroux, Nova York.
11 Ries, E. (2011). The Lean Startup: How today's entrepreneurs use continuous innovation to create radically successful businesses, Currency, Nova York.
12 Sinek, S. (2011). *Start with Why: How great leaders inspire everyone to take action*, Penguin, Nova York.
13 Seidman, D. (2011). *How: Why how we do anything means everything*, Wiley, Hoboken, Nova Jersey.

Capítulo 3

1 Dweck, C. (2006). *Mindset: The new psychology of success*, Random House, Nova York.
2 Harter, J. (2020) Queda histórica no engajamento dos funcionários segue ascensão recorde. *Gallup*, 2 de julho. https://bit.ly/3cxkxsv (arquivado em: https://perma.cc/7T5K-X7Q7).
3 Li, C. (2019). *The Disruption Mindset: Why some organizations transform while others fail*, IdeaPress Publishing, Washington, DC. Publicado no Brasil com o título *Mindset da Disrupção*. Editora Alta Books.
4 Grant, A. (2021). *Think Again: The power of knowing what you don't know*, WH Allen, Londres
5 Solomon, LK (2016). *Design a Better Business: New tools, skills and mindset for strategy and innovation*, Wiley Publishing, Hoboken, Nova Jersey. Publicado no Brasil com o título *Planeje Melhor seu Negócio*. Editora Alta Books.
6 Taleb, N. (2010) *The Black Swan: The impact of the highly improbable*. 2nd ed, Random House, Nova York.

7   Bolles, G. (2020). Welcome to The Great Reset. *Techonomy.com*, 8 de abril, http://bit.ly/2OQKzgY (arquivado em: https://perma.cc/SRY9-EWY6).
8   Schwab, K. e Malleret, T. (2020). *COVID-19: The Great Reset*. Agentur Schweiz, Zurique.
9   Institute for Corporate Productivity (2019) *Culture Renovation: A Blueprint for Action*. Institute for Corporate Performance (acesso pago) https://bit.ly/3p83hxG (arquivado em: https://perma.cc/994G-PYFY).
10 Oakes, K. (2021). *Culture Renovation: 18 leadership actions to build an unshakeable company*. McGraw-Hill Education, Nova York.
11 Li, C. (2019). *The Disruption Mindset: Why some organizations transform while others fail*, IdeaPress Publishing, Washington, DC. Publicado no Brasil com o título *Mindset da Disrupção*. Editora Alta Books.
12 Synergy Research Group (2019). *Amazon, Microsoft, Google and Alibaba Strengthen their Grip on the Public Cloud Market*. Synergy Research Group, https://bit.ly/3iR3AL1 (arquivado em: https://perma.cc/EH6N-ENNB).
13 Nadella, S. (2017). *Hit Refresh: The quest to rediscover Microsoft's soul and imagine a better future for everyone*, Harper Business, Nova York.
14 Synergy Research Group (2020). *Cloud Market Growth Rate Nudges Up as Amazon and Microsoft Solidify Leadership*. Synergy Research Group, https://bit.ly/3qYJ9hS (arquivado em: https://perma.cc/AE5G-4FDD).
15 Hagel, J. (2021). *The Journey Beyond Fear: Leverage the three pillars of positivity to build your success*. McGraw-Hill, Nova York.
16 Ogburn, C. (1957). Merrill's marauders: The truth about an incredible adventure. *Harper's Magazine*, janeiro. Esta citação é atribuída em um equívoco frequente ao cortesão romano Petrônio, mas o site Quote Investigator comprovou a autoria de Ogburn. https://bit.ly/3sVvtWK (arquivado em https://perma.cc/ZZF6-JB98)
17 Kaplan, R.S. e Norton, D.P. (2001). *The Strategy-Focused Organization: How balanced scorecard companies thrive in the new business environment*, Harvard Business School Press, Boston. Publicado no Brasil com o título *Organização Orientada para a Estratégia*. Editora Alta Books; 1ª edição.

Capítulo 4

1   Ursell, L., Metcalf, J., Parfrey, L. e Knight, R. (2012). Defining the human microbiome. *Nutrition Reviews*, 70, pp S38 – S44.
2   Howell, E. (2018). How many stars are in the Milky Way?. *Space.com*, 30 de março, https://bit.ly/36pJ8vv (arquivado em: https://perma.cc/6F9Q-CNY7).
3   Hamer, A. (2019). How many megapixels is the human eye?. *Discovery.com*, 1 de agosto. https://bit.ly/3j23LDg (arquivado em: https://perma.cc/BB2MEHHM).
4   Ariely, D. (2009) *Predictably Irrational: The hidden forces that shape our decisions*, Harper, Nova York.

5   Re:Work (sem data). *Guide: Understand team effectiveness*. Projeto Aristóteles, Google, https://bit.ly/3iF1Vbj (arquivado em: https://perma.cc/JAJ9-BX76).
6   Business Insider (2021). Workplace Evolution: Execs from Netflix, P&G, Dell, tackle the future. *Business Insider*, https://bit.ly/2MAyc7o (arquivado em: https://perma.cc/2KM7-8BAH) (a sessão de Preissner, "O novo cenário de local de trabalho", começa na marca dos 1:12).
7   Buettner, D. (2008). *Blue Zones: Lessons for living longer from the people who've lived the longest*, National Geographic, Washington, DC.
8   Diamandis, P. e Kotler, S. (2012). *Abundance: The future is better than you think*, Free Press, Nova York. Publicado no Brasil com o título *Abundância*. Editora Alta Books.
9   Ismail, S., Malone, M.S. e Van Geest, Y. (2014). *Exponential Organizations: Why new organizations are ten times better, faster, and cheaper than yours (and what to do about it)*, Diversion Books, Nova York. Publicado no Brasil com o título *Organizações Exponenciais*. Editora Alta Books.

Capítulo 5

1   Gallup (sem data). *State of the American Manager: Analytics and advice for leaders*. Gallup, https://bit.ly/3teujpI (arquivado em: https://perma.cc/225A-UJV2 — o acesso requer inscrição gratuita).
2   Isaacson, W. (2011). Steve Jobs: The exclusive biography, Simon & Schuster, Nova York.
3   Eggers, W., Hagel, J. e Sanderson, O. (2012). Mind the (skills) gap. *Harvard Business Review*, 21 de setembro, https://bit.ly/3oP99fb (arquivado em: https://perma.cc/9MTA-W4ZG).
4   Weiner, J. (2018). *LinkedIn's Jeff Weiner: How compassion builds better companies*. Wharton School, 17 de maio, https://whr.tn/2NCeqcd (arquivado em: https://perma.cc/2YYC-5SQH).
5   Goldberg, E. e Steven-Waiss, K. (2020). *The Inside Gig: How sharing untapped talent across boundaries unleashes organizational capacity*. LifeTree Media/Wonderwell, Los Angeles, Califórnia.
6   Mottola, M. e Coatney, M. (2021). *The Human Cloud: How today's changemakers use artificial intelligence and the freelance economy to transform work*. HarperCollins Leadership, Nova York.
7   Lencioni, P. (2008). *The Five Temptations of a CEO: A leadership fable*, Jossey-Bass, São Francisco, Califórnia.

Capítulo 6

1. Fórum Econômico Mundial (2020). *The Future of Jobs Report 2020.* Fórum Econômico Mundial, https://bit.ly/2LYo88g (arquivado em: https://perma.cc/SQ4W-GC6V).
2. McGown, H. e Shipley, C. (2020) *The Adaptation Advantage: Let go, learn fast, and thrive in the future of work.* John Wiley & Sons, Hoboken, Nova Jersey.
3. Ibid.
4. Dzombek, R. (2018) *The Future of Collaboration in the Future of Work.* Blum Center for Developing Economies, Berkeley, Califórnia.
5. Woolf, M. (2021). Is remote work here to stay? *LiveCareer.com*, https://bit.ly/39twkpT (arquivado em: https://perma.cc/95CQ-CPA4).
6. O'Duinn, J. (2018). *Distributed Teams: The art and practice of working together while physically apart.* Release Mechanix.
7. Grant, A. (2018). A world without bosses. *TED.com*, https://bit.ly/2YrPeqQ (arquivado em: https://perma.cc/48AE-5YYD).
8. Fried, J. e Hansson, D.H. (2013). *Remote: Office not required.* Currency, Londres.
9. Ismail, S., Malone, M.S. e Van Geest, Y. (2014). *Exponential Organizations: Why new organizations are ten times better, faster, and cheaper than yours (and what to do about it)*, Diversion Books, Nova York. Publicado no Brasil com o título *Organizações Exponenciais.* Editora Alta Books.

Capítulo 7

1. Fonte secundária: Kaplan, A (1962) citado no *Journal of Medical Education*, segundo o Quote Navigator. https://bit.ly/395jZbb (arquivado em: https://perma.cc/XH7R-ZCTT).
2. Maslow, A. (1966). *The Psychology of Science.* Van Nostrand Publishing, Nova York, p 15.
3. Ballerini, M. et al (2008). Interaction ruling animal collective behavior depends on topological rather than metric distance: Evidence from a field study. *Proceedings of the National Academy of Sciences of the United States of America*, https://bit.ly/3ck99jR (arquivado em: https://perma.cc/TQ65-HVH5).
4. Ismail, S., Malone, M.S. e Van Geest, Y. (2014). *Exponential Organizations: Why new organizations are ten times better, faster, and cheaper than yours (and what to do about it)*, Diversion Books, Nova York. Publicado no Brasil com o título *Organizações Exponenciais.* Editora Alta Books.
5. Ismail, S. (2018). *Exponential Transformation: The ExO sprint playbook to evolve your organization to navigate industry disruption and change the world for the better*, Diversion Books, Nova York. Publicado no Brasil com o título *Transformações Exponenciais.* Editora Alta Books.

6 Kaplan, R. e McMillan, D. (2021). Reimagining the balanced scorecard for the ESG era. *Harvard Business Review*, 3 de fevereiro, https://bit.ly/3aRbLTX (arquivado em: https://perma.cc/LS9X-WXJ7).

7 McKinsey Global Institute (2020). *What 800 executives envision for the post-pandemic workforce*. McKinsey Global Institute, https://mck.co/3hYEvgE (arquivado em: https://perma.cc/MN54-UCNL).

8 Jesuthasan, R. (2018) *Trabalho na Era da IA*. M.Books; 1ª edição (16 de março 2020)

Capítulo 8

1 Doerr, J. (2018) *Measure What Matters: How Google, Bono, and the Gates Foundation rock the world with OKRs*. Portfolio, Nova York.

2 Burnett, B. e Evans, D. (2017). *Designing Your Life: Build the perfect career, step by step*, Vintage, Nova York.

3 Denning, S. (2018). *The Age of Agile: How smart companies are transforming the way work gets done*, AMACOM, Nova York.

Conclusão

1 Rittel, H. e Webber, M. (1973). *Dilemmas in a General Theory of Planning*. Elsevier Scientific Publishing Company, Amsterdã.

2 Ibid.

3 Dados do Banco Mundial, visualizados no Google Public Data. https://bit.ly/2YAnFf9 (arquivado em: https://perma.cc/257X-UGTD).

4 Dados do McKinsey Global Institute, visualizados pelo VisualCapitalist.com, https://bit.ly/3aERVvd (arquivado em: https://perma.cc/F8QS-SUPG).

5 Departamento de Estatísticas do Trabalho dos EUA. https://bit.ly/2N9wuKo (arquivado em: https://perma.cc/8J5R-2KNL).

6 Ibid.

7 Ton, Z. (2014). *The Good Jobs Strategy: How the smartest companies invest in employees to lower costs and boost profits*. New Harvest, Nova York.

8 *One Year Later: Purpose of a corporation*. Business Roundtable, https://purpose.businessroundtable.org (arquivado em: https://perma.cc/5EYW-6TD9).

9 Fink, L. (2019). *Profit & Purpose*. BlackRock, https://bit.ly/3bSCp0Y (arquivado em: https://perma.cc/CRC9-U44R).

10 Miller, M. (2017). *The Alternative: Most of what you believe about poverty is wrong*. Lulu Publishing Services, Morrisville, Carolina do Norte.

11 Fallows, J. e Fallows, D. (2018). *Our Towns: A 100,000-mile journey into the heart of America*. Vintage Press, Nova York.

12 Churchill, W (1947) citado pela International Churchill Society, https://bit.ly/3l-zYyng (arquivado em: https://perma.cc/W795-SXQT).

13 Rawls, J. (1999). *A Theory of Justice*, Belknap Press of Harvard University Press, Cambridge, Massachusetts.

14 Wolff, E. (2017). *Household Wealth Trends in the United States, 1962 to 2016: Has middle class wealth recovered?* Departamento Nacional de Pesquisas Econômicas, https://www.nber.org/papers/w24085 (arquivado em: https://perma.cc/E5K9-KKPN).

15 Piketty, T (2014) *Capital in the 21st Century*, Belknap Press, Cambridge, Massachusetts.

16 Dauth, W, Findeisen, S, Sudekum, J e Woessner, N (2017) *German Robots — The impact of industrial robots on workers*. Center for Economic Policy Research, https://bit.ly/38Vmmxw (arquivado em: https://perma.cc/F2H6-HPPE).

17 Bolles, G. (2020) Welcome to The Great Reset. *Techonomy.com*, 8 de abril, http://bit.ly/2OQKzgY (arquivado em: https://perma.cc/682A-7VBB).

18 Charity Navigator. Estatísticas de 2017, pesquisadas em janeiro de 2021, https://bit.ly/3nAFpRP (arquivado em: https://perma.cc/SY9D-DACT).

19 Urban Institute. Estatísticas de 2016, pesquisadas em janeiro de 2021, https://urbn.is/3oK4jja (arquivado em: https://perma.cc/6QYF-VADH).

20 Statista. Estatísticas de 2009, pesquisadas em janeiro de 2021, https://bit.ly/3qipVnk (arquivado em: https://perma.cc/A9M2-EU3N).

21 Collins, S. e Sullivan, K. (2020). Advancing environmental, social, and governance investing: A holistic approach to investment management firms. *Deloitte Insights*, 20 de fevereiro, https://bit.ly/38C8DeC (arquivado em: https://perma.cc/49NW-22NS).

22 Jopp, J. (2019). *The Hartz Employment Reforms in Germany*. Center for Public Impact, https://bit.ly/2NfOYJm (arquivado em: https://perma.cc/W2LT-L36Z).

23 Henderson, R. (2020). *Reimagining Capitalism in a World on Fire*. PublicAffairs, Nova York.

Apêndice

1 Moore, G. (1991). *Crossing the Chasm: Marketing and selling high-tech products to mainstream customers*, Harper Business, Nova York. Publicado no Brasil com o título *Atravessando o Abismo*. Editora Alta Books.

2 Goldberg, E. e Steven-Waiss, K. (2020). *The Inside Gig: How sharing untapped talent across boundaries unleashes organizational capacity*. LifeTree Media.

ÍNDICE

A

abraçar os erros, 122
abundância, 237
Adam Grant, 95
Adam Smith, 32
adaptabilidade, 166
aprender a aprender, 5, 163, 174
aprendizagem, 145, 161, 206
    colaborativa, 168
    full stack, 95
    online, 206
    processo de, 174
autoinventário, 205
autonomia, 167–168
autopercepção, 172

B

bancos de memória, 121
bem-estar
    emocional, 159
    espiritual, 160
    financeiro, 160
    físico, 159
    mental, 159

C

cálculo de esforço, 125
capitalismo, 49, 235
    inclusivo, 237, 241
Carol Dweck, 89
carreira, 44
Charlene Li, 105
cisnes negros, 97
cognição, 113, 116, 117, 118, 121, 125
coleta de informações, 120
contratante, 59
cultura
    das organizações tradicionais, 44
    organizacional, 90

D

Dan Ariely, 124
democracia, 235
desaprendizagem, 174–175
desempenho
    encaixe de, 157
desemprego tecnológico, 8
diagrama de Venn, 65, 69, 126, 169

▪ E

economia inclusiva, 224
ecossistema de trabalho, 215, 217
eficiência, 117
empatia, 167
empreendedorismo, 167–168
empregos do futuro, 12
empresa distribuída, 180
equipes eficazes, 128
   confiabilidade, 128
   diversidade psicológica, 129
   estrutura e transparência, 128
   impacto, 128
   segurança psicológica, 129
escala das mudanças, 1, 4, 5, 17, 18
estratégia
   central, 88, 99
     em larga escala, 100
     incremental, 100
   de ponta, 99, 100, 106
   incremental, 99

▪ F

fatores incontornáveis, 28
ferramentas, 185, 190, 193, 205
   conjunto de, 27, 188
função organizacional, 58
funções fisiológicas, 114

▪ G

genoma do trabalho, 249, 250

gestão
   de mudanças, 47
   do desempenho, 104
   guia de, 161
   por vigilância, 45, 46
   teoria moderna, 33

▪ H

habilidades, 55, 57–58
   categorias, 39
   conjunto de, 27
     adaptabilidade, 166
     criatividade, 166
     empatia, 167
     solução de problemas, 166
   contratação, 156
   de conhecimento, 38, 164, 165, 205
   "digital-first", 197
   do futuro, 165
   em T, 63
     amplitude, 63
     profundidade, 63
   flexíveis, 38, 118, 142, 144, 147, 148, 163, 165, 166, 205
   futuras, 164, 178
   humanas, 52, 55, 57, 58, 71, 116, 139, 164, 167
   incompatibilidade, 15
   para eficácia, 142
   pessoais, 39, 142, 144, 147, 149, 165, 166, 205
   portfólio de, 169

SPACE, 167
hard skills, 39

- **I**

ikigai, 132
imprensa de Gutenberg, 30
inovação, 168
intraempreendedorismo, 167-168

- **J**

janela de Johari, 172
John Doerr, 204
John Maynard Keynes, 6
jornada de aprendizagem, 115

- **K**

KPIs, 150, 204

- **L**

liderança
    definição, 139
Lisa Kay Solomon, 95
ludismo, 30

- **M**

mecanismo de tentativa e erro, 121
mentalidade, 27, 87
    contratação de, 156
    de alinhamento, 96
    de aprendizagem, 166
    de crescimento, 89
    de envolvimento, 95-96
    definição, 88-89
    de resolução, 116
    estratégias de mudança, 99
    fixa, 89
Milton Friedman, 48
modelo de Chaim, 118
moonshot thinking, 135

- **N**

Nassim Nicholas Taleb, 97
novo normal, 177

- **O**

OKRs, 150, 203
organizações distribuídas, 179

- **P**

parceria de três, 145
pensamento
    de conjunto binário, 47
    diverso, 176
Peter Drucker, 34, 158
portfólio
    de aprendizagem, 63
    de habilidades, 169, 170
    de inovação, 135
    de trabalho, 61
    do espaço, 70
potencial oculto, 172
princípio do estorninho, 190
problemas em pipeline, 239

processo de contratação inclusivo, 156
prototipagem, 199, 209, 209–210, 210, 211, 212
Próximas Regras, 51, 55
  cadeia de valores, 55
  quatro regras, 52
    alinhamento, 53, 54
    crescimento, 53, 54
    eficiência, 53, 54
    envolvimento, 53, 54

Q
quadro aristotélico, 73, 75, 76

R
rede
  de talentos, 88
  de trabalho, 88, 139, 149, 151, 153, 155, 195, 197
renda básica universal, 15
resiliência, 168
ritmo das mudanças, 4, 5

S
Satya Nadella, 105
seta estratégica, 199, 215, 216, 217, 218
síndrome de burnout, 60
soft skills, 39
solucionadores de problemas, 35, 113, 166
soluções coletivas, 243

Stephen Hawking, 10
superpoderes, 170, 171, 173, 197, 205

T
taylorismo, 33, 44
teia de valores, 58
Thomas Piketty, 236
trabalho
  distribuído, 180
  e a cultura ocidental, 29
  em casa, 178
  ética protestante do, 29
  fatores
    habilidades humanas, 55
    realização de tarefas, 55
    resolução de problemas, 55, 56, 60
    valor, 55, 56
  fluxo interminável, 60
  humano otimizado, 34
transformação
  cultural, 101, 105, 106
  digital, 196–197

U
unbossing, 142, 143, 161

V
vida em três estágios, 43

Projetos corporativos e edições personalizadas
dentro da sua estratégia de negócio. Já pensou nisso?

Coordenação de Eventos
Viviane Paiva
viviane@altabooks.com.br

Contato Comercial
vendas.corporativas@altabooks.com.br

A Alta Books tem criado experiências incríveis no meio corporativo. Com a crescente implementação da educação corporativa nas empresas, o livro entra como uma importante fonte de conhecimento. Com atendimento personalizado, conseguimos identificar as principais necessidades, e criar uma seleção de livros que podem ser utilizados de diversas maneiras, como por exemplo, para fortalecer relacionamento com suas equipes/ seus clientes. Você já utilizou o livro para alguma ação estratégica na sua empresa?

Entre em contato com nosso time para entender melhor as possibilidades de personalização e incentivo ao desenvolvimento pessoal e profissional.

PUBLIQUE SEU LIVRO

Publique seu livro com a Alta Books. Para mais informações envie um e-mail para: autoria@altabooks.com.br

CONHEÇA OUTROS LIVROS DA **ALTA BOOKS**

Todas as imagens são meramente ilustrativas.

/altabooks /alta-books /altabooks /altabooks

Este livro foi impresso nas oficinas gráficas da Editora Vozes Ltda.,
Rua Frei Luís, 100 – Petrópolis, RJ.